U0961666

以情怀立命·用实力

LIVE WITH PASSION AND LIVE ON STRENGTH

新闻传播学考研必备 实务写作手册

ESSENTIAL PRACTICAL WRITING MANUAL FOR POSTGRADUATE ENTRANCE EXAMINATION OF JOURNALISM AND COMMUNICATION

主　编◎何雅昕

适用于MJC、新闻学、传播学、广电、广告公关、传媒法等传媒专业

爱上考研
传播智慧
播种收获
研究生活

2021年10月

权威 前沿 创新 全面

2022版

航空工业出版社

北　京

内 容 提 要

本书适用于新闻传播学考研的新闻传播实务操作和新闻实务理论应试。全书分为上下两篇：上篇为“实务操作篇”，涵盖了新闻评论、新闻消息、采访策划、报道策划、新闻评析、广电节目策划、广告策划、综合媒介策划等新闻实务领域的操作技法。下篇为“新闻实务理论篇”，涵盖了新闻采访学、新闻写作学、新闻评论学、新闻编辑学等新闻实务理论版块，通过对历年典型真题与前沿考点的解析，帮助构建实务理论体系，把握实务理论的考查特征和学习要点。

图书在版编目（CIP）数据

新闻传播学考研必备实务写作手册 / 何雅昕主编
. — 北京：航空工业出版社，2021.10
ISBN 978-7-5165-2440-4

Ⅰ. ①新… Ⅱ. ①何… Ⅲ. ①新闻学－传播学－研究生－入学考试－自学参考资料 Ⅳ. ① G210

中国版本图书馆 CIP 数据核字（2021）第 211185 号

新闻传播学考研必备实务写作手册
Xinwen Chuanboxue Kaoyan Bibei Shiwu Xiezuo Shouce

航空工业出版社出版发行
（北京市朝阳区京顺路 5 号曙光大厦 C 座四层　100028）
发行部电话：010-85672663　010-85672683

北京荣玉印刷有限公司印刷　全国各地新华书店经售
2021 年 10 月第 1 版　2021 年 10 月第 1 次印刷
开本：889 毫米 ×1194 毫米　1/16　字数：351 千字
印张：12.5　定价：99.00 元

前　言

PREFACE

无论在国内还是国外，作为“技艺”的新闻生产史要远比作为“学问”的新闻学科建设史要久远。这也使得围绕新闻实务的考查，一直以来都是各院校招生考试中的焦点。时至今日，在传播、广电、广告、网络与新媒体等专业方向快速发展的大背景下，各个新闻传播学院，一方面仍坚守着新闻实务教学，另一方面也在拓展满足时代发展需要的传播实务教学与招生考查。仅就新闻传播学研究生的招生考试来看，各院校就实务命题的考量大致可以分为以下几类：

第一类，坚守传统的新闻采访、新闻写作、新闻报道策划的经典考查。在写作上，考查传统报纸消息写作；在采访上，重视采访提纲写作；在策划上，重视报道安排和内容设计。招考单位一般认为，以上三个基本技能（不包括评论），是传统新闻记者安身立命的根本，也是一位新闻院系的本科生或跨考生的基本功。

第二类，重视新闻评论的考查。新闻评论无论在哪个时代，都不过时。它既能考查你的基础写作能力，也能考查你的逻辑思辨能力，更能考查你对各类问题、政策、事件的洞见和认识。对招考单位而言，评论考查是将你视为准研究生在看待。招考单位认为评论写作的能力，不仅仅是从业者的职业技能点，也是每一位即将在人文社科领域深耕的学生，都应当具备的能力。因而，很多有新闻实务考查传统的院校，即便取消了其它新闻实务的考查，也少有取消新闻评论的情况。

第三类，逐步将新媒体新闻写作融入考查。很多院校注意到微博、微信时代网络新闻语态、结构、篇幅等写作要素的转变，开始求新求变，将微博消息、微评、融合新闻报道策划等融入考查。值得注意的是，部分院校甚至已经将之作为常态考查。这部分院校希望考生能够注意到新媒体时代新闻生产的变革，并在生产实践中顺应变革的潮流。

第四类，转向非新闻类的传播实务考查，它的写作、策划对象大部分已经跟“新闻”没有什么关系，它的招生单位主要是广告、广电院系。广告实务的考查，会通过文案写作、广告策划、营销传播、危机公关、APP 策划、活动策划等形式，考查学生的文案创意、媒介应用策略、产品策划、公关素养等能力要素；广电实务的考查，会通过脚本写作、节目策划、各类视听内容策划等形式，考查学生视听内容制作、策划的能力和意识。

本书的功能目标在于系统应对这四类考查，尤其是要重点解决新闻实务类的考查。在内容呈现上，本书将引领考生从四维度“真题—模板—技法—范例”把握实务应试和备考，通过“四维度”的沉浸式学习，帮助考生快速实现实务操作的入门到精通。本书的内容参编者主要由爱传播实务讲师团（公众号：爱传播新传考研）构成，她们一部分是来自各大央媒的资深从业者，本书以她们一线的业界生产编辑工作经验作为标准和规范；另一部分是审核超过万份实务练习的实务审核老师，他们基于自身审核经验，直击考生的写作痛点，回应最常见的实务写作困境。

总体而言，新闻实务的考查和应用发展，仍然还处于不断变化和发展之中。本书不足之处，还望读者批评指正，我们将力求在下一版进一步完善。

目　录

CONTENTS

上篇　新闻传播实务操作篇

下篇 新闻实务理论考点解析

上篇

新闻传播实务操作篇

第一部分　新闻评论写作

第一章 新闻评论写作的基本技法

一、新闻评论写作概述

（一）新闻评论的概念

新闻评论是指媒体编辑部或作者对最新发生的有价值的新闻事件和有普遍意义的社会现象、热门话题，运用分析和综合的方法，就事论理，就实论虚，有着鲜明针对性和思想启迪性的一种新闻文体。

新闻评论的根本特征：论题具有强烈的依赖事实的新闻性、鲜明的思想性和传播知识的有益性；论说具有广泛的公众性；传播具有时效性。

新闻评论，是面向受众的产品，每一个严肃的评论写作者都应把自己的定位看得高一些，努力向上"摸高"。努力让自己的产品有"增量信息"，让读者读完你的评论之后，对这个话题有更深层次的了解。因而，新鲜的素材、严谨的逻辑、有力量的语言都必不可少。在进行评论写作时，要始终铭记，新闻评论不是写正确的废话，而是要怀揣社会责任感、使命感与专业主义精神，认真对待每一个新闻事件，提出有建设性的观点。

（二）新闻评论的类型

根据不同的分类方式，新闻评论划分为不同的类型，按评论对象的内容分类，包括政治评论、经济评论、军事评论、社会评论、文教评论、国际评论等。按评论的性质功用分类，有解说型评论、鼓舞型评论、批评型评论、论战型评论等。按评论写作论述的角度分类，有立论性评论、驳论性评论、阐述性评论、解释性评论、提示性评论等。按评论的形式分类，有社论、编辑部文章、评论员文章、短评与编者按。

（三）新闻评论的构成要素

一篇完整的新闻评论，包括论点、论据与论证三个要素。

1. 论点

论点是指作者对于所要论述的事物或者问题的主张、看法和所持的态度。在新闻评论中，论点要求观点鲜明，不容置疑，写作者应在论点中明确地表明肯定什么、否定什么、赞成什么、反对什么、歌颂什么、批判什么。例如针对《写真地理》杂志发布"熟蛋返生"论文一事，多家媒体发表评论文章，分别有如下论点："'熟蛋返生'，论文市场得好好清理一番""别用荒诞挑战常识"。

一般而言，评论文章中的论点分为中心论点和分论点。中心论点是评论中全部观点的高度概括和集中，是作者需要全力说明的总主张、总看法，是贯穿全文的一条红线。分论点是为了更好地阐明总论点所提出的从属论点，一般而言，一篇文章由一个中心论点与多个分论点共同组成。在 2019 年 3 月 31 日的四川凉山大火中，30 名扑火队员在转场途中，受瞬间风力突变影响，突遇山火爆燃牺牲，第二天，网名为“龙卷风等你”的网友尹某某在相关新闻中留言讽刺调侃救火英雄，为此中青在线发布评论《决不允许恶意调侃救火牺牲英雄》，文章指出：

“中华民族是英雄辈出的民族，我们不忘过去的英雄，更珍惜当下英雄，英雄在关键时刻为了公众利益挺身而出，牺牲自己，让人何其痛也！他们不应受诋毁，更应被牢记！在举国哀痛之际，有人跳出来恶意调侃，必然引起公愤。然而在互联网上诋毁英雄，调侃英雄的现象绝非个例。黄继光、邱少云、方志敏都曾在网上遭到恶意中伤，现在有些人又把目标瞄准了当下的英雄。

尹某某自以为很酷，他调侃牺牲英雄的留言突破了道德底线（分论点一），毫无良知，泯灭人性，严重伤害了广大网友的感情，不仅对已壮烈牺牲长眠地下的英雄是一种侮辱，更触碰了法律的红线（分论点二）。”

该评论文章中，在论述不允许恶意调侃救火牺牲英雄时，评论员通过“留言突破了道德底线”与“触碰了法律的红线”两个分论点证实论点。

2. 论据

论据是论点赖以形成的根据和用来证实、说明论点的证据。其主要特点是充分、准确、可靠、无争议。从分类方式看，论据又分为事实性论据与理论性论据，事实性论据包括典型事例与数据论据；理论性论据包括名人观点与法律条款，具体形式如下：

1995 年施行的《中华人民共和国劳动法》规定了劳动者每日工作时间不超过 8 小时、平均每周工作时间不超过 44 小时的工时制度，并强调“劳动者享有休息休假的权利”。

——法律条款（理论性论据）

全国总工会开展的第八次全国职工队伍状况调查显示，迫使职工超时加班现象较为普遍，每周工作超过 48 小时的职工占 21.6%，仅有 44% 的职工表示加班加点按劳动法规定足额拿到了加班费或安排了相当时间倒休。

——数据论据（事实性论据）

诺贝尔奖得主科斯曾经感叹：“中国人的勤奋令世界惊叹和汗颜”。

——名人观点（理论性论据）

然而在互联网上诋毁英雄，调侃英雄的现象绝非个例。黄继光、邱少云、方志敏都曾在网上遭到恶意中伤，现在有些人又把目标瞄准了当下的英雄。

——典型事例（事实性论据）

3. 论证

论证是新闻评论写作的主要环节之一，其任务是使论据能够突出地说明论点。从形式逻辑上来讲，论证过程是运用和组织论据去说明和证实论点的过程和方法；从写作的角度来讲，论证过程是把材料和观点相统一，组成一个完整的说理体系的过程。在新闻评论写作中，在论点和论据的基础上，拥有结构清晰完整的论证思路尤为重要。

2021 年 4 月，部分参加中国人民大学法学院法律（非法学）硕士专业学位研究生复试的考生因违反考场规则和考试纪律受到处理，引发网民关注。微信公众号“红星评论”发表评论文章《人大法硕复试多人成绩 0 分，校方该有个明确说法》：

“据报道，人大法学院网站今年3月23日公布了法律硕士招生考试复试办法及复试名单，其中要求考生签署《诚信复试承诺书》及《复试考场规则告知书》。诚信复试承诺书中要求，保证复试过程不录音录像，不保存和传播复试有关内容。因此，如果此次人大法学考研复试0分的同学均被认定违规，那么无论出于什么样的主、客观原因，他们都应接受处罚。毕竟，规则就是规则，认可规则就应该接受处罚，法律本就讲究严谨、自律，作为学习法律的法学考生，更应该建立规则意识，进行自我约束。”

在此段论述中，该评论文章在考生签署《诚信复试承诺书》及《复试考场规则告知书》的事实论据基础上，给出了“考生签署承诺—承诺生效—考生违背承诺—认定违规理应受罚”的论证思路，证明“无论出于什么样的主、客观原因，他们都应接受处罚”的观点，通过结构清晰的论证将论点与论据完美衔接。

二、新闻评论立论方法

学生在进行评论立论时，要遵循有深度、有理性、有建设性的原则，深入评论现象的痛点，并对事件作出判断。对于事件的判断分为事实判断和价值判断，所谓事实判断是对事物的陈述，主要判断事实本身，包括某物某人某事是什么，为什么，会怎么样。所谓价值判断是以价值为尺度的判断，主要是分析什么重要，什么应该，什么好什么坏，该怎么样。例如，炸鸡是一种高热量食品是事实判断，炸鸡是一种垃圾食品则是一种价值判断，新闻评论的立论是在正确的事实判断基础上做合理的价值判断。

在立论的思维角度，主要分为以下几点：

（一）原因分析法

原因分析法主要以分析评论事件形成的原因为主。如面对老年人数字鸿沟的问题，有学生发表观点：

“新技术带给人们方便的同时，也让很多老年人成了‘数字贫困户’。新冠疫情背景下，看病预约挂号、网上购票、扫码支付还有‘有码畅通无阻，无码寸步难行’的健康码，这些在我们看来稀松平常的事，却难倒了一众老年人。究其原因，老年人身体各项机能老化，子女又大多忙于工作疏于陪伴是无G时代的主要推手。自己学得慢、儿女没空教、社会不重视这才造成了横亘在老人与时代潮流之间巨大的数字鸿沟。”

（二）背景分析法

背景分析法，就是思考新闻事件、社会问题产生的大背景、大气候，发现两者之间的隐形因果关系，换言之，这种大背景、大气候就成了新闻事件、社会问题的原因。

背景分析法常见于社会现象类评论之中，例如四川外国语大学2021年评论真题：“作为大学生如何看待和理解内卷”，分析此类文章时，评论者应将如人口基数增长、就业压力增大等宏观社会背景放置在文章分析之中。需指出，背景分析实为原因分析的一个缩影，主要应用于对有普遍社会意义与社会影响的宏观现象的深入分析。

（三）功能分析法

功能分析法主要分析当前发生的新闻事件和社会问题将会产生什么样的影响、作用、意义。

2021年福建师范大学评论真题：“最近，国内顶尖游泳运动员：预赛的第一名傅园慧、破全国纪录的余贺新、破亚洲纪录的王简嘉禾，却纷纷无缘决赛。其主要原因竟是体能测试未达标。一下子将体能测试推上了风口浪尖。媒体、运动员、教练员、大众对于‘体能测试的一刀切’进行了炮轰。”评论者若要赞成此类体测即应分析体测所带来的功能及意义，如提高运动员的身体素质与规则意识。

（四）角度变换法

角度变换法要求评论者变换角度认识事物、理解问题。主要包括四种角度变换方式，其一，逆向思维，即对新闻事件、社会问题的态度和观点，由赞成到反对。其二，辩证思维，即由赞成或反对转换为既赞成其中的某些方面，又反对其中的某些方面。其三，全面思维，从局部的认识转向整体的认识。其四，从平面的认识转向立体的认识。

在人大法硕考试复试零分事件中，大多数评论观点纷纷表达对人大法学院处置此事的肯定，“红星评论”却指出“人大法硕复试多人成绩0分，校方该有个明确说法”，文章指出：

“诚信复试承诺书中要求，保证复试过程不录音录像，不保存和传播复试有关内容。因此，如果此次人大法学考研复试0分的同学均被认定违规，那么无论出于什么样的主、客观原因，他们都应接受处罚。……但问题并非非黑即白这么简单。正如一个行为是否构成罪，有其要素标准，也即犯罪的构成要件。……对于这一事件，校方有义务也有必要及时回应，给出明确说法。有理有据的处理依据及结论，才能让这个众说纷纭的事件不再出现各种‘阴谋论’的猜测，这也是对0分考生的负责。”

发出了不同于大众观点，却有深刻反思性的观点。

（五）时机变换法

时机变换法即针对新闻事件、社会问题在不同时机、时段所呈现出来的不同特点而形成不同观点的方法。评论作者对事件、问题的认识，在不同的时机、环境下会呈现出自己的不同面目，同时评论事件在不同的发展阶段也呈现出不同的样态，在进行新闻评论时要综合分析时代特征。

2021年郑州大学与安徽大学的评论真题：“直播带货现象”中，均可使用时机变换法，分析疫情防控的大环境对直播带货的促进作用。

三、新闻评论主体写作规范

一篇完整的新闻评论，包括标题、引论、本论、结论四个部分，每部分的评论主体均拥有特殊的写作规范。

（一）新闻评论标题写作规范

1. 标题的作用

“题好一半文”，作为文章的眼睛标题，标题的作用主要包括以下四点。

（1）提示论题——《教育局长跳霹雳舞，打破了哪些“刻板印象”》

（2）体现论点——《偶像与粉丝最好的距离就是台上台下》

（3）表明态度——《半年内4位学生自杀：高校不该以缄默面对死亡》

（4）引发兴趣——《“左右逢源”，还是“左右为难”》

2. 拟定标题的方法

在拟定标题时，需注意方式方法。

（1）标题反映核心观点

标题作为核心观点的浓缩，应鲜明反映核心观点，尤其是在考场写作中。但需要注意的是，点明核心观点不等于强行站队，大部分时事热点都很复杂，并不是简单的一句对与错、好与坏就能判断的，分析其好坏对错往往不能浓缩成一句话。因此，不如转换思路，谈谈怎么做，选择角度提出建议。例如针对词典 APP 收费一事，就可将判断型标题《词典 APP 收费是一种合理尝试》改为建议、告诫型标题《词典 APP 收费：定价应考虑用户需求》。

（2）标题点明主题事件

标题最好要点明主题事件，让读者鲜明地看到新闻评论文章所评论的内容。例如事件模糊的《家长应保护孩子快乐童年》应改为《别让童星梦绑架孩子的童年》。

常见的事件类拟题方式包括三种：

①精确概括事件关键信息——《网红“郭老师”现身南京致使交通瘫痪？狂欢过后能剩下什么》

②选择事件核心词作为标题——《设“办不成事”窗口，为啥就能办成事》

③事件＋观点表达——《坐在教室最后一排的“坏学生”也应得到关爱》，此种评论标题形式最常见也最易操作，建议学生使用。

3. 标题拟定的注意事项

优秀标题有一系列标准。从硬性标准看，标题必须直接表明观点，与正文相契合，字数最好不超过 15 字。在标点符号的使用上，尽量避免感叹号，同时不建议用问号、冒号和引号，逗号可以在标题中灵活使用。此外，标题要求点明事件和观点，且凸显事件特殊性，有清晰角度和态度，用词准确无病句与歧义。最后，好的标题可在表达核心观点的基础上将语言修辞化，具体案例如下：

①比喻——《植发机构不能“既做运动员又做裁判员”》

②一语双关——《医院“弯腰屈膝”窗口不妨听听患者意见》

③对仗——《保护死者个人信息，体现法律与时俱进》《落户再松绑，城市更丰盈》

④对比——《讹诈高成本才能保障善举低风险》

⑤化用成语、俗语、谚语——《“望子成星”也需擦亮眼睛》

⑥谐音——《筑梦童星，也应当保护童心》

学生使用要注意，标题仅是文章的开头，无需追求新意而过度浪费时间，保证观点明确即可。

（二）新闻评论引论写作规范

引论是新闻评论的引子，是让读者迅速了解评论的事件或现象以及作者观点的部分。一般而言引论占据文章的 1~2 段，学生需要在引论中概述事件并提出观点，观点一般在第一段结尾或第二段开头呈现，常见的引论有三种形式。

1. 以新闻事件的概括开篇（事件＋观点）

2021 年 4 月 26 日，郑爽前男友张恒在新浪微博以视频方式晒出自己与郑爽、郑爽父母的沟通记录，实名举报郑爽在拍摄电视剧《倩女幽魂》（后更名《只问今生恋沧溟》）时，在 77 天的拍摄周期中共获得 1.6 亿的片酬（即日薪达到 208 万），且通过阴阳合同等手段逃避税款。一时间，来自广大“打工人”的骂声不绝于耳：“我勤勤恳恳工作一辈子，也赚不到 208 万。”（事件）在看似无奈的顾影自怜背后，我们到底在批判什么？我们对“日薪 208 万”的批判并不是“酸葡萄”心理，而是群众对收获与付出相匹配的

诉求。(观点)

——痛斥郑爽“日薪208万”，我们在批判什么

2. 开篇先亮出观点，再接事件回顾

对每一个中国人来说，爱国是本分，也是职责，是心之所系、情之所归。(观点)近日，中共中央、国务院印发《新时代爱国主义教育实施纲要》，深入阐明新时代爱国主义教育的指导思想、总体要求、基本内容，并就教育对象和方法、实践载体、氛围营造、组织领导提出明确要求，为加强新时代爱国主义教育提供了有力指导。(事件)

——爱国是本分，也是职责

3. 以设问开头，在概述事件后将文章要分析的问题直接点出

“职场无关性别只在乎实力，不用性别差异营销自己，要用实力与能力解决问题。”在节目《初入职场的我们》中，实习生向董明珠提问关于女性应该在事业和家庭中如何选择的时候，这是董明珠的回答。(4月14日 中新经纬)

此言一出就登上微博热搜引发热议，有网友表示，董明珠不愧是职场女性的佼佼者，实力才是硬道理。也有人说，职场上不需要议论所谓男权或女权，强者才有“权”。但是，职场只在乎实力，就能模糊掉性别歧视的存在吗？女性在职场上天然的不平等待遇，就不应该受到关注了吗？

——“职场只在乎实力”？别忽略了性别歧视的存在

（三）新闻评论本论写作规范

本论是新闻评论的重点，是彰显文章构思深度的核心部分，也是决定新闻评论深度和广度的最关键要素。从硬性标准看，本论的段落不可杂糅，层次必须分明，不可循环论证同一观点，常见错误包括下段重复上段，翻来覆去说一个观点；论证顺序离谱，跳过直接原因说根本原因；逻辑杂糅，诸如一会儿说原因，一会儿说措施，一会儿又说原因。本论部分的写作主要用三种结构。

1. 结构一：事件 + 观点 + 原因 / 影响 / 意义 / 危害 + 措施 / 建议（递进式）

事件：“某厂23岁员工加班后猝死”的消息刷爆社交网络，引发网友对“996”“过劳死”“加班”的热议。

观点：偶尔在工作任务未能及时完成的情况下加班无可厚非，但常态化的加班的确是对员工的超负荷压榨。

原因：常态化加班还要归咎于职场内卷化。

危害：常态化加班在带给员工身体和心理上双重重负的同时，还不利于企业的可持续发展。

措施 / 建议：拒绝常态化加班还需促进加班规范化和人性化。首先，政府……其次，企业……最后，员工……

——常态化加班还需适可而止

2. 结构二：马拉犁结构

马拉犁是美国社论写作的常见结构，具体方式是先提出引论，后进一步描述报道细节，提供“增值”的调查研究；再提供不同观点，援引平衡的以及相互对立的消息来源，最后提出自己的见解、建议，号召读者介入。在以下关于中国科学院大学的工学博士黄国平论文致谢的评论中，澎湃新闻评论在概述新

闻事件后援引多方观点，在评判的基础上提出文章观点，符合马拉犁式结构，但需注意，此结构需建立在大量事实与观点积累之上，学生使用时需谨慎。

“我走了很远的路，吃了很多的苦，才将这份博士学位论文送到你的面前。二十二载求学路，一路风雨泥泞，许多不容易。如梦一场，仿佛昨天一家人才团聚过。”近日，中国科学院自动化所一博士论文的致谢部分在网上引发热议。作者在《致谢》中回顾自己如何一路走出小山坳、和命运抗争的故事，打动了大批网友。

……

很多网民觉得《致谢》是“直抵人心”。这话不错，这“直抵”的正是《致谢》作者那种“梅花香自苦寒来”，为追求幸福之梦而不屈不挠的奋斗精神！

……

有人说，幸福是一个人对自己生活状态持续感觉满意的心理感受，既与资源占有、物欲满足相关，也与主观感知、心理体验相关。确实，人生在世，每个人都有追求幸福的梦想。

……

一些网民在留言中说，“大家都活得不容易”“每个人都有自己难以言说的苦衷”。这样的感叹，不能说是什么“消极情绪”，而是中国人自古就明白，世界上没有坐享其成的好事，要幸福就要奋斗。美好生活不是免费午餐，不是天上掉馅饼，更不是一夜暴富、不劳而获，只有奋斗才能梦想成真。

……

《致谢》结尾黄国平写道：“理想不伟大，只愿年过半百，归来仍是少年，希望还有机会重新认识这个世界，不辜负这一生吃过的苦。最后如果还能做出点让别人生活更美好的事，那这辈子就赚了。”每个人的生命只有一次，奋斗本身，就是一种幸福。

——博士论文的《致谢》，凭什么刷屏？

3. 结构三：并列式结构

并列式结构通过由中心论点和若干分论点构成，并通过穿插小例子佐证分论点，具有鲜明的层次。并列式结构，文章多用于着重分析事件的背景、原因与措施等。分析方法包括是什么的概念分析法、为什么的原因分析法、与怎么做的策略措施法，其中原因分析与策略分析较为常见，评论中的各个分论点直接可以以并列形式呈现，也可以以递进形式呈现。

4 月 8 日，新组建的文化和旅游部正式挂牌。网友们感叹，“诗和远方终于在一起了”。

诗和远方在一起，是国家文化事业和文化产业发展的需要。(分论点一)文化是旅游的灵魂，旅游是文化的载体。从本质上说，旅游是一种文化体验、文化认知与文化分享的重要形式。而文化又需要通过旅游这一载体加以传承和创新。整合文化部、国家旅游局的职责，组建文化和旅游部，将更有利于统筹文化事业、文化产业发展和旅游资源开发，提高国家文化软实力和中华文化影响力，推动文化事业、文化产业和旅游业融合发展。

诗和远方在一起，折射出人民群众对更美好生活的向往和期待。(分论点二)生活不止眼前的苟且，还有诗和远方。诗和远方，代表的是期待、是渴望、是梦想、是追求。从浅层的观光到深度的文化体验，从简单地看风景到感受历史的笔触，人们更高的精神需求将会得到更好满足。

诗和远方在一起，并不是简单的相加。(分论点三)专家提醒，文化和旅游的融合绝非简单的“换个招牌”。如果文化和旅游“两张皮”，就会造成文化内容冰冷空洞、旅游体验千篇一律。只有真正从系统思维上、内容挖掘上、项目运营上等各环节有机结合、深度融合，文旅发展方能不负“诗和远方”的期待。

——文旅融合不负“诗和远方”

（四）新闻评论结论写作规范

新闻评论的结论部分是文章观点的再次亮出部分，学生要在总括全文的基础上有所提高和发挥，既要总括全文，又要高于全文，使文章富有启发性和号召性，需要警惕无法自圆其说的结尾方式，具体的写作方式包括三点。

1. 总结式结尾

在结尾处强调全文的核心观点，同时进行略高于全文的叙述延伸。

互联网绝不是没有幽默没有调侃，严肃死板地存在。但有些底线不能突破，有些玩笑不能开，建立在别人痛苦上的恶意玩笑和侮辱英雄的行为、言论我们坚决抵制、唾弃。（点明核心观点）尹某某因恶意调侃、侮辱死难的救火英雄受到法律制裁，给那些在网络上企图以丑为美，以黑求红的喷子们，敲敲警钟，再不收敛，下一个受到法律制裁的就是你，绝不客气！（延伸之对网络喷子的警告）

——决不允许恶意调侃救火牺牲英雄

2. 抬升式结尾

此类结尾要求写作者在整个评论文章的基础上进行拔高，将特殊的个案问题上升至行业社会等普遍问题，引起读者深思。

迪士尼景区以侵犯消费者隐私权等多项权益而获得利益，这一行为不可能持久。当消费者的权益在被透支的同时，也是对企业文化、企业形象的透支。旅游企业想要长足发展，必须尊重消费者权益，坚持以人为本，与消费者一同构建良好的消费环境。（升华到旅游业的规范与消费环境）

迪士尼的不合理规定存在已久，直至今日才有人通过法律提出异议，背后既反映了消费者维权意识不够，也折射出维权高成本令消费者望而生畏的问题。无论是消费者维权成本高，还是商家违法成本低，核心其实是我国社会治理水平的不成熟。在此过程中，不仅要堵，更要疏；不仅要注重执法的严格、立法的完善，还应重视对话协商与公共参与。（由消费者维权升华到社会治理层面）

——迪士尼，你最应该考虑的是消费者权益

3. 措施式结尾

主要针对前文提出的问题简要点出解决措施，提出呼吁，注意把握措施的具体化与文字的简洁性的平衡。

改变这种窘境，既需要刚性选拔标准的强制作用，比如清华大学就要求长跑和游泳不及格不能毕业。同时，也需要积极引导，培育校园体育文化，形成重视体育的氛围。还要看到，这也是一个循序渐进的过程，而非一日之功，需要不同学段的衔接配合，要求从中小学教育开始提升青少年体质，扭转青少年体质下滑的趋势。

——“强基计划”高校仅剩一所测长跑，倒逼重视体育应迎难而上

四、新闻评论语言技巧

评论作为一种特殊的新闻写作形式，与新闻消息、通讯等写作有所差异，对于语言的使用也有特别的要求，具体而言，包括宏观层面的简洁、概括、鲜活、深刻以及微观层面的准确、严谨、得体、大众化。

（一）概括式评论语言

囿于文体结构的限制，新闻评论对于新闻事件叙述部分应选择简洁、明晰的表述事实，具体呈现上多用短句。

官员走出办公室，亲身体验骑手接单、送单过程，新兴职业的诸多痛点也就顺利进入了政策制定者的视野。这番切身感悟，则会激励其勤勉为政，推动实施一些带着关怀、面向实际的好政策。

——副处长送外卖累瘫街头，“委屈”就对了

（二）鲜活式评论语言

评论是与读者沟通的话语，因此要保证语言的鲜活。

正是基于以上背景，有必要强化短视频 APP 平台的主体责任和日常规矩。这就像网约车出事，平台没办法袖手一样，短视频 APP 平台自当遵循“没有金刚钻别揽瓷器活”的基本逻辑。说得更直白一些，若是“泼粪类”短视频可以堂而皇之在手机 APP 上传播，这就不该只是约谈了事，而应该直接无限期下架软件并厘定其法律责任。

——恶搞短视频的底线究竟在哪里

（三）深刻式评论语言

为使评论问题鞭辟入里，评论写作者应注意深挖新闻事件的实质，同时通过深刻理性的语言传达观点。

该事件暴露出的问题值得思考，其一是消费者到底是否拥有数据权利，在明确要求企业提供用户数据的时候为何会受到阻挠；其二是消费者维权渠道少，这可能会迫使消费者选择激进方法维权。

细究这两个问题的根源，应跳出特斯拉维权事件本身，兼顾个人利益诉求和社会总体利益，从法律和经济角度重新审视数据权利这一问题，数据权利究竟属于谁，应当如何进行确权，并且该如何保护？这对于未来智能汽车乃至整体数字经济业态的健康长远发展都有至关重要的作用。

——旋涡中的“数据权利”，这才是特斯拉的真正“命门”

（四）准确式评论语言

评论的语言使用应注意准确得当，尤其是在动词的使用上。

政策的制定者主动靠近劳动者，感受他们的工作、聆听他们的想法，既能唤醒社会持续关注呵护新兴职业群体，作为一种工作调研形式，也有利于官方从一线提炼民意、辅助政策制定。

——副处长送外卖累瘫街头，“委屈”就对了

（五）严谨式评论语言

评论若想说服读者，则需保证语言的严谨性和说理的效果。

但问题并非非黑即白这么简单。正如一个行为是否构成罪，有其要素标准，也即犯罪的构成要件。那么，此次法学复试考生的行为，是否构成了违反相关考试规定的要件，起码从目前已知的公开信息来看，并无法准确判断。而这也是引发舆论热议的原因之一。

——人大法硕复试多人成绩 0 分，校方该有个明确说法

（六）得体式评论语言

评论语言的得体既表现在词语的精准使用，也展现在修辞和俗语的运用。

给一枚鸡蛋点赞的同时，我们还希望“花式反诈”可以来得更多些。民警、社区要不断地推陈出新，丰富“花式反诈骗”的手段。

要明晰的是，诈骗是裹着蜜糖的毒药，每一个套路设计都针对人性的弱点，每一步都以让人们相信为目标，这也使得诈骗通常难以破局。就此去看，“花式反诈”也是未雨绸缪的必然要求。

——鸡蛋上印“反诈”语，这样的“反诈蛋”多来一打！

（七）大众化评论语言

评论作为一种大众化的新闻产品，用户主体广泛，因此写作时也需注意大众化表述。

除了邀请函一说，黄牛“代抢”也磨刀霍霍，硬生生让“代抢”业务也火爆起来，不仅有人工，还有速度更优的机器代抢。游客苦不堪言，若自己抢，或许抢不过，游玩计划乱套；若让人代抢，不仅费用高，还要出卖自己的隐私给黄牛。炒“票”花样百出，笑了黄牛，却苦了原本欢欢喜喜准备出门游玩的消费者。

——故宫邀请函：自己凿洞给羊钻？

五、新闻评论易错点归纳

方法技巧是评论学习之基，写作是评论学习之源，学生在进行新闻评论的学习中一定要多读评论、多积累优秀例文，多练笔，在训练中发现问题。在实务操作中学生呈现出的问题多种多样，具体包括以下几种。

（一）文体不清

第一类，评论与消息报道的混淆，消息是陈述事实，是纯客观的新闻表达；评论是评论者表述观点的主观性表达。

第二类，评论与新闻作品评析的区分，新闻作品评析是对于新闻作品本身的评价，其针对的是新闻作品，譬如分析新闻价值、消息稿的写作手法等，而新闻评论针对的是新闻事实本身，阐释作者对于新闻事实、新闻现象的认知和看法。

连日来，记者走访武汉多所高校，发现大学教材盗版现象正愈演愈烈，有的学校一届150个学生，只有十分之一的人购买正版书，其他同学很多不是用二手书就是买盗版。这主要是因为正版教材太贵、教材使用率低、盗版教材监管难，除去这些，学校收费制度不透明也是一些大学生不愿意通过学校统一订购正版教材的重要原因。要修正盗版泛滥这一现象，第一步要做的就是加强学校教材管理的透明度，让学生从“参与者”升级为“知情者”。

——勿让打印店成了教材“出版社”

此处是较为典型的问题不清，段首出现“记者走访……”的新闻消息字样，混淆了评论与消息报道的界限。

（二）论点模糊

一篇好的评论需要有清晰且有力的观点，论点不清是文章大忌。

7月15日，国家药品监督管理局发布消息，长春长生生物科技有限责任公司狂犬病疫苗生产过程中存在记录造假行为。随后，长春长生又被爆出用于预防百日咳、白喉、破伤风的儿童疫苗百白破疫苗检测不符合规定。大众纷纷指责“假疫苗”背后厂家，认为其已经突破人类的道德底线。

——“假疫苗”事件应彻查

近日，长生生物公司因“冻干人用狂犬疫苗”造假、“吸附无白细胞百日破联合疫苗”检验不合格等事件引发网友声讨，大家纷纷指责假疫苗背后的厂家，认为其行为已经突破了人类的道德底线，必须严惩这种无良商家。的确，对于这种丧尽天良、泯灭人性的行为，国家必须给予严惩，但其背后是如何流入市场，这其中涉及的监管不力的部门更应问责。

——假疫苗事件：厂家必须严惩，监管更应问责

对比两篇关于长春长生公司的“假疫苗”事件的评论，第一篇的开头论点较为模糊，且不说“彻查”一词太过广泛，从内容的本身来看，这个开头并未将作者的观点很好地呈现，属于不合格开头。在此基础上，评论写作者应将彻查的行为主体或批判的对象明示，第二篇评论开头即解决了这一问题，具体来说，一个观点就应当有较为清晰的所指，决不能大而化之。

（三）语言过度用力

语言过度用力的问题是很多文笔比较好，或者文字表达感情投入比较充沛的写作者把握不好的问题，评论文字是带有作者的倾向性和观点的，也是一个向读者讲明道理，提出建议的过程，因此写作的过程中带有感情色彩是在所难免的。但是，感情色彩的把握是需要注意的，在批改的学生作业中，有两种语言过度用力的情况容易出现：鸡汤化和谩骂化。

鸡汤化，就是感情渲染过于直接，将一篇说道理的评论写成了“心灵鸡汤”，读起来没有评论的感觉，却让人“泪流满面”，究其文字本身而言，感染力十足，但从新闻评论的得分角度来说，着实不太合格。试看：

有多少人在公共场合被侵犯却选择了默默忍受？每一个被施暴、强奸、骚扰的人都不希望被别人知道，他们只是想偷偷地舔舐伤口，假装不疼。而当他们选择为自己发声后，他们最希望的也是得到舆论的尊重，还自己平静的生活。我们作为一个旁观者和局外人，我们不知道当事人承受了什么，也无法体会他们的遭遇和心情。但我们须有一颗怜悯的心，或者至少学会尊重他人，这是最起码的善良。在这个案件里也有值得人们感受温暖的地方，那就是被无情曝光的资料上，显示着汤兰兰接受了高等教育。对未来满怀憧憬的花季少女，还在积极努力地生活，我们又有何理由不善良？不对她好一点呢？

——汤兰兰案：真相不会输给善良　但请你善良

语言过度用力的第二个易错点是谩骂化，集中在恶性事件的评论材料中，譬如碰瓷、故意伤人等，此类语言未能把握好语言的文雅和克制，属于不合格的评论语言：

高颜值作为网红判断的标准之一，受到人们认可。但是，网红真的就具有高颜值吗？如果离开了化妆品，离开了滤镜，离开了整形手术，离开了美颜，那么网红还能撑多久？我想一刻也不行。在抖音上，我们经常看到变脸表演，化妆前，屏幕中的人物让人看见就倒胃口，但化妆后就变成一个秀色可餐的美

人或者俊男。所以，“装”出来的颜值不该成为网红判断的标准，因为卸妆后他或者她可能是你呕吐的对象。

——学生习作

（四）模板化

新闻评论并没有所谓的万能模板去套用，因为写作都是根据具体的材料和事件背景去阐述想法。例如在措施分析上，很多同学在并不研究事件的基础上就以政策、行业、个体三方面去写对策，试看：

遏制盗版教材的蔓延与扩散，还需全方位的措施：首先，政府应当完善监管，加重对于盗版行为的打击与处罚力度；其次，教材销售与出版行业应当自律，提高版权意识，形成尊重版权与知识的良性之风；最后，作为消费者应当明辨是非，切莫去贪小便宜购买盗版教材。我们有理由相信，全方位的举措形成，教材盗版问题会得到遏制。

——讲师编写范例

这一段是笔者花了不到三分钟编出来的，这种写法性价比非常高，也很节约时间。但是似乎很多社会问题和现象都可以去这么“套用”，这也造成了评论的同质化，在考场上如果不加思考进行此类措施的写作，不但不会加分，甚至会扣分。

（五）“头重脚轻”

部分同学在评论写作中会遇到这样的问题：对材料很熟悉，在开头说完观点后，会谈很多事实本身的东西，有的时候甚至大段大段阐述与之相关的事实，或者写一些自己比较熟悉，但与观点关联性并不是很强的分析，从而占用考场评论本身就寸字寸金的表达空间，造成“头重脚轻”的现象。试看：

近日，被誉为中国“天空之境”的茶卡盐湖因“日清12万吨垃圾”引起社会广泛关注。无独有偶，哈尔滨百年滨州铁路桥成“网红桥”后，同样面临垃圾乱扔、随意刻画等问题。面对游人管理和环境治理的问题，有关部门莫等景区被“破坏”了，再进行“补救”。

据悉，茶卡盐湖景区旺季每日游客接纳量达3万~4万人。每日大量的游客到访意味着产生大量的垃圾。景区内保洁人员不足，监管不力，文明旅游宣传不到位，久而久之“天空之境”变成了“垃圾场”。有关新闻报道曝光后，景区相关部门才提高注意力，采取每日限流5万人、进湖租赁可降解的鞋套、加大保洁人员巡逻安排等行动。不知道限流等一系列措施能否从根本上改变景区环境保护，但单从力度上看，这些是远远不够的，景区开发设计人员应在规划初期考虑各方面因素，如景区内禁止乱扔垃圾、限制饮食、禁止使用不可降解鞋套、垃圾集中循环处理等，提前采取预防措施。

国内旅游景区内垃圾乱扔、乱刻乱画等现象频发，显示出我国游客素质不高，面对国民环保意识不强以及种种不文明旅游现象，我国相关部门缺乏相对强硬的应对措施。仅靠加强宣传文明旅游未免有些力不从心，有关部门可以出台相应的法律或试行文件规范文明旅游：面对景区或公共场所乱扔垃圾、随意刻画等现象进行相应地罚款以及定期“曝光”，采取零容忍态度，从源头上解决问题。同时，景区内也应配备足够的垃圾箱及宣传标语，进一步规范景区环境治理。

规范文明旅游是一个漫长的过程，需要有关部门花费大量的人力物力，以及坚决治理的决心，未来的十年、二十年、百年后，希望我们的子孙后代仍有“天空之境”而非处处都是垃圾之茔。

——“天空之境”成“垃圾场”：有关部门早该出手了

这篇评论的观点较为深刻。但是问题在于第二段中，陈述了比较多的事实，包括景区怎么混乱、现有措施不起效果等。这一系列背景事实都为已发生的事实，不必大费笔墨，而真正需要分析的关于政府措施的迟到以及措施的适用性在评论文章中出现较晚，使整篇文章头重脚轻，最终得分不理想。因此写作时务必注意，尽早进入主题分析。

上文提到的“头重脚轻”是进入观点太迟，铺垫过多。另一种“头重脚轻”的表现是在于行文布局上的内容不对称。

最近，因部分游客和市民的不文明行为，让117岁的哈尔滨百年滨州铁路桥经受着不小的压力。特别是有些人在桥面的钢铁架上用黑色笔写字，根据清洁工反映，这些字非常难去除。这不仅给清洁工造成了很大的麻烦，同时也显露出很多人并没有认识到自身的错误，要知道景点并不是“炫耀”自己“文化”的地方。

不可否认，这种行为的确是有其历史原因。古有皇帝立碑、文人题诗、草民刻字等，而当旅游还是奢侈品，拍照技术没有全民普及，没有软件实时分享时，人们留念的方式就是在目的地留点东西证明自己曾经来过。可能是这种行为在潜移默化中传承下来，造成了很多人对于景点保护观念的认识不足。毕竟近年来也有很多新闻报道一些游客在景点上写“到此一游”等字样。

再者，隐蔽性和不可控性也可能是这种行为时常出现的一个原因。因旅游景点人流量太大，现场管理人员并不能及时发现并且制止；再加上观念上存在偏差。虽有渊源可循，可这些并不能成为随意在景点上提笔的借口。

值得注意的是，相关部门虽然多次强调保护名胜古迹原貌的重要性，明文规定不允许在景点上乱涂乱画。可这种行为在现在看来并没有减少或者得到有效的遏制，足以说明解决此不良行为任重道远。可能杜绝此类行为不仅仅需要采取硬性惩罚措施去解决，还需要实施从思想上根除这种错误观念的措施，并且景区也需要加大力度去宣传游览名胜古迹的注意事项以及保护的重要性。

——别在景点上炫耀自己的“文化”

该评论存在的问题较为明显。首先，排除掉评论题材的限定，文章的写作讲究“凤头、猪肚、豹尾”，内容首先一定要充实，而这篇评论主体论述部分内容过于单薄，但开头较为丰富，就造成了行文上的“头重脚轻”。

（六）其他问题

评论习作中反映出的问题多种多样，除以上几种典型问题外，还包括一系列常见错误。

1. 理论的使用问题

由于我们本身是新闻传播专业的学生，或者是在备考新闻传播专业，很多考生会使用一定的理论来分析问题，这其实是一个不错的思路，有些理论用对了确实能提高评论整体的说服力和专业性。但是，评论的受众毕竟是普通读者，也是要注意语言的可理解性和接受程度。如果一定需要理论的话，建议不要用过于专业化的语言，而要将这种理论尽可能简单化、易读化。同时，如果不是十分适配，不建议频繁使用立论。

2. 前后语言矛盾

很多时候我们会出现文章前后语言的矛盾，前文可能说的是这个意思，后文变成了另外一种意思，或者，后文出现的内容与前文内容有逻辑上的冲突，这种情况会造成文章的逻辑不明或者逻辑混乱，比如，前文说政策难以对某东西进行比较好的监管，需要探索新的监管途径，后文却提出说一定要靠制度和政策将这个东西关到笼子里，此类逻辑自相矛盾的问题在考场上时有发生，务必有意识规避。

3. 拖字数、凑字数

理论上说，800~1000 字的新闻评论表达空间足够，但有些考生认为，把评论写长，老师会觉得我更有水平，给更高的分。事实上并不尽然。首先，考试时需要严格按照要求去写作，要求多少字就写多少字，不要超过太多；其次，太长的评论老师会认为你有水字数之嫌疑，老师读着也费劲，容易耐心不足。最后，其实并没有必要写那么多字，且评论的水平并不是靠字数来决定，还是得看你的观点和整体的行文逻辑。

4. 口语化问题

很多学生认为评论需要用大白话，这没错，但是一定不能口语化和流水账。评论的语言讲究通俗，要求读者能够通俗易懂，这和口语化是不一样的。建议同学们积极阅读新闻评论语言，适当时候选取优秀例文熟读甚至成诵，培养新闻评论语感。

第二章 新闻评论的常见命题与案例

一、新闻评论的常见命题

1.“新闻事件”类评论

命题的由头通常是一个具体的新闻事件或热点话题，题目会给出一个具体的事件材料，事实较为独立，事件因果较为清晰。

关于周杰伦粉丝打榜一周内成为榜首，与蔡徐坤粉丝的流量之争。写一篇 800 字的评论。（同济大学 2021 年真题）

关于张玉环案，配发评论。（暨南大学 2021 年真题）

2.“社会现象”类评论

命题的由头是一个社会现象、社会思潮，现象本身因果和矛盾点较为复杂，命题提供材料信息也较为模糊，常常有多种切入角度。

关于个人隐私信息过度泄露问题。（南京财经大学 2021 年真题）

关于直播带货现象。（暨南大学 2021 年真题）

3.“形势政策”类评论

命题材料基于国家政策、发展战略与重大国内国际活动，通过与政治挂钩，格调较高。命题对政治素养、理论素养有较高要求，难度相对较大。

关于进博会，配发 800 字时评。（上海大学 2021 年真题）

以“我们未来需要怎样的教育”为主题，配发一篇评论。（内蒙古大学 2021 年真题）

二、优秀新闻评论案例

在新闻评论的学习中，会读评论与会写评论同样重要，基于上述“新闻事件”“社会现象”与“形势政策”三种评论分类方式，本书选取每种评论类型的例文各五篇，逐一分析优秀评论文章的具体细节和写作结构。

（一）“新闻事件”类评论

1. 杭州金钱豹外逃事件

评金钱豹外逃事件：瞒报是更可怕的“豹子”——人民日报评论

（前半句指出事件，后半句表明态度，乃是“新闻事件”类评论的经典结构。表明态度时，“×××是×××”的句式更能给事件定性，也更能表示态度。这样的标题结构清晰且易操作，对于练笔的同学们来说，可直接效仿）

昨天下午，杭州市举行新闻发布会，对近些天闹得沸沸扬扬的“金钱豹外逃事件”进行说明，揭开了事件始末：4 月 19 日，由于杭州野生动物园管理人员疏忽，3 只金钱豹从园区逃出。而后，相关负责人为不影响“五一”假期的生意，决定瞒而不报，私下搜捕，直至5月8日，第二只外逃金钱豹被捕获，外逃事件随之曝光，杭州野生动物园才如实报告并发布致歉声明。目前，仍有一只金钱豹在逃，相关责任人也被立案调查。（开头段对事件进行概述，因考场有字数要求，所以建议同学们在概述事件时，要更为精简）

纵观这起事件，因为管理不当导致猛兽外逃，已是失职。（第一层面，指出造成该事件的问题，即失职）从为了假期正常营业瞒而不报，到面对外部质疑时多次矢口否认，再到以“担心事件公布会引起恐慌”为己辩护，这一连串操作堪称教科书般的负面示范，其中的安全意识淡薄、责任意识缺失、信息发布迟滞、舆论应对失措无不令人愤懑。金钱豹是大型食肉动物，即使未成年，对于公共安全的威胁也不可小觑。作为野生动物园的专业管理人员，对此更应心知肚明。任其在外流窜数天，置广大市民的人身安全于不顾，也置金钱豹的生命健康于不顾，是眼里只有金钱、无视法纪，将利益置于生命安全之上的短视、狂妄之举。

可以说，相较于金钱豹外逃，瞒报是更可怕的“豹子”，（第二层，更进一步。开头用过渡词“可以说”，承接上下文，段与段之间更流畅。第一句话便指出问题核心，即比失职更可怕的是瞒报，直指论证中心）因为这不仅延误了官方追捕时机，也使得谣言甚嚣尘上，客观上，还使得公众由于缺乏防范而暴露在更大的危险之中。而对于园方而言，遮遮掩掩、捂着压着同样并非上策。纸终究包不住火，事件曝光后，势必招致更严厉的舆论谴责和法律追责，得不偿失。（紧接核心问题之后，指出瞒报之举对警方、公众以及园方自己造成的负面影响）何况，（让步）在猛兽外逃造成安全隐患时，及时上报、将保障人民群众生命安全置于第一顺位，本就是野生动物园肩负的道德义务和法律责任。（进行拔高，指出猛兽外逃及时上报以保障群众生命安全乃园方的道德义务与法律责任）

事实上，在所有危及公共安全的事件中，迟报、谎报、瞒报都是大忌。（第三层，跳出就事论事，把此事放到更大的层面来说，即与“瞒豹”类似的危及公共安全的事件，都不应该迟报、谎报）无论是生产事故，还是突发疫情，第一时间报告，才能尽早启动应急预案、拿出应对措施，争取更多主动权，最大限度减小损失和社会成本；第一时间告知公众，也才能用真相廓清外界的疑虑、阻断谣言的生长。如果面对应急事态时，害怕担责，或是抱有“瞒一瞒就能混过去、拖一拖就能大事化小”的侥幸心态，在第一时间选择遮掩搪塞，从而贻误了最佳处理时间，以致酿成更大的灾祸，就是典型的人祸。

此次金钱豹出逃事件，万幸尚未造成人员伤害。希望有关部门全力追捕，尽早排除猛兽流窜的风险。对动物园内部存在的管理漏洞、制度缺陷，有关部门当及时介入，督促其补短板、堵漏洞。对此次瞒报事件的始作俑者，相信法律也必将严惩。（从有关部门、动物园区方提出改进措施）此次事件更是一堂生动的警示教育课，关于如何应对突发危急事件，关于如何回应公众关切，其它单位亦当引以为戒，在自查自纠中强化薄弱项、筑牢责任墙。（最后一句，再回到对此事的看法，其他单位也要汲取教训，引以为戒）

【结构解析】

首段：概述事件。

第一层：造成事件的原因，园方管理失职；

第二层：深入事件，比管理失职更可怕的是瞒报这一行为；

第三层：跳出就事论事，从宏观的角度论述涉及公共安全的事件都不应该谎报、瞒报；

结尾：站在多方，提出改进措施，其他单位也要引以为戒。

2. 成都49中学生坠楼事件

学生在学校坠亡：做鸵鸟永远回应不了质疑——南方日报评论

（标题使用事件＋态度的经典模式，鲜明表现观点，且通过将涉事方寓指鸵鸟，讽刺十足）

5月9日，成都49中一名高二学生在学校坠亡，此事引发社会关注。

5月10日14时30分，成都49中官微发布公告称“公安机关正开展调查”，5月11日凌晨3时54分，成都市成华区教育局官微以“成华区联合调查组”名义发布情况通报称，经勘查，基本判断该生是因个人问题轻生。

此事引发舆论关注不是没有原因的。学生在校园坠亡本来就是一起悲剧，而在网络上，一名自称当事学生家长并晒出合影的博主，则通过陈述更多事后信息呈现了诸多疑点——问警方，警方说“停止心跳没有送医院直接拉去殡仪馆”；问学校，学校说“会走法律程序，除此之外无可奉告”；要监控，“唯独事发那一段没有监控”。（第一层，以问警方、问学校、要监控三个短句，体现出家长的无助）

无论这名学生家长的陈述是否完全符合事实，必须强调的是，孩子在校内死亡，家长作为直系亲属，有权利获得事件发生前后所有相关信息，校方也有必要就家长疑问进行逐一回应，而不是相反。法律程序是社会裁量评价程序，却不是回避家长卸下道义责任的理由。（第二层，提及法律裁量评价程序证实观点）

显然，校方后续处理上的回避姿态已经产生了更大的问题，甚至动摇了成华区联合调查组调查报告的信任度。（由校方过渡至警方）做鸵鸟永远回应不了质疑，尤其是让与之相关的所有人一起“两耳不闻窗外事”，这种姿态下，哪怕死因判断经得起推敲，造成的仍旧是一种万事可疑的局面。（通过比喻的手法与俗语的引用，指出警方的问题所在）公开是回应质疑最好的良药，如今质疑凶猛，针对社会关切的具体信息，校方需要有更详细的回应。（提出建议）

【结构解析】

前两段：概述事件。

第一层：将事件中的疑点托出，将矛头指向警方与学校；

第二层：通过法律裁量评价程序指出校方的不合理之处；

结尾：由校方过渡至警方，指出警方的问题所在，同时提出建议。

3. 宠物盲盒事件

拿活体猫狗做“带血生意”，不容盲盒变“魔盒”——红星评论

日前有网友爆料称，中通快递某网点出现大批量宠物盲盒。初步统计显示，该网点现场共发现被打包的猫狗160余只。目前，执法部门已介入。中通回应称，经调查核实，这批活体动物系平台电商客户线上销售，涉事网点违规揽收。中通快递向公众、媒体和客户诚挚道歉，并发布了三项整改措施。（陈述事件）

盲盒刚面世时，带给人们的是新鲜，而不知从何时起，“万物皆可盲盒”。甚至一些商家虚假营销，把盲盒玩坏了。中消协曾指出，盲盒营销应适度，不可利用消费者的猎奇心理，误导消费者冲动消费。而如今，更恶劣的是，有人把猫狗等活体装进了盲盒，让人震惊。这门“盲盒”结合“萌宠”而成的“带血生意”，被网友称为“缺德到冒烟”。媒体报道的这起案例，就是最新佐证。（剖析盲盒存在的问题，先是盲盒问题，再是盲盒活体动物问题）

显然，与一般的过度营销相比，报道中的这种宠物盲盒存在不可宽宥的“硬伤”。

一个是违法违规。《动物防疫法》明确规定，经航空、铁路、道路、水路运输动物和动物产品的，托运人托运时应当提供检疫证明，没有检疫证明的，承运人不得承运。《邮政法实施细则》也规定，禁止寄递或者在邮件内夹带各种活的动物。涉事的中通快递网店揽收宠物盲盒，已涉嫌违法违规，这一点不难判断。（通过法律条文论据论述盲盒问题中的硬伤）快递公司应该挨板子，发货方也逃脱不了法规约束，线上销售这批活体动物的平台、电商也应付出应有的法律代价。换言之，这条违法链条的每一个环节都须承担相应的法律责任。

另一个是蔑视生命。快递宠物盲盒，这是一门带血生意，缺乏基本的人性。无论怎么说，小猫小狗也是生命，盲盒活物必然造成伤害，乃至导致宠物死亡。无论从哪个角度看，都是缺乏生命伦理的体现。（由违法行为转至道德问题探究）对此，中通方面表示，快递物流企业的健康发展不仅建立在严格的寄递规范和安全管理之上，还需秉持正确的生命观和价值观。这一表述，值得肯定。（对物流企业方态度表示肯定）

令人担忧的是，盲盒活体几近形成了一种产业。此前就有媒体报道，多个网购平台悄然兴起了宠物活体盲盒，价格从几十到上千，种类包括乌龟、壁虎、猫狗等，卖家声称“不接受规定品种、盲盒发出后不接受退换、不接受中差评、评论不允许晒”。“揭开盒盖的那一瞬间，惊喜与惊吓都有可能”，试问，这是盲盒还是魔盒？可以想见的是，一旦打开了活体宠物的“潘多拉魔盒”，后果将不堪想象。（类比其他活体盲盒问题）

“盲盒不是无底筐，不能啥都往里装”，这本是价值共识。但一些人在畸形利益刺激下，硬生生把盲盒变成了魔盒，什么都敢装进去，而一些快递企业存在把关不严，导致宠物盲盒在一些地方愈演愈烈。此外，有关平台也难辞其咎，面对平台店铺上那些明晃晃的盲盒活体广告，视而不见听而不闻？（分析造成问题的其他涉事方——快递企业 / 平台）

有专家称，目前的宠物活体盲盒存在着法律盲区，消费者维权困难。诚然，完善法律是一个层面，与此相关的企业（比如快递公司和电商平台）守土尽责则是另一个层面。不能因为法律尚需完善，就把自身该尽的责任虚置。遵守法规，这是企业的立身之本；秉持正确的生命观和价值观，这是企业走向壮大的前提。（让步，法律需完善，但各个主体也应尽责）

值得一提的是，针对这起宠物盲盒事件，监管部门并未失语。比如，动检部门依法暂扣所有猫狗，并对其检疫检验。显然，只要涉事各方尽其责任，有效封堵有关路径，盲盒活体乱象就会大大减少。（肯定监管部门未失语，并发出呼吁）

【结构解析】

首段：概述事件。

第一层：剖析盲盒中存在的问题，先是盲盒问题，再是盲盒活体动物问题。论据论述盲盒问题中的硬伤，先是违反法律，再是违反道德；

第二层：类比其他活体盲盒问题，揭示盲盒产业链条；

第三层：从快递企业、平台店铺等主体分析问题；

结尾：肯定监管部门未失语，同时发出呼吁。

4. 副处长“送外卖”事件

副处长送外卖累瘫街头，“委屈”就对了——中青评论

（此篇题目尤为精彩，“委屈”就对了直击官员痛点）

近期，北京卫视播出了一档节目，节目将镜头对准北京市各委办局的局处长以及他们拜师的普通劳动者，这些局处长们隐藏真实身份、深入基层一线、体验普通劳动者的工作。在首期节目中，北京市人力社保局劳动关系处副处长王林，拜师某外卖平台经验丰富的老骑手高治晓，骑着电动车在中关村送外卖。

起初王林只是跟着骑手师傅学习经验，震惊于他一下子接15单的速度。当轮到他“单飞”时，12个小时却只送了5单，收入仅有41元，距离一天挣100元的目标差距不小。节目中有个很戳人心的镜头，当夜幕降临，在灯火阑珊的北京街头，累瘫的王林坐在马路牙子上感慨万千，表示：“真的太不容易了，我觉得太委屈，这个钱太不好挣了。”（基本事实陈述）

不少关于外卖骑手的新闻，看完都让人有鼻子一酸的感觉。在这个节目之前，就有人注册为外卖骑手，体验配送工作，或跟拍骑手送餐，发布一些还原骑手工作、冲突和辛酸的视频。只是这次，体验送外卖的人变成了政府官员。政策的制定者主动靠近劳动者，感受他们的工作、聆听他们的想法，既能唤醒社会持续关注呵护新兴职业群体，作为一种工作调研形式，也有利于官方从一线提炼民意、辅助政策制定。（点出事件的新闻信息点——官员主动靠近劳动者，提炼民意、辅助政策制定）

事非经过不知难。由于是新兴职业群体，外卖骑手的难处，除了在工作上遭遇的沟沟坎坎，灵活就业形式下的“劳动关系”确认难、社会保障不够完善等新问题，更削弱着外卖骑手的职业安全感。一旦出现劳动争议和纠纷，“劳动关系”不明时，便难以界定明晰多方利益主体的权责，比如外卖员的工伤认定就容易产生纠纷，风险往往会转移到骑手个体身上。这些新问题不能被有效解决，便无法免除骑手从业的后顾之忧，除了现有劳资纠纷事件增多，从业群体的职业认同感、归属感也会下降，新兴职业的就业吸引力也会削弱，最终制约行业的高水平发展。（剖析以外卖员为主的新兴职业的社会性困境）

王林坐在马路边感慨的镜头，让节目多了些人文情怀，但节目本身又是严肃现实的，是对外卖骑手生存权益的审视。节目最吸引我的，不是王林作为官员的级别头衔，而是他正好从事劳动关系政策制定和落实的相关工作，实地体验延伸了他的工作触角，是很好的换位思考方式。官员走出办公室，亲身体验骑手接单、送单过程，新兴职业的诸多痛点也就顺利进入了政策制定者的视野。这番切身感悟，则会激励其勤勉为政，推动实施一些带着关怀、面向实际的好政策。（肯定节目与政策制定者的勤勉为政）

根据报道，这些从基层了解到的真实情况，将成为北京市人力社保局研究制定《支持与规范新就业形态》相关政策的重要依据。从更大范围看，不管是今年两会的提案议案，还是人社部推进的新职业人群权益保障工作，乃至我国的十四五规划纲要，都在聚焦新职业的发展及其从业者的权益，相关法规政策的出台完善已经呼之欲出。当然，企业也需要以更积极的姿态，主动呵护劳动者的合法权益。（继续抬升，提出对新职业人群的保障政策与规划）

【结构解析】

前两段：概述事件。

第一层：指出事件的实质——官员深入一线，点出做法的意义；

第二层：以外卖员为个体剖析新兴职业者的社会性困境；

第三层：肯定节目制作者、官员的行为；

结尾：延伸政策法规，继续发出企业呵护劳动者的合法权益的主张。

5. 杜海涛火锅店翻车事件

杜海涛火锅店被责令停业　明星餐饮店为何屡屡翻车？——新京报评论

7月8日，“杜海涛合肥火锅店被责令停业”的话题，上了微博热搜榜。

据报道，合肥监管部门近日陆续接到4起投诉，消费者均反映在“辣斗辣”火锅店就餐时，发现汤菜中有苍蝇，向商家反映时店员态度较差，对诉求不予理会。7月7日，执法人员现场检查，发现该店存在后厨苍蝇飞舞、未取得食品经营许可证等问题，责令其停业整改。而该店就是知名主持人杜海涛、吴昕创立的火锅品牌加盟店。7月8日，该火锅店就被要求整改一事发表致歉声明。

实际上，对“辣斗辣”的翻车，公众并不意外。早在两年前，杜海涛在长沙的“海吃海喝”自助餐厅就发生过类似事件。当时7名顾客用餐后出现腹泻，被诊断急性肠胃炎，在协商时，店方一再变卦，甚至质疑顾客“敲诈勒索”，引发广泛关注。事后，店方发表声明，确认顾客腹泻并非“碰瓷”事件，双方最终和解。（引出杜海涛本人的其他餐饮翻车事例）

如今，类似事件再次发生在杜海涛身上，而且这次问题似乎更严重。食品加工操作区设置不规范，后厨卫生脏乱差苍蝇乱飞，对消费者的合理诉求不理不睬，还未取得食品经营许可证……餐饮企业存在的种种问题，“辣斗辣”几乎一个都没落下。巧合的是，杜海涛最新一条微博内容是：“饱了么？我今天是吃得挺饱了，还打包了不少。”这也毫无意外地引发网友一片吐槽。（借用最新事实材料，佐证观点）

被责令停业整改后，“辣斗辣”火锅发布致歉声明，承认其操作不规范。杜海涛随后也转发该声明，并表示要“做好自查自纠”。

近年来，明星餐饮店层出不穷，以至于网友戏称，“明星们不是在开店，就是在开店的路上”。但快钱并不好挣，明星餐饮店火得快、关得也快，从火爆开业到负面缠身，再到销声匿迹，多则三五年，少则一两年，是不少明星餐饮店都逃不过的魔咒。总之，在餐饮界，明星餐饮店很难长久，更难出“明星”。（此处对事件拔高，由个案上升到明星全体，点出明星餐饮的普遍性）

据某企业信息平台2020年9月发布的数据显示，2015年至2017年，是明星开设餐饮企业的集中爆发期，仅2017年就有约13家明星餐饮企业注册成立，但截至数据发布时，已有约10家明星餐饮企业的状态为注销或吊销。此外，超过30%的明星餐饮企业曾存在过经营异常，10%以上的相关企业曾受到过行政处罚。（使用事实论据，指出明星开餐饮的普遍性以及翻车事件的频繁）

就在最近，也还有几家明星餐饮店深陷困境。据报道，明星陈赫的火锅店贤合庄在福州大本营的门店全部“失守”，贤合庄餐饮店目前更是已注销近30家。另据报道，7月2日，薛之谦参与投资的“上上谦”时尚火锅店关联公司——上海上谦餐饮管理有限公司新增注销备案，注销原因为决议解散。而此前，贤合庄、上上谦等都曾因食品安全问题被舆论关注。（举其他明星餐饮食品安全问题的例子，将明星餐饮安全上升至普遍问题）

因此，不管谁开餐饮店，安全、卫生都是底线，公众人物则更应珍惜羽毛，带头守护“舌尖安全”。得其利者必承其重，既然要想利用“明星”的盛名大把捞金，坐收其利，就要承担与之匹配的责任和风险。如果把“明星”的社会影响力当成圈钱工具，开店就是为了“割韭菜”，则迟早要凉凉，而明星自身的人品也有逐渐被败光的危险。（语言简短鲜明但有力量）“辣斗辣”翻车，就是为此再敲警钟。

【结构解析】

前两段：概述事件。

第一层：延伸至杜海涛本人其他餐饮翻车经历；

第二层：上升至对明星餐饮翻车现象的论述，列举其他明星餐饮翻车事实；

结尾：为明星提出警告，指出要爱惜羽毛，不要败坏名声，只把餐饮当圈钱工具。

(二)“社会现象”类评论

1.“996”加班现象

别把超时加班美化为“拼搏和敬业”——工人日报评论

近日一则由互联网程序员引发的新闻登上了热搜榜——一名程序员在GitHub社区上建立了一个“996.icu”(即工作996，生病ICU)的项目，披露部分互联网公司“996”工作制现象，大量“996工作者”涌入并控诉。

“996.icu”，意味着长期过劳工作，最终面临健康风险。由此引发的“996”加班问题再次进入公众视野。许多被证实采用“996”工作制的公司被推上舆论的风口浪尖。其中，有新兴互联网公司，也不乏跻身世界500强的大型企业。(点出事件，并解释何为“996”)

所谓“996”工作制，即每天从早9点工作到晚9点，每周工作6天。以此测算，每周工作时间达到了72小时。而这一制度是违法的。1995年施行的《中华人民共和国劳动法》规定了劳动者每日工作时间不超过8小时、平均每周工作时间不超过44小时的工时制度，并强调“劳动者享有休息休假的权利”。法律也考虑到不同企业的实际情况，规定用人单位由于生产经营需要，经与工会和劳动者协商后可以延长工作时间，一般每日不得超过1小时；因特殊原因需要延长工作时间的，在保障劳动者身体健康的条件下延长工作时间每日不得超过3小时，但是每月不得超过36小时。与此同时，用人单位安排加班的，应当按照国家有关规定向劳动者支付加班费。(提出事实论据，通过法律条文证实“996”违法)

随着我国劳动法律制度的不断完善，保护劳动者权益的制度体系和社会氛围已经形成，侵犯劳动者休息权的行为不再明目张胆，但是有的超时加班却披上了“温情的面纱”——企业用加班文化将员工捆绑在岗位上，要求员工付出更多工作时间和劳动力，以此期许提高企业的KPI(关键绩效指标)；员工忍耐着适应加班文化，以此换取稳定的收入和职业的发展。(点出“996”成为日常背后的内在逻辑——加班文化盛行)

如此加班给劳动者带来的是幸福吗？日前，整个微博都在安慰一个因为逆行被交警拦住、情绪失控大哭的小伙子。小伙子的一句话戳到了许多人的泪点：“我加班到十一二点，所有人都在催我，我真的好烦啊。我只是想哭一下……”(指出加班给劳动者带来的不幸)

因为一件小事瞬间崩溃，程序员在网上自发声讨“996”工作制，这反映了重压之下的劳动者已不堪重负。全国总工会开展的第八次全国职工队伍状况调查显示，迫使职工超时加班现象较为普遍，每周工作超过48小时的职工占21.6%，仅有44%的职工表示加班加点按劳动法规定足额拿到了加班费或安排了相当时间倒休。(以数据论据证实加班现象的普遍性)

诺贝尔奖得主科斯曾经感叹：“中国人的勤奋令世界惊叹和汗颜”。但问题的另一面是，辛勤劳动不等于无所顾忌的加班和漫无边际的任务指标；“为幸福而奋斗”也不应当成为企业逾越法律红线、忽视员工健康权休息权的代名词。

将超时加班美化为“拼搏和敬业”的企业文化，这是用温情的姿态，变相强迫劳动者加班。这不仅阻碍了企业的可持续发展，更可能损害高质量发展的耐力。因为劳动者的健康是国家发展的基石。过度延长工作时间，会导致一系列恶果，包括健康受损、生育率下降、心理疾病，甚至过劳死。（借诺奖之口点出加班问题的严重性，并进一步强调加班的危害）

高质量发展是一场耐力赛。劳动者的身心健康不仅是这场“耐力赛”的推动力，也应是衡量高质量发展的重要指标之一。秉持以人为本的原则，关注和维护劳动者的身心健康，这才是创造价值和利润的正确路径。（点出本质——高质量发展的真正指标是什么）

“五一”国际劳动节即将来临，这个节日正是为争取8小时工作制而来。今天，应该撩开“996加班文化”的温情面纱了。高质量发展，需要的是更合理的工作节奏、更高效的运转模式、更科学的管理方法，需要企业承担起维护劳动者权益的法律责任，需要全社会对“8小时工作制”意义的认可。（提出呼吁）

【结构解析】

前两段：由事件点出现象，并概述何为“996.icu”。

第一层：通过法律条文证实“996”的违法事实；

第二层：进一步分析“996”成为日常背后的内在逻辑；

第三层：通过引用劳动者与诺奖得主的语言分析“996”的危害；

结尾：提出企业高质量发展的具体措施。

2. 网瘾老人现象

10万老人每天上网10小时，“网瘾老人”何以令人忧？——红辣椒评论

近日，关于有超过10万老人日均在线超过10个小时的话题冲上热搜，引发网友热议。从网友们的讨论中，不难发现这样一种情绪波动——一开始觉得很能理解，调侃道“老了只剩下三‘亿’——失忆回忆加不容易”，但越想越觉得悲伤，表示“互联网是社交工具，而我们却习惯了与陌生人社交，疏远了家里的老人，他们最终成了‘最熟悉的陌生人’”。讨论之下不难看出，当老龄化遇上数字化，“网瘾老人”可愁坏了儿女。（开头仍是概述事件并稍加讨论，指出“网瘾老人”问题的出现，愁坏了儿女。同样，真正在考场上写文章时，事件概述尽可能精简）

……

要知道，我国60岁及以上群体的网络普及率为38.6%。其中，有超过10万老人日均在线超过10个小时，这一数据表示老年人对互联网态度和生活方式的“年轻化”转变，这对于缩小互联网技术带给老年人的“数字鸿沟”来说，其实是有好处的。据《中国互联网络发展状况统计报告》和国家统计局发布的数据显示，60岁及以上网民占比仅为6.7%，到2019年底，60周岁及以上人口占比约为18.1%。可以看出，有上亿老年人没能及时搭上信息化快车。（用数据说话）

就拿此次疫情来说，扫码出行，一人一码，成了人们出行的“通行证”，许多地方因为老人不能熟练使用互联网智能技术而绞尽脑汁。去年，国务院办公厅曾印发《关于切实解决老年人运用智能技术困难的实施方案》，集中力量推动各项传统服务兜底保障，解决老年人运用智能技术最迫切问题，切实满足老年人出行、就医、消费、文娱、办事等基本生活需要，同时，基层组织、志愿者也在社区等场所普及智能手机的使用指南，引导老年人轻松上网，解决疫情防控背景下出行难问题。（老人上网能解决出行难的问题）

因此，根据上述分析可知，“网瘾老人”这一现象，不仅代表着互联网普及率的提高和智能技术适老

化改造的成功，同时也丰富了他们的晚年生活，并非“百害而无一利”。（从数据和方便出行这两个角度论证“网瘾老人”现象并非“百害而无一利”，既明晰又有说服力。但同学们练笔时，建议观点先行。同时，有字数控制的要求时，也要做好语言精简工作，如在数据的使用上，直接引用国家统计局发布的数据，做好说明即可）

然而，进一步来看，更多的老人在享受到互联网便利的同时，新问题也随之产生。（虽有好处，但也存在问题，过渡词“然而，进一步来看”值得同学们学习借鉴）尽管老年人的“数字鸿沟”呈缩小趋势，但是对于互联网的信息辨识能力却不足，媒介素养普遍偏低，如此热衷于熬夜玩游戏、做饭刷视频、网购买不停……这些互联网行为，难免会遭人欺骗，损失钱财，严重时可能会导致家人决裂，甚至离家出走，例如“假靳东”“假董卿”等明星高仿号骗局事件。（第一层，先指出最直观的问题，即老人沉迷手机容易遭人欺骗，损失钱财，甚至家人决裂。引用以前发生的事例作为论据，增强论证力度）

同时，这也对社会治理构成了挑战，这种挑战从去年的新冠疫情谣言中便可见一斑，有多少中老年人迷信朋友圈传播的伪科学，相信白醋、白酒、橘子皮等无厘头的食物可以防范肺炎从而疏于科学防范？有多少捕风捉影的谣言谎报疫情进展而给中老年带来恐慌？（第二层，提升到社会治理。既然是社会现象，那就可以进行拔高，把这样的问题从家庭层面拉到社会层面进行论证，指出老人轻易受骗，对社会治理形成了不小的挑战）

从情感层面来看，10 万老人每天上网 10 小时也正反映出中老年群体普遍存在的情感缺失问题。家庭矛盾、社会思想变迁、代际沟壑、亲人疏远……这些正是中老年群体面临的现实状况，对老年人而言，玩游戏、刷视频也许是消遣时光，转移孤独；网购也许是接近时代，找寻话题，也许他们只有在互联网上才能为失落、孤独的情感找寻一丝慰藉。要知道，频繁曝光的有关中老年群体事件背后其实就是在不断释放“孤独”“缺爱”的信号，互联网是有记忆的，慢慢地，这一信号，会被不断放大，使得边缘化的他们愈发边缘。（最后，直指问题核心，老人沉迷手机真的是因为喜欢吗？不，这背后折射出的是家庭陪伴的问题）

【结构解析】

首段：概述事件，加上自己的讨论。

第一层：“网瘾老人”现象并非“百害而无一利”，它弥合数字鸿沟，方便出行；

第二层：“网瘾老人”现象也存在颇多问题，老人易上当受骗，给社会治理带来挑战；

最后：“网瘾老人”现象折射出老人缺乏陪伴的问题。

3. 新型算命现象

算命经济不应成为潮流，社会满意度亟待提高——学生习作

命中注定还是人定胜天？目前“算命”经济伴随着科技发展的同时绽放出新的生命力。星座分析、塔罗牌以及五行八卦等算命手法出现在各大媒体平台。算命成功成为“企业化”产业链，而年轻人成为购买的主体。“算命”，表面上是为人们预测命运走势，实则是利用“空头支票”谋取利益。（剖析“算命”实质为商家利用“空头支票”谋取利益）

与其选择一张空头支票，不如脚踏实地地仰望星空。从古至今，人们祈求好运，度过幸福生活的愿望都是强烈的。古人拜神求佛，求签解签，捐香油钱。现今人们在各大算命平台算前程、姻缘、事业，转发杨超越的“锦鲤”图，信小呆微博评论下的“沾好运”皆是出于此类心理。然而，登上算命平台，或许你会算到“好命”，而后便失去劳动念头静待“好命”降临，又或许算到“不幸”，选择花钱消灾或

任“命”宰割。当人们深信命运的时候，就已经失去了斗争和拼搏的念头，这种不付出就坐享其成的心理不应成为社会潮流，与其等待商家开的空头支票兑现，不如脚踏实地地去创造更多的可能性。（多事件类比相信命运的典型案例，提出行动之重要性）

社会效益不应让位于经济利益。算命产业链背后的商家，抓住了人们渴望美好生活的心理，但“算命”本质上却是开空头支票的暴利行业，用三言两语将人们的”命运”呈现以换取金钱，同时也限制了本来“无限可能”的人生。如高考时本来热爱医学的学生算命后发现这条道路不顺，继而改学经济。商家利用技术随意得到的几个推理，影响的却可能是众多信任者的人生。“算命”经济不应为了商业利益，而冲破道德底线，辜负信任。（指出新型算命作为暴利行业的危害）

当算命经济成为潮流，意味着社会生活不满度的提升，这应引起我们的重视。当前我国正处于社会转型期，多项发展面临严峻关口，作为生产力主体中的年轻人自然也面临着众多压力，婚嫁、房车、育儿、工作等事项接踵而来，期盼利用算命逃避现实。社会各方应重视人们的期盼，进行相应的管理制度调整，如提升医保、社保、婚育的社会保障以缓解人们的焦虑，而非让人们去寻求“算命”的精神慰藉。（由算命问题剖析现象行为的动因，自然过渡至社会转型中的危机）

未来的可能性不应该被定义，算命经济不应该成为潮流，社会效益更不应该让位于经济利益。只有当人们脚踏实地地努力时，抬头仰望的星空才会繁星点点，炙热且美好，而非屏幕上呈现出的冷冰冰的几行文字，也只有人们的生活幸福感提升，社会的未来才会更加和谐美好，充满光亮。（结尾提出呼吁，并发出号召）

【结构解析】

首段：概述事件，并剖析现象的实质。

第一层：类比同类事件，证明现象的普遍性与行动的必要性；

第二层：进一步剖析“新型算命”现象本身的危害；

第三层：分析“新型算命”现象存在的动因，即民众的社会生活满意度有待提升；

最后：结尾提出呼吁，并发出号召。

4. “非全”硕士就业被歧视现象

“非全”硕士就业不应被歧视——中青评论

近日，非全日制研究生就业遭歧视话题再度引发社会关注。（短句引入，直截了当）因为“非全”身份，一些毕业生在求职时屡屡受挫，或者压根儿就被排除在报名阶段，或者在面试时被以各种借口拒绝。更有甚者，一名“非全”求职者在某省中学的招聘中本已取得笔试面试双第一的成绩，最后被校方一研究，以“不符合招聘资格”为由将其礼送出“校”。（交代“非全”毕业生面试受挫的现实情况）

今年2月，为进一步做好非全日制研究生就业工作，教育部等五部门曾专门下发通知，明确要求“用人单位招用人员应当向劳动者提供平等就业机会”，“对不同教育形式的研究生提供平等就业机会，不得设置与职位要求无关的报考资格条件”。文件中屡次出现“平等”字样，一个重要前提就是全日制和非全日制研究生的培养质量是“平等”的。教育部有关文件早就规定，全日制和非全日制研究生由国家统一下达招生计划，考试招生执行相同的政策和标准，培养质量坚持同一要求，学历学位证书具有同等法律地位和相同效力。（通过引用教育部的要求指出“非全”证书的法律效力）在很多高校的实际操作中，“非全”和全日制两类研究生的培养过程，也并无本质差异。因此，既然都是“严进严出”，实际的教育过程和质量与全日制学生别无二致，无怪乎很多遭遇就业歧视的“非全”研究生感叹：“同样参加全国统考，同样的国家线，同一标准质量培养，有些‘非全’同学甚至三年都在脱产学习，仅仅因为毕业证上多了‘非全日制’四个字，就被各种区别对待。”（通过教育部通知、考生准入与学校培养暗指非全硕士就业不应被歧视）

出现这样的情况，与社会形成的对非全日制研究生的刻板印象有莫大关系，用人单位虽不明说，但在其心里，“非全”与“全日制”差着等级。（剖析实质，分析“非全”被歧视现象的原因，差距心理由来已久）要扭转这样的局面，有关部门需对典型的就业歧视事件予以严肃公开处理，以便引导社会舆论。（转入对策的提出）近期某地的歧视“非全”研究生事件，最后招聘单位仅以道歉了事，未采取任何纠正措施。这种轻飘飘的态度，除了加深社会对“非全”研究生的误解，几乎不会产生什么积极作用。如果每一次就业歧视都不了了之，“非全”研究生背负的就业成本只会越来越高。治乱象需用重典，既然国家对“非全”研究生的就业有充足的政策保障，对那些违反政策的招聘方，尤其是涉及公职部门、国有企事业单位的，应该予以严肃处理，切实强化就业权益保护。（继续指出如何避免“非全”被歧视的措施）

“全日制”与“非全日制”一字之差造成的迥异就业境遇，更折射出“唯学历论”这一社会痼疾。（深入分析社会唯学历论的顽疾）随着社会经济形态的高速变革，知识迭代速度越来越快，学习型社会、终身学习已非概念，而是每个人、每个用人机构必须正视的社会现实。一张学历无法覆盖一个人的学习能力、综合素养，更无法为一个人在几十年的职业生涯中始终勇立潮头背书。“唯学历论”阻碍着真正有能力人才的自由竞争。突破人才标准固化，需要用人单位的人才评价体系更加科学。只看学历，只盯着“全日制”和“非全日制”去对求职者进行想当然的评判，省事是省事了，但这是真正为单位、为企业延揽人才吗？

发展非全日制研究生教育，是促进我国学习型社会建设、构建服务全民终身学习教育体系的重要举措，有利于加快培养高层次创新型、复合型、应用型人才。（点出“非全”存在的意义）如果就读非全日制的学生毕业后反而发现他们以本科生的学历找工作还容易些，努力考取的硕士学位竟成了就业的绊脚石，那么不仅是他们自身的权益，整个国民教育体系的严肃和公正都将受到损害。（点出“非全”被歧视的危害）一些高校已经行动起来，明确要求进校招聘的企业不得对非全日制研究生设置歧视性条款。这样的行为值得鼓励。相关部门要加大监管和惩治力度，从建设人才强国的大局出发，切实解决非全日制研究生面临的现实困境。（肯定部分行为主体的作为，同时继续提出解决措施）

【结构解析】

首段：概述问题事件。

第一层：点明观点，通过教育部通知、考生准入与学校培养暗指非全硕士就业不应被歧视；

第二层：剖析用人单位的心理，转入措施分析；

第三层：由现象到本质，由非全硕士被歧视转入对社会唯学历论的顽疾剖析；

最后：结尾肯定部分行为主体的作为，同时继续发出呼吁，提出解决措施。

5. 郑州暴雨背后的企业灾难营销现象

“让风雨只是风景”？地产公司借暴雨营销，疯了吧！——法治日报评论

接连数日，河南多地遭遇特大暴雨。全省 89 个县（市、区）560 个乡镇 1240737 人受灾，郑州市因极值暴雨致 25 人死亡 7 人失联……冰冷的雨水、无情的数字，刺痛着河南同胞，也牵动着全国人民的心。然而，就在各方全力救援之时，多家房地产企业却拿暴雨做噱头、拿痛苦当卖点，玩起了“灾难营销”，引发网友众怒和强烈谴责。（不到 150 字，既渲染了灾难环境惨烈，又概括了事件，还表达了网友

态度，值得学习）

有的企业为房产项目打广告，在宣传海报上赫然写着："入住高地，让风雨只是风景"。有的企业借暴雨打起了车位广告，用泡在大雨中的汽车做背景，配上"就算大雨让这座城市颠倒，有车位，无烦恼""全天候守护，安全无死角"的广告语。（在开头后的第二段，进一步介绍事件，这样的结构是比较常用的，也是比较实用的考场评论结构）

千年一遇的特大暴雨被美化成了"风景"，不得不说，这波自卖自夸确实"高明"，海报发出不久，就"赚"来了无数骂声。不禁想替大家问一句：如此营销之下，这样的房子和车位能让人买得安心吗？（提出总论点，引出下文对灾难营销的批判）

如此营销，人性冷漠，三观不正。（分论点一）一场暴雨，见证了手足同胞的守望相助，也试出了个别企业的良心和格局。七省驰援、人民子弟兵深夜奔赴一线、社会各界积极捐款捐物、求助热线迅速开通……在无情的暴雨面前，一个个暖心之举给受灾群众带来了希望与力量。相比之下，面对灾难，此种无视生命、拿灾难做噱头的营销，更让人倍感痛心、厌恶至极。"让风雨只是风景"，硬生生把灾难写成了轻松浪漫的广告语，但凡有一点同理心，都不会如此调侃，忽视全社会感受。（与社会各界积极救灾进行鲜明对比，指出企业这种行为有违人性、伦理）

如此营销，吃相难看，丢了担当。（分论点二）一张图、一个口号，借着刷屏的热搜和全国人民的关注，为自己做一波大力推广，只可惜，"精明"的算盘打歪了。"这时候还想着抖机灵！""发国难财，无耻至极！"……网友们的激烈声讨已然说明，灾难面前首先想的不是承担社会责任，而是光见营销、不见爱心，这样的企业只会离消费者越来越远，到头来坑了自己。与之形成鲜明对比的是，目前，很多企业慷慨解囊，为河南捐款捐物。对企业来说，在社会和人民需要帮助的时候，主动奉献，及时伸出援助之手，是应有的责任担当。（提出企业的社会责任，指出灾难营销背后企业担当与社会责任感的缺失）

如此营销，悖了法律，抛了底线。（分论点三）对于"灾难营销"，只能予以道德谴责吗？并非如此。我国广告法规定，从事广告活动，应当遵守法律、法规，不得妨碍社会公共秩序或者违背社会良好风尚。同时民法典中也明确规定了民事主体从事民事活动，不得违反法律，不得违背公序良俗。当然，如果宣传广告中还带有虚假宣传，欺骗或误导消费者，损害消费者合法权益或其他侵权行为，则还需要承担相应的民事责任。（上升到法律层面，指出这种行为的违法性）

目前，其中一家房地产企业已经发布了致歉声明，称已成立专项小组进行严格审查，对相关责任人予以免职、降薪、降职等问责处理。

灾难面前，没有旁观者，更不允许有人发灾难财！出事之后，不能简简单单"走人"了事，而是要时刻保持对生命、对法律的敬畏，警钟长鸣。（指出正确做法，总结升华）

【结构解析】

前三段：概述事件，并发出质疑"如此营销之下，这样的房子和车位能让人买得安心吗？"

第一层：如此营销，人性冷漠，三观不正；

第二层：如此营销，吃相难看，丢了担当；

第三层：如此营销，悖了法律，抛了底线；

结尾：提出措施，总结主题。

(三)“形势政策”类评论

1. 讲好中国故事

讲好中国故事既需要“正规军”也需要“游骑兵”——学生习作

“光一个李子柒，在 Youtube 等海外平台的粉丝量就比我们海外官媒加在一起还要多！”央视主持人白岩松的评论点出一个令人尴尬的现状：中国外宣系统看似机构庞大，旗手众多，但并没有取得令人满意的传播效果，反倒是民间自媒体更能向世界讲好中国故事，展现一个更加亲切立体的中国形象。这种反差暴露出了我国对外宣传上的一个核心问题：外宣阵地上官媒“正规军”与民间“游骑兵”并没有形成一个良好的“步骑协同”。（新颖开头，托出对外传播的问题）

CGTN、海外网等官媒的问题在于：它们的“身子”已经迈入 21 世纪，拥有充足的经费和先进的采编设备，但“脑子”没有跟上身体的发育速度，其外宣理念还停留在 20 世纪。比如在 Twitter 平台上，尽管外宣官媒也建立了机构账号，但发布的内容大部分是国内新闻消息的简单翻译，很少有专门面向海外社交媒体受众制作的本土化的内容，互动与转发寥寥。其发布内容的表述语态也过于官腔，不符合新媒体时代的传播规律。（指出官媒在对外传播中的问题）

而民间自媒体往往是以个人或小团队的“游骑兵”形式存在，他们往往就是所在阶层的“意见领袖”，与普通新媒体用户的距离拉得更近，视角更加接地气。在新媒体技术应用层面，草根自媒体没有体制包袱，往往可以创作出更加富有创意的作品，比如青年漫画家“乌合麒麟”的一幅 CG 动画《致莫里森》，就把澳大利亚总统气得够呛，一图胜千言。这些年甚至还出现了郭杰瑞、AKA 火锅大王、Carl Zhao 等“外国自干五”，这批跨文化传播者与外国受众之间的文化隔阂就更小了，他们的视频作品让外国人更容易接受。（此段论据丰富，点出民间“游骑兵”在对外传播中的价值）

但硬币也分正反两面，自媒体的优势某种程度上也是其软肋。单打独斗的小作坊模式尽管船小好调头，创作更加灵活，但小也意味着内容质量往往参差不齐，在信息加工环节的专业主义不足，还容易出现网络民族主义泛滥的情况。比如编造“美国用新冠死者尸体做汉堡”的大 V“至道学宫”就因发布不实信息而被封号，这反而给外媒留下了攻击中国的把柄。而且自媒体由于缺乏官媒的权威性和组织性，在正面战场上的议程设置能力不足，并不能扭转大的舆论风向。（以事例点出“游骑兵”，即民间舆论的弱点）

国际传播领域目前仍处于“西风压倒东风”的状态，我国的传媒软实力远远落后于发达国家。想要扭转局势，需要集中力量完成“协同作战”：一方面，外宣系统对于“中国故事讲述者”的定义应当更加多元化，不只是机构官媒，专家学者、海外企业、体制内外的自媒体账号应当形成有机的统一体，共同服务于讲好中国故事的大目标，比如环球时报胡锡进用个人账号发表官媒不方便说的话，中国旅法学者郑若麟给法国人讲新疆的真相等；另一方面，网信办等部门应当对做外宣的自媒体更加宽容，在审查和题材限制上做出一定让步，给与政策和物质层面的支持。（提出要求正规军与游骑兵协同作战的必要性，并提出具体方案，一方面外宣系统对于“中国故事讲述者”的定义应当更加多元化，另一方面网信办等部门应当对做外宣的自媒体更加宽容）

革命先辈们解决了中国人“挨打”的问题，让中国屹立于世界民族之林，而我辈的历史使命是解决中国人“挨骂”的问题。构建国际传播新秩序，让真实的中国故事压倒 BBC 的“阴间滤镜”，（语言生动形象）让中国声音被更多人倾听，需要政府、机构媒体、民间自媒体的合力，正规军与游骑兵“步骑协同”方为上策。（结尾收束抬升，并继续强调论点——解决对外传播问题需正规军与游骑兵“步骑协同”）

【结构解析】

首段（第一层）：概述事件，托出目前中国对外传播的问题。

第二层：点出民间“游骑兵”在对外传播中的价值，并指出其存在的弊端；

第三层：提出“正规军”与“游骑兵”协同作战的方案；

结尾：总结抬升，继续强调“步骑协同”的观点。

2. 脱贫攻坚战

高质量完成脱贫攻坚极为紧迫——中国经济时报评论

精准脱贫是决胜全面建成小康社会必须打赢的三大攻坚战之一，以更大的决心、更强的力度、更实的举措，高水平、高质量如期完成脱贫攻坚是中央和地方必须着力啃下的一块“硬骨头”。

8 月 19 日，中共中央、国务院公布《关于打赢脱贫攻坚战三年行动的指导意见》（以下简称《指导意见》）指出，到 2020 年，巩固脱贫成果，通过发展生产脱贫一批，易地搬迁脱贫一批，生态补偿脱贫一批，发展教育脱贫一批，社会保障兜底一批，因地制宜综合施策，确保现行标准下农村贫困人口实现脱贫，消除绝对贫困；确保贫困县全部摘帽，解决区域性整体贫困。（概括已有意见和政策，指出脱贫攻坚的目标要求）

为了全面脱贫，《指导意见》出台了一系列加大扶贫的财政和金融政策。包括：进一步加强资金整合，赋予贫困县更充分的资源配置权，加强扶贫再贷款使用管理，优化运用扶贫再贷款发放贷款定价机制，引导金融机构合理合规增加对带动贫困户就业的企业和贫困户生产经营的信贷投放等。（将脱贫攻坚的重点指向财政金融政策）

事实上，在经历了广度、精准度、“输血”“造血”等一系列探索后，我国金融扶贫模式开始多元化。中国银行业协会发布的《2017 中国银行业社会责任报告》显示，截至 2017 年末，贫困县行政村基础金融服务覆盖率已达 95.83%，较年初提高 2.93 个百分点；金融扶贫的模式也更加多元，电商扶贫、旅游扶贫颇具成效。（通过具体数据指出金融扶贫的实践成果）

应当看到，在中央的高度重视之下，我国脱贫攻坚工作取得显著成效。2012 年至 2017 年，我国农村贫困人口年均减少超过 1000 万，累计脱贫 6800 多万，2014 年至 2016 年每年减贫率分别为 14.9%、20.6%、22.2%；贫困发生率从 2012 年的 10.2% 下降到 2017 年的 4% 以下，5 年总计下降 6.5 个百分点，对全球减贫的贡献率超过 70%。（以数据进一步证实中国整体脱贫攻坚的成效）

但也要看到，当前我国各地扶贫工作中遇到的现实问题和挑战不少。从脱贫攻坚任务来看，未来 3 年，还有 3000 万左右农村贫困人口需要脱贫，其中因病、因残致贫比例居高不下。由此可见，完成扶贫攻坚的任务极为紧迫。从脱贫攻坚工作来看，“报表扶贫”“会议扶贫”“数字扶贫”等形式主义、官僚主义、弄虚作假、急躁和厌战情绪以及消极腐败现象仍然不同程度地存在。（让步，具体指出脱贫攻坚工作中“报表扶贫”“会议扶贫”“数字扶贫”等问题挑战）

未来两年是扶贫攻坚战的关键时期，必须警惕形式主义向脱贫攻坚“注水”，做到真实扶贫、精准脱贫。过去几年，中央政府一再提出要精简文件，提高实效作风。因此，各地方政府要警惕扶贫工作布置得多、检查落实得少。同时，要求各级政府在工作中，做到让基层能够降压减负，有更多的精力和时间用在落实政策和开展实际工作上。此外，通过制度建设有效管理和应用扶贫资金，通过建立一套扶贫资金阳光化管理的机制，完善“全覆盖”“无死角”的监督，有效遏制扶贫资金的腐败行为。值得注意的是，扶贫的实质在于缩小地域经济发展差异，但是我国目前的扶贫在一些方面还存在低效率问题。因此，有必要规范扶贫模式，提高资金使用效率和扶贫效果。（指出脱贫攻坚走向深入，从中央、各级政府等方面提出具体措施和需要警惕之处）

不可否认，扶贫的结果体现在经济上，但长期维持脱贫则需要有综合因素的支持，比如教育、就业或创业、市场机会、技术支持、服务支持等。同时，刺激贫困者自力更生也应该成为可持续扶贫的一个重要标准。（由经济延伸到其他领域，提出长期维持脱贫需有综合因素的支持）

【结构解析】

前两段：概述脱贫攻坚的重要性，并提供《指导意见》指出脱贫攻坚的规划。

第一层：将脱贫攻坚引入财政金融政策，指出金融扶贫的实践成果；

第二层：通过数据进一步指出中国脱贫攻坚的整体成效；

第三层：让步，提出脱贫攻坚工作中的问题挑战；

第四层：从中央、各级政府等方面提出脱贫攻坚具体措施和需要警惕之处；

结尾：总结全文，跳出单一的经济分析，提出呼吁，即脱贫攻坚需要综合因素支撑。

3. 网信办开展“清朗‘饭圈’乱象整治”专项行动

疯狂的饭圈文化，该凉凉了！——澎湃新闻评论

（凉凉一词，直截了当点出态度）

5 月 8 日，国家互联网信息办公室副主任盛荣华在介绍 2021 年“清朗”系列专项行动时表示，要规范明星及其背后机构、官方粉丝团的网上行为，严厉打击网络暴力，引发网络粉丝群体非理性发声、应援等行为。（点出事件由头——“清朗”系列专项行动的目标）

除了应援爱豆的“疯狂倒奶”之外，饭圈中很多疯狂细节超出了人们的想象，堪称震碎三观，粉丝不仅比拼着给爱豆“集资”，甚至发展到不同粉丝群之间搞限时集资 battle，谁家钱多，就是谁家哥哥的“花路”宽。曾经有几家选手的粉丝在 5 个小时里就“集资”了 670 万，成了一场赤裸裸的拜金秀。某明星后援会曝出，由于集资目标未达成，粉丝就被要求“惩罚”。有人甚至把关乎家里生计的买种子钱，拿出来应援明星。（通过多个事例点出多个粉丝非理性行为）

爹不亲，娘不亲，就是“我家哥哥”亲，砸锅卖铁、借网贷也要应援，图个啥？（由现象过渡至原因分析）

近年来，“社会苦畸形饭圈文化久矣”的呐喊，常常出现在舆论场中。今年两会期间，关于整顿畸形饭圈文化的声音，也多次登上热搜。追星本没有错，但如今的很多饭圈行为，已经畸形到面目全非，像生意、像割韭菜、像 PUA，就是不像追星，更不像文化。

畸形“追星观”，其实是畸形“明星观”的衍生品，这当中蕴含着明星与粉丝之间的一种“关系倒置”。（剖析实质，追星问题事实上是“关系倒置”）

一般来说，先有明星、后有粉丝，粉丝支持和喜欢某个明星，才会去买他（她）的专辑、看他（她）的电影、为他（她）投票。但是在粉丝经济时代，粉丝们既是追星者也是造星者，明星与粉丝间达成了一种更加复杂的互生关系。（进一步分析明星与粉丝的互生关系）

“流量明星”一词，就深刻诠释了这样一种关系：明星之间比拼的仿佛不再是自身的专业实力、对社会的贡献，而是数据、流量，这些都是粉丝们“苦苦支撑”的。近年来备受追捧的偶像养成系综艺，更是为这团虚火添了一把柴。

更可怕的是，明星间的竞争也演变成了粉丝间的“军备竞赛”，直接或间接导致了饭圈内部乱象迭起、

乌烟瘴气，并且越过了饭圈的边界，干扰到其他人的正常生活。这些，都是“流量崇拜”时代的副作用。（以上部分深入分析了明星与粉丝的异化关系）

韩裔德国哲学家韩炳哲在《娱乐何为》中指出，当娱乐成为一种存在方式，反而会带来新的痛苦。当一些人被流量冲昏了头脑，为了自己的偶像而无所不为，公序良俗与社会伦理就会被抛之脑后，让追星变了味，价值观失了准。（引入哲学家言论，使观点更具说服力）

饭圈的这种畸形追星文化长久下去，伤害的是粉丝们的人力、财力，破坏的是娱乐产业的健康以及互联网的社交生态。饭圈形成了赤裸裸的拜金主义，喜欢明星就是一味花钱、花钱！不花钱，捐钱少了，就被骂成“白嫖”，甚至还要被“惩罚”、被网暴。这种“钱就是爱”的畸形价值观，对于饭圈里价值观正在形成中的年轻人来说伤害巨大。应援的背后，是资本对年轻人钱财的疯狂收割。（继续深入分析畸形饭圈文化的危害）

因此，净化饭圈生态、矫正畸形追星，是摆在全社会面前的一道必答题，必须凝聚共识、用心引导、切实行动。这就需要将“手术刀”插得更深一些，（比喻修辞，语言生动）从法律与制度层面介入。

去年2月，在国家广播电视总局网络视听节目管理司的指导下，中国网络视听节目服务协会联合央视网等制订的《网络综艺节目内容审核标准细则》已经发布。其中便规定，“节目中不得出现设置‘花钱买投票’环节，刻意引导、鼓励网民采取购物、充会员等物质化手段为选手投票、助力”。这次国家网信办明确“严厉打击引发粉丝非理性应援”，这股流量的邪火该凉凉了！（提出法律制度层面的建议，并对非理性粉丝行为发出警告）

【结构解析】

前两段：点出网信办系列专项行动的目标与行动的迫切性。

第一层：剖析饭圈非理性行为的实质是明星与粉丝的“关系倒置”，深入阐述明星与粉丝的异化关系；

第二层：在前一层次的异化关系基础上分析饭圈非理性行为的危害；

最后：结尾过渡到措施，提出应有法律制度层面的介入。

4. 三孩政策解读

全面三孩时代，做到这三点对女性权益保障尤为重要——新京报评论

（从女性角度谈论三孩问题，有切口，有重点，不空泛）

最近，三孩新政以及配套支持措施引起社会热议。由于在生育问题上，女性从怀孕、生产到养育孩子，要比男性付出更多，所以，在三孩政策下，就必须保障女性生育、产假、就业等方面的权益。（一句话概述事件，然后直冲主题，把三孩政策背后的女性角色单拎出来进行评论，指出要落实三孩政策，就必须保障女性生育、产假和就业三大权益）

女性在生育方面的权益，包括女性应该有权决定何时生育孩子。（第一点，保障女性的生育权，就包括女性有权决定何时生育孩子）此前有媒体曝出，有个别单位（尤其是女职工比例较高的单位，例如医院、学校等）为了破解女职工扎堆生育的困局，出台“排队怀孕”的办法，要求女职工须按照单位“轮流怀孕制”的规定怀孕。（举用事实，反证）这种“排队怀孕”的规定显然是违法的。我国《妇女权益保障法》明确规定：“各单位在录用女职工时，应当依法与其签订劳动（聘用）合同或者服务协议，劳动（聘用）合同或者服务协议中不得规定限制女职工结婚、生育的内容。”（用法律论证女性拥有何时生孩子的权利）未来，三孩政策实施后，有关方面应该充分保障女性在此方面的生育自主权，用严格监管，免除她们的后顾之忧。

与女性生育相关联的另一个话题，则是女性产假权益如何保障。（第二点，产假权益保障问题）目前我国的产假规定是：女职工生育享受98天产假，其中产前可以休假15天；难产的，应增加产假15天；生育多胞胎的，每多生育1个婴儿，可增加产假15天。（先摆规定）在三孩政策之下，从理论上来讲，女性休产假的次数会增多。这势必会加重家庭、企业的负担。减轻家庭负担，可以通过税收减免或发放补贴的形式实现，但更大的压力，则来自企业。即使国家负担一部分产假成本，企业也会考虑到：女职工休完几轮产假后再回企业上班，这位女职工很可能已经与企业文化和工作岗位内容严重脱节了。况且，要求一家企业把一个工作岗位预留给几次休产假的女职工，也会导致企业人力资源成本的提高。（三孩政策之下，理论上女性会有更多的休假机会，但休假背后的家庭、事业问题不容小觑，由此引出第三点，也即事业问题）因此，对女性增加产假次数可能带来的权益损失，有关部门需要提前预判，及时谋划。关键是要思考如何通过减轻企业负担，为女性职工分解来自企业的压力。

最后，女性生育次数增加，会带来一个更隐形的影响，那就是职场性别歧视的加剧。（层层深入，从生育和产假问题，深入到女性的事业问题，文章更有层次）目前，一些用人单位认为女性结婚以后要怀孕、休产假、哺乳孩子，不如招聘男性节约人力资源成本。因此，这些单位在招聘中歧视女性，尤其是处于生育年龄阶段的女性。事实上，早在2019年2月，人力资源部等九部门就联合印发《关于进一步规范招聘行为促进妇女就业的通知》规定："不得以性别为由限制妇女求职就业、拒绝录用妇女，不得询问妇女婚育情况，不得将妊娠测试作为入职体检项目，不得将限制生育作为录用条件。"（用规定来驳斥社会中存在的不公现象）虽然一些用人单位在招聘中不敢公开歧视女性，但仍然可能存在隐性的性别歧视。（让步，虽有规定，但存在的性别歧视终究无法根除，只有做出相关行动，才能防止性别歧视现象的加剧）

三孩政策之下，要警惕这种性别歧视现象加剧。实际上，"十四五"规划纲要提出的"探索实施父母育儿假"，就是一个很好的方向。因为出台父母育儿假，既可以让男性分担一部分的育儿责任，也有利于保障女性在就业和职业发展上的权益。未来，关于产假和父母育儿假，不妨看一下德国的做法。（提出可行措施，指出我们可以向其他国家学习经验）德国的生育假分为母亲个人的产假和父母两人的育儿假。母亲产假共14周：分娩前6周、分娩后8周。如果遇到早产、多胞胎等情况，产后休假时间可延长至12周。在相关政策制定上，多借鉴一些国外经验，并结合我国国情通盘考虑，应该成为政策制定者努力的一个方向。

总之，在三孩新政下，只有切实保障女性在生育、产假、就业等方面的权益，构建一个对女性生育友好的社会，女性才可能更愿意生孩子，也才能促进我国人口长期均衡发展。（最后点题，呼吁只有这样做，才能促进我国人口长期均衡发展）

【结构解析】

首段：概述事件，把三孩政策引到女性权益保障，评论对象更明确，也更有抓手。

第一层：女性生育权益，即女性有权决定何时生育，相关企事业单位不能干涉；

第二层：女性产假权益，女性生育要保障她的产假权益，但产假休得太多，势必会影响女性的事业，由此引出第三个问题；

第三层：女性职业歧视问题。指出三孩政策带来更深的女性职业歧视问题，相关方要做好应对措施，保障女性权益；

再是：我们可借鉴他国经验，即让男性分担育儿负担，出台父母育儿假；

最后：点题呼吁，构建一个对女性生育友好的社会。

5. 关于义务教育阶段学生作业负担和校外培训负担的“双减”《意见》

重磅文件落地：灭校外培训虚火，还教育生态清风——澎湃新闻评论

（标准的“概述事件＋提出观点”式标题，值得借鉴）

近日，中办国办印发《关于进一步减轻义务教育阶段学生作业负担和校外培训负担的意见》。《意见》覆盖义务教育全流程，内容极其详尽，包括机构资格审批、上市融资、超前超纲教学、教育收费、未成年人学校保护、暑期托管、课后服务等诸多内容。（引入材料，介绍《意见》的主要内容）

这一强监管政策重磅落地，具有里程碑式意义。通读《意见》全文，字里行间透露着“严”字当头的管理方向，让苦教育“内卷”久矣的家庭，看到改革的坚定决心，望见破解焦虑的希望。校外培训“虚火”，这次有望彻底“凉凉”。（顺势提出监管政策的意义，有望使校外培训的“虚火”彻底“凉凉”，语言鲜活且大众化）

此前，每逢节假日、寒暑假，学生不是在补课，就是在去补课的路上。校外培训机构贩卖教育焦虑，侵蚀本该属于孩子的休息时间，让“鸡娃大战”“教育军备竞赛”不断升级。

教育负担过重，由此衍生的“不敢生”“养不起”情绪，一度传导到生育、养育环节，甚至对人口长期均衡发展的国之大计产生负面影响。

裹挟其中的学生和家长，没了休息，只有刷题；没了童年，只有学习。甚至有些孩子被补课透支了身体，深陷抑郁焦虑情绪，丧失成长动力。个别地方，教育生态遭受严重破坏。某些校外培训机构，失了教育初心，只想着资本逐利。

（以上三段阐释了多年来校外培训的盛行，以及对孩子，对家长，甚至对社会的危害）

此次，《意见》还明确“校外培训机构不得占用国家法定节假日、休息日及寒暑假组织学科类培训”。这一规定，打中教培乱象肆虐的七寸，可谓釜底抽薪，治标又治本。（分析《意见》中细节规定的中心意义）

少年强、青年强则中国强。这个“强”，绝不是指代分数强，而是包括思想品德、学习成绩、创新能力、动手能力等各项素质的全面发展。

如果教培乱象不除，假期都被课外班挤占，孩子拿什么时间探索世界、拓展视野？小小年纪，青少年就如同幼鸟被束缚双翼，未来如何展翅？何以翱翔？

促进学生全面发展和健康成长，先要把休息权还给孩子，帮助偏航的教育航船矫正方向。从这点来看，《意见》的出台，是正本清源，更是给烈火烹油的教培市场冷却降温，让其回归正常。

灭了校外培训的“虚火”，也要防止出现“堤外损失堤内补”。节假日不去补课，孩子的看管问题也得有人“管”，这就需要进一步提高校内教育的“含金量”，让学校人力、空间得到有效利用，让学生不出校门，就能得到全方位的培养。（由课外培训的问题转入提高校内教育的“含金量”，真正治本）

这些问题，《意见》中均有明确要求。比如，提升课后服务水平，满足多样化需求。对学习有困难的学生进行补习辅导与答疑，为学有余力的学生拓展学习空间，开展丰富多彩的兴趣小组及社团活动。又如，征集、开发丰富优质的线上教育教学资源，免费向学生提供，推动教育资源均衡发展，促进教育公平等等。

当然，网上也有些声音，担心培训机构可能会“新瓶装旧酒”，打着素质教育的名义包装课程，用套路应付监管，把补课转入地下。诸如，让数学老师教画画，让外语老师教体育等等。对那些有可能出现的阳奉阴违的假整改，各地也要引起高度警惕，发现一起严肃处理一起，还教育生态以清风徐徐。（分析

培训机构可能出现的打擦边球问题，提醒相关部门重视）

改革不在一朝一夕，但方向和态度必须明确。在被记者问及《意见》出台的背景时，教育部有关负责人明确，“要站在实现中华民族伟大复兴的战略高度，从政治高度来认识和对待，从体制机制入手深化改革。”（将双减改革抬升至深化改革，实现中华民族伟大复兴的战略高度）

任何个人、任何机构，都不能低估了“双减”的决心和力度，要打起十二万分的精神，将政策落实到底，真正办好让人民满意的教育。（再次肯定“双减”的决心和力度，提出对于教育的美好愿景）

【结构解析】

首段：引出《意见》的主要内容及意义。

第一层：阐释了校外培训盛行的危害，揭示《意见》中治标又治本的方案；

第二层：由课外培训的问题转入提高校内教育的“含金量”问题，解释《意见》中有关校内培训的要求；

第三层：分析培训机构可能出现的擦边球问题，提醒相关部门重视；

最后：将《意见》抬升至深化改革的高度，再次肯定“双减”的决心和力度。

第三章 特殊新闻评论写作体裁

新闻传播学考研的评论写作大部分命题是以600~1000字的时评写作为主，但也会出现短评、微评、编者按等特殊评论体裁。

一、短评/微评

短评/微评指对各类新闻信息的简短评价，是新闻评论中常见的一种文体。它篇幅短小、内容单一、分析扼要，在报纸、广播、电视中都可以使用，一般而言，短评是不超过500字的评论文章。为适应微博时代的文体特征，短评又逐步向微评发展，字数限制进一步降至300字以内。微评同样具有评论的基本要素，有论点，有论据，有论证。评论中，包括小评论、微言录、一事一议等，均以短小著称，针对性强，一语道破，数语成文，言极简，意极明。

（一）短评/微评的写作技巧

作为注意力缺失的新媒体产物，短评与微评的写作是新闻工作者的必备技能，尽管是短小的评论文章，评论的基本要素不可缺少，总的来说，短评/微评基本与一般评论无异，最大要求是语言精简，将常规评论去粗取精，具体的写作步骤如下。

（1）拟定一个彰显主旨的标题

此处的标题拟定要观点鲜明，直击主题要点，最快速度地使读者获取评论观点。

（2）简明扼要地概述事件

由于篇幅的限制，短评/微评要尽快切入主题。做到叙评结合，其中概括事实应迅速明确，有针对性；评论观点尽量做到“评其一点，不涉其余”。

（3）精到深刻地分析评论

在对事件的分析中，评论员应有透过现象看本质的分析能力，有启发性地分析事件或现象的本质、原因及影响（未必全部涉及），同时始终保持语言的凝练。

（4）呼告建议式总结

在结尾处，短评/微评应直击要点，围绕中心论点收束全文，适当提出呼告建议。

（二）短评/微评的案例解析

1. 短评案例解析

人民日报今日谈：涵养“车厢里的文明”

（简明扼要彰显主题）

在地铁车厢内吃东西，用手机追剧时外放声音，车门关闭后扒门……针对类似现象，继多个城市出台地方制度之后，交通运输部发布《城市轨道交通客运组织与服务管理办法》，为乘客行为立起刚性规矩，以制度划定文明底线。（事件概括）

轨道交通是重要的公共空间，与市民生活息息相关。让乘客有更好的出行体验，既需要完善的硬件基础，也呼唤良好的文明风尚。这不仅有赖于个人自觉，也离不开制度规范。（核心论点：需要制度）事实上，刚性的制度、严格的管理，本身就是对文明行为的倡导、对文明意识的唤醒，让人内心形成对文明的敬畏，最终让文明内化于心、外化于行。可以说，用好制度管出好习惯，是涵养“车厢里的文明”的必然之举。（进一步阐释：制度的重要性和影响）

一个人的文明，通过自身的言谈举止来体现；一座城市的文明，则是由每个市民的文明行为来养成。让好制度日益融入城市日常管理，当更多人知边界、明事理、守规矩，我们就能在提升城市文明的过程中，不断增强人民群众的获得感、幸福感、安全感。（总结升华）

2. 微评案例解析

【新华微评：豹子外逃又“瞒豹”，管理漏洞有多少】（微评一样要有标题，核心观点）杭州近日惊现豹踪，经调查核实，属杭州野生动物世界外逃的三只未成年金钱豹。（概括事件）本应被严格看管的猛兽越界出逃，又未及时公布有关信息，暴露出该园严重的管理漏洞。（剖析本质，陈述观点）近年来，各地野生动物园安全事故时有发生，往往令人心惊肉跳。（点明危害性）猛兽出柙，典守之咎。关好野生动物园的笼子，更要扎紧管理制度的笼子。目前，园方主要负责人已被控制。面对“豹子去哪儿了”的追问，有无玩忽职守，应予彻查，严厉追究责任，补好安全漏洞。（提出对策）

【人民微评：瞒“豹”，岂可只见金钱不见豹？】4 月 19 日即逃逸，却一再瞒报，视公共安全为儿戏！（陈述基本事实）倘若金钱豹伤人，谁担得起责任？杭州野生动物园怕影响五一生意瞒报，这是典型的只见金钱不见豹。（剖析本质，陈述观点）一味捂盖子只会将娄子越捅越大，付出更沉重代价。（点明危害性）反思该事件，追责必不可少，堵住漏洞更是重中之重。（提出对策）

【中新微评：瞒报 22 天！谁给他们“豹子胆”！】3 只金钱豹已外逃 20 多天，为五一流量园方决定瞒报……沸沸扬扬的“杭州金钱豹外逃”事件中，园方的一系列操作令人错愕。（概括事件）猛兽出逃，暴露园区管理有大漏洞，而比动物出走更荒谬的，是园区管理思维的“大坑”。（陈述观点）生命安全大于天，瞒报行为是对生命安全的蔑视，更是对法律法规的践踏。（危害一）园区豹子外逃，带来社会恐慌，园方遮遮掩掩，丧失社会公信，搜寻拖拖拉拉，捉捕施救难度增大，对国家保护动物也造成伤害。（危害二）我们想问：到底谁给了他们“豹子胆”！（陈述观点）我们希望，动物园里的漏洞能抓紧堵上，管理思维的“大坑”能尽快填上。（提出对策）

二、编者按

“编者按”是报刊编者对新闻或文章的提示性说明和重要批注。有时和编者按语同义，言简意深，起画龙点睛的作用。既可以针对文中的观点或材料表达编辑部的意见，又可以提示要点并借题发挥，是一种特殊的编辑任务。“编者按”是最简短言论形式之一，在编辑工作中用途很广。“编者按”通常 200 字左右，甚至更短，有时仅三言两语，但要能够切中要点。

（一）编者按的写作技巧

“编者按”是一种特殊的评论性体裁，由标题和正文两部分组成，一般很短小，没有独立的标题，不署名，位置也较自由，可用在文前或文中。标题一般都标为“编者按”。这部分内容，主要是指出文章事实中引人深思的问题，以引导读者思考，达到更好的宣传效果。或者是明确地表示编者自己的观点，发表旗帜鲜明的议论，或点明编辑意图，以启迪读者。

（二）编者按的案例解析

编者按

今年的12月1日是第18个“世界艾滋病日”。今年的主题是：遏止艾滋，坚守承诺。

艾滋病是一种危害大、死亡率极高的严重传染病，目前世界上没有治愈的药物和疫苗。预防传播是控制这一疾病的唯一办法。在我国艾滋病蔓延形势严峻，全国已有艾滋病感染者约84万人，疫情波及31个省（自治区、直辖市），艾滋病病例报告数呈上升趋势。但由于社会对艾滋病病人普遍的歧视与恐惧心理，导致有些艾滋病病毒感染者处于隐蔽状态，因此专家估计，中国现有艾滋病感染者人数已超过了100万人！并且艾滋病正由高危人群向一般人群传播，女性感染者大幅增加，经性传播和母婴传播艾滋病的比例逐年增长。北京艾滋病感染者年增幅度40.6%。（通过一系列数据介绍艾滋病的蔓延形势严峻，使读者在阅读文章之前引起足够重视）

我们需要加强艾滋病的防治宣传工作。一是了解艾滋病的传播途径；二是掌握艾滋病的预防措施；三是积极参与到防治艾滋病的公益事业上来。在艾滋病宣传日的今天，我们将和你一起去了解艾滋病，了解它的传播途径、预防措施、一同去关爱艾滋病病人，参与艾滋病的防治工作，为营造和谐社会、和谐家庭做出努力。（提出防治艾滋病的具体宣传措施，并发出呼吁）

该案例是兼顾介绍性与评论性的综合性编者按，文字既数据详实地表现事实信息，又针对文中的信息发表了编辑的观点，为正文的切入做好了铺垫。

第二部分　新闻消息写作

第一章　新闻消息写作的基本技法

一、新闻消息写作概述

（一）新闻消息的概念

新闻消息写作是新闻作品的制作活动，在写作的过程中，信息的真实性是写作的生命，同时，写作是新闻采访的继续和延伸，写作就是做事实的搬运工，将现场展现给受众。它主要是将采访中采集到的素材，加工成一定形式的新闻作品，然后通过新闻工具传播出去。

（二）新闻消息的写作特点

1. 真实

新闻是对新发生的事实的报道，是进行着的当代历史的真实记录。由此，一个显而易见的道理是：新闻必须是真实的。虚假编造的所谓新闻，不仅毫无价值可言，而且对社会有相当大的危害性。

2. 精练

新闻文体，就是一种“贵乎精要”，以“辨洁为能”，以“明核为美”的文体。用现代语言进行最精炼的概括就是“新闻贵短”。

3. 选材典型

选择典型事件或典型材料进行报道。典型材料指的就是那些既有共性特征又有个性特点，有着广泛代表性和强大说服力的事件和材料。大型事件未必就是重大事件，有些事件虽小，却有代表性，能够反映同类事物的共同特点和规律，那也是典型事件。

4. 逻辑清晰

新闻写作（消息）具有一些典型结构以及叙事逻辑，在写作时需要做到逻辑清晰，表述准确，能够完整表达事件全貌。

5. 用事实说话

用事实说话是新闻写作最基本的原则。所谓“用事实说话”，就是通过报道事实向读者阐明某种思想和观点。作者的倾向性通过事实自然而然地显示出来，而不是特意将它指出来。

（三）新闻消息的写作技巧

（1）整体印象：开头、结尾、小标题，然后细致读材料；
（2）判断导语：判断材料属于“硬新闻”还是“软新闻”，决定导语类型；
（3）信号词：标注新闻要素 5W1H 和你判断出的重要词汇；
（4）定性话语：使用评论性语言、直接或者间接引语等体现受访者观点的语言；
（5）瘦身：删除背景、展望、细节、形容词、不必要的连词、助词等；
（6）检查：消息头、逻辑、人物身份、数据、时间、人物信息是否准确。

（四）新闻消息的写作范例

中国科兴新冠疫苗获世卫组织紧急使用认证

（单行标题突出事件核心信息）

新华社日内瓦6月1日电（记者刘曲）（电头明确，注意考试所使用的电头形式和新华社不同）世界卫生组织1日宣布，由中国北京科兴中维生物技术有限公司研发的新冠灭活疫苗“克尔来福”正式通过世卫组织紧急使用认证。（导语部分就是对于标题信息的具体展开，说明事件完整的信息，5W 要素明确）

世卫组织总干事谭德塞当天在记者会上宣布，科兴新冠疫苗被证明是“安全、有效和有质量保证的”，已被列入世卫组织紧急使用清单。此外，该疫苗易于储存的特点使其非常适用于资源匮乏的环境。（说明疫苗的安全性以及便利性）

根据世卫组织免疫战略咨询专家组的意见，世卫组织建议科兴疫苗用于18岁及以上成年人，采用两剂接种、间隔时间为2至4周。数据显示，该疫苗对预防出现新冠症状的有效率为51%，对预防新冠重症和入院治疗的有效率达100%。（说明疫苗的适用对象）

尽管60岁以上人群参加科兴疫苗临床试验的数据很少，世卫组织不建议为该疫苗设置使用年龄上限，因为多种数据表明，该疫苗对老年人可能也具有保护作用。

世卫组织负责获得药品和卫生产品的助理总干事玛丽安热拉·西芒在一份声明中说，世界迫切需要多种新冠疫苗来解决全球范围内巨大的疫苗获取不平等问题。世卫组织敦促疫苗厂商参与该组织主导的“新冠肺炎疫苗实施计划”，分享其专业知识和数据，为控制新冠大流行作出贡献。

科兴疫苗是继中国国药新冠疫苗之后，被纳入世卫组织紧急使用清单的第二款中国新冠疫苗。（关于话题疫苗的背景信息补充）除两款中国疫苗外，世卫组织此前已向多款新冠疫苗颁发紧急使用认证，其中包括美国辉瑞制药有限公司和德国生物新技术公司联合研发的新冠疫苗，英国阿斯利康制药公司和牛津大学联合研发的两个版本阿斯利康疫苗，美国强生公司旗下杨森制药公司研发的新冠疫苗以及美国莫德纳公司研发的新冠疫苗。

二、新闻消息标题写作

（一）新闻消息标题概述

1. 新闻消息标题的概念

新闻消息标题是在新闻正文内容前面，对新闻内容加以概括或评价的简短文字。

标题是消息的眼睛，“题好一半文”。根据不同的分类标准，标题类型可以分为主题、引题、副题、插题、提要题、边题、尾题、栏目题和通栏题九种。

2. 新闻消息标题的分类

（1）按结构分类

①单一型标题（主题）：一般由一行式主题构成，也可以由双行式主题构成。

②复合型标题：由主题 + 辅题组成，主题概括最重要的事实，或说明思想内容，而辅题对于主题的内容进行补充说明；揭示报道的事实结果、影响；补充次要事实；作内容提要。复合型标题也有三行题的形式，主要由引题 + 主题 + 辅题构成，其中，主题与辅题的作用不变。而引题用来交代消息的背景 / 原因；烘托气氛；提出问题。

（2）按内容分类

①实题：主要是用来叙述事实，着重表现具体的人物、动作和事件等；

②虚题：发表议论或抒情，着重说明原则、道理、愿望等，在消息写作中不能独立存在，须依附于实题。

（二）新闻消息标题的写作技巧

（1）直接指出新闻事实，突出重要的新闻要素（Who/What/When/Where/Why/How），不带有主观色彩，不出现新闻事实错误；

（2）单行标题不要超过 15 字，复合型标题 25 字左右；

（3）单行标题可以表达清楚的，不必采用复合式标题；

（4）没有特殊要求，三行标题不提倡；

（5）复合式标题要标明引题、主题、副题；避免出现“了”字类。

（三）新闻消息标题的写作范例

《蓝田发现迄今为止中国最早的人类活动痕迹》——《陕西日报》

《小岗村集体首次给 4288 位村民分红》——《安徽日报社》

《芬兰“美卓”在华被侵权获顶格赔偿》——《法制日报》

评析：

作品为第二十九届中国新闻奖获奖作品。直观陈述事件最有价值、最关键的新闻事实，与此同时对于科学事实、关键数据表述准确。

《9 天，216 小时，青海改写世界纪录》——《西海都市报》

《17 名教师同出一家 40 年培养万名山娃》——《石家庄日报》

评析：

作品为第二十九届中国新闻奖获奖作品。代表性数据是文章较有新闻价值的材料，直接放置于标题具有较强的冲击力。若材料核心事实有典型数据做支撑，建议优先置于标题中突出。与此同时，数据的使用除了要紧扣文章的核心事实，也需要注意表述简练、贴切。

《把“放管服”变“管卡压” 甘肃省人社厅任性用权被问责处理》——新华社

评析：

作品为第三十届中国新闻奖获奖作品，标题前半部分切中事件要害，具有较强的问题意识；标题后半部分简明扼要地概述事实，用语精练。

三、新闻消息导语与电头写作

（一）新闻消息导语概述

1. 新闻消息导语的概念

新闻导语即消息的开头，它以极其简洁的文字，表述新闻消息中心内容，提纲挈领，牵引全文，吸引读者。（处于文章正文的第一部分）

2. 新闻消息导语的分类

（1）叙述式导语的写作

就是直截了当地用客观事实说话，通过摘要或概括的方法，简明扼要地反映出新闻中最重要、最新鲜的事实，给人一个总的印象，以促其阅读全文。其中具体包括：

①直叙式导语：开门见山，把最有新闻价值的事实告诉受众。这种导语最适合快速的新闻报道，符合受众的阅读习惯，大多数新闻报道使用这种导语。（考试最常用）

本报讯（记者 ×××） 据云南省交通运输厅通报，6 月 25 日凌晨，一艘载有 27 人的船只在西双版纳傣族自治州境内澜沧江与南班河交汇处发生翻沉，目前已搜救到 9 人。搜救工作正在紧张进行中。

②概括式导语：概括式导语对整篇新闻报道的内容进行概括和浓缩，适用那些内容复杂、过程曲折的消息。往往开门见山，展示最重要的事实，便于受众第一时间把握主要的新闻事实。

本报讯（记者 ×××） 山西省大寨大队也不吃大锅饭了。今天，他们将 860 亩耕地全部分给 130 户农民承包，实行大包干责任制。原来集体经营的一个煤窑、一座酱粉坊、33 台拖拉机、200 亩果园、800 亩山林，也全部承包给个人。

③对比式导语：对比式导语是在导语中同时写出今与昔、新与旧、正与反、是与非、此与彼、优与劣、得与失等两方面事实，两相对比，形成反差，鲜明地突出新闻事实的个性特征。

新华社拉萨 11 月 22 日电（记者 ×××） 新中国成立前没有一公里公路，在狭窄险道上全靠牦牛、毛驴驮运或人背的西藏，今天已有 15800 公里的公路通车。

（2）描写式导语的写作

记者根据目击的情况，对新闻中所报道的主要事实，或者事实的某个有意义的侧面，作简练而有特色的描写，向读者提供一个生动具体的印象，这就是描写式导语的一般特点。一般用在开头部分，以吸引读者，增强新闻的感染力。

①见闻式导语：一般用于记叙、描写比较大的场面，以叙事为主，穿插一些形象的描写。

合众国际社 6 月 12 日电 圣海伦斯山昨晚爆发，从烟雾笼罩的火山口喷出的巨大蘑菇状黑色烟柱升入天空，高达将近 10 英里。驾驶飞机在火山上空飞行的飞行员说，这次火山爆发看起来就像是原子弹爆炸。

②特写式导语：特写式导语抓住人物表情或一些事情的局部细加描绘给受众留下特写镜头般的印象，使受众有身临其境之感。

本报讯（记者 ×××） “到底是关闭矿井还是标准化建设矿井？”贵州省副省长孙国强重重地一拍桌子，清脆的茶杯响声“震动”了整个会场。被问的盘县副县长易政衡沉默无语。

③橱窗式导语：是指犹如橱窗展示样品，由典型事例构成的导语。橱窗式导语多用于综合新闻，它

不是靠描写或议论，而是靠讲故事吸引受众。写入导语的是一个小故事、典型事例或者典型人物。通过讲述典型，让读者获得对事物的具体印象，受到感染，产生兴趣，进而走进文章，由感性认识转为理性思考。

美联社5月20日报道　在津巴布韦东北偏远山村的小河边，16岁的穆昆比正在洗衣服。正当她拧干衣服的时候，一道雷电打到她脚下的砂石上，使她成为雨季里遭雷击的第93人。据警方统计，在从11月到3月的雨季里，这个地区每年有100多人被雷电击毙。据专家们说，这是世界上雷击致人死亡最多的地方。

（3）议论式导语的写作

往往采用夹叙夹议的方式，通过极有节制、极有分寸的评论，引出新闻事实。一般分为三种形式：评论式、引语式、设问式。

①评论式导语：在叙述新闻事实的同时，对此事实作出画龙点睛的评价，用以揭示其蕴涵的因果关系或现实意义。

本报讯　我国自制飞机成功，这是我国航空制造工业的光辉的开端。

②引语式导语：即记者自己不直接出面进行议论，但可以借他人之口发表议论。通过适当引用新闻事件主要人物精彩而有新意的语言，给受众留下深刻的印象。

路透社新加坡9月2日电　一位森林专家对本社记者说，用来同印度尼西亚全国每年发生的森林大火做斗争的主要武器应当是经济因素，而不应当是水。这些大火使这个国家和它的邻国笼罩在烟雾中，从而使环境受到严重污染。

③设问式导语：导语里针对新闻已经解决的问题、取得的经验，或确定的思想内容，用设问句式提出来，而后用事实加以回答，使之更引人注目、发人深思。

新华社北京7月27日电　当首都已向现代化城市迈进的时候，人们是否还记得旧日北京的风情？今天在中国美术馆开幕的《王大观画展》重现了30年代古城的形象。

3. 新闻消息导语的作用

（1）以简洁、凝练的语言反映出新闻要点，告诉读者这条新闻在讲什么；

（2）引起读者的注意，使读者愿意读下去；

（3）为整篇报道定下基调，渲染气氛。

4. 消息头

消息头，又称为“电头”，是消息体裁的外在标志。以“讯”“电”表述信息的传播手段，但具体形式取决于媒体类型。消息头的作用主要包括：

（1）标明体裁；

（2）版权所有，维权必究；

（3）表明消息来源。

（二）新闻消息导语的写作技巧

（1）消息导语写作中，电头必须写，采用格式为：空两格＋本报讯（记者 ×××）＋空一格＋导语；（记者 ××× 不要写自己的真名）言简意赅，字数控制在导语总体字数的20%到25%。

新华网深圳5月26日电（记者 ×××）　深圳市政府26日举行新闻发布会，通报政府有关部门就富士康多起员工坠楼事件的调研情况以及事件发生的多方面原因和下一步的防治措施。

（2）消息导语要炼字炼句，能用一句话说清楚，就不用两句话。但是不能牺牲新闻的真实性和准确性。

（3）导语写作要抓住消息的5W要素，核心事实呈现务必清晰，不能使读者阅读后留下疑问。

（4）不要想让导语中的新闻要素面面俱到，导语根据要素可以分为单一要素导语和多要素导语。无论是标题还是导语，都忌讳“啥都想说”，啥都想说等于啥都没说。

（三）新闻消息导语的写作步骤

（1）区分硬新闻或软新闻；

（2）根据材料确定用叙述型、描写型、议论型等类型的新闻导语（审题）；

（3）标要素。找到报道中最重要、最有价值的新闻要素，如果某个新闻要素很明显，就用单元素导语，若几个要素都重要，可用多元素导语，一般考试常用多元素导语；

（4）使用主—谓—宾、主—谓或动—宾的结构方式，以主动语态为主；

（5）一般导语不超过150字，大致控制在消息字数的20%~30%之间。

四、新闻消息主体结构安排

（一）新闻消息主体概述

1. 新闻消息主体的概念

消息的主体位于导语之后，是消息的重要组成部分，对导语的内容进行具体的说明、展开和补充。一般会按“时间顺序”或“逻辑顺序”写作，但必须先写主要的，再写次要的。

2. 新闻消息主体的功能

（1）展开导语，使之具体化；

（2）补充导语，令报道更丰满；

（3）补充新的内容。

3. 新闻消息主体的类型

（1）单线型主体结构

沿着一件事或一个问题展开叙述，着力于把一个事情说明白，多用于单一的事件性新闻或某一现象、某一问题的报道，该结构一线贯通，头绪明晰简单。

（2）多线型主体结构

在消息主体中叙述两个或两个以上的新闻事实，多条线在一起更能反映新闻事实的全貌和深刻的主题。

4. 新闻消息主体的结构

（1）倒金字塔式结构

倒金字塔结构是一种头重脚轻、虎头蛇尾式的结构，它把最重要的材料放在篇首，最不重要的材料放在篇末，从导语至结尾按重要性程度递减的顺序来组织安排新闻材料。倒金字塔的行文主要以重要性程度来安排材料，决定段落层次的顺序。常呈现为“重要”“次重要”“次要”“更次要”“补充”“进一步交代性材料”的顺序。

（2）华尔街日报体

美国《华尔街日报》惯用的一种新闻写作方法，主要适用于非事件类题材的叙述。基本特征是，首先以一个具体的事例（小故事、小人物、小场景、小细节）开头，然后再自然过渡，进入新闻主体部分，接下来将所要传递的新闻大主题、大背景和盘托出，集中力量深化主题，结尾再呼应开头，回归到开头的人物身上，进行主题升华，意味深长。这种写法从小处落笔、向大处扩展，感性、生动，符合读者认识事物从具体到抽象的过程，颇受读者青睐。“华尔街日报体”在结构上一般由四部分组成：第一部分，人性化的开头，即与新闻主题有关的人物故事；第二部分，过渡，即从人物与新闻主题的交叉点切入，将真正的新闻内容推到读者眼前；第三部分，展开，即集中而有层次地阐述新闻主题；第四部分，回归人物，即重新将人物引入新闻，交代此人与新闻主题的深层关系。

（3）悬念式结构

这种结构是针对受众好奇的心理，在报道开头制作一个悬念，然后再慢慢将悬念的谜底抖开。它是由倒金字塔式和时间顺序式结合而成的一种结构形式。因而，它吸取了两种形式之长，即在报道开头突出了最精彩的事实，易于吸引受众；又在主题中能清楚地交代事实的发展过程，给人一个完整印象。

（4）自由式结构

完全打破了消息的原有结构形式，在层次段落的安排上，用一种自然、灵活、不受约束的手法来安排材料，结构富于变化，表现手法上生动形象。

（二）新闻消息主体的写作技巧

（1）始终围绕消息主题进行；

（2）尊重新闻事实，表达生动，给出关键细节信息；

（3）第一次给出地点、人物身份时，一定要给出详细的具体的信息（参照原材料是如何给出的）；

（4）表达简明，避免信息的重复；

（5）主体的段落间最好有过渡，但是消息不能在每段段首写总结句或小标题；

（6）考试最常用单线型主体结构。

（三）新闻消息主体的写作范例

暴雨致贵州惠水发生严重洪涝武警连夜转移200余人

（时间顺序、单线型主体结构）

中新网贵州惠水6月25日电（记者袁超 通讯员董玉东） 受持续强降雨影响，24日，贵州省黔南布依族苗族自治州惠水县摆金镇、芦山镇发生严重洪涝，造成道路、电力、通信中断，河道护栏被冲毁，民众被洪水围困。25日凌晨，记者通过现场连线了解到，通过武警官兵的连夜救援，已转移被困民众243人。

24日凌晨3点许，武警贵州总队接到灾情通报，立即启动应急预案，惠水中队10余名官兵先期抵达灾区进行救援，支队首批120余名官兵，携带皮划艇2艘，冲锋舟3挺，铁锹、救生衣等救援器材390余件/套，连夜驰援惠水灾区，投入救援工作。

现场，军地双方第一时间研判灾情，明确任务后，兵分三路前往摆金镇水淹坝、芦山镇花鱼村摆奔组、涟江街道三合村等受灾较重地域，搜救转移被困民众，抢救受灾物资，清理街道和受灾店铺，为受灾民众送去生活物资。

此外，针对受灾区域面积大的问题，支队成立突击搜救小组，官兵们冒着房屋倒塌的危险，采取拉网式排查的方式搜救受困民众，及时转移行动不便的老人、小孩及生活物资到安全地点。

25日凌晨，负责现场指挥的武警黔南支队支队长李林在与记者连线时介绍，通过24日一天的救援，基本疏通了各大主要路段的交通障碍，确保了被困民众能及时转移，救援任务更加高效。“接下来，将全力抢修疏通主要连接干道，尽最大努力确保民众的生命财产安全。”

截至记者发稿，现场已安全转移受困民众86户243人，转运物资3000件，清除淤泥100余立方，抢通25个堵点、疏通道路4条约20公里。

五、新闻消息背景与结尾写作

(一) 新闻消息背景概述

1. 新闻消息背景的概念

新闻消息背景是指新闻事实发生发展的历史条件和环境条件。历史条件指事实自身的历史状况，环境条件指事实与周围事物的联系。

介绍新闻消息的背景，能对新闻事实起到说明、补充、衬托作用，又称为“新闻背后的新闻”。并且有利于了解新闻发生发展的来龙去脉，加深对新闻的认识和理解，深化新闻的主题，并有丰富内容、增加知识性和趣味性的作用。

2. 新闻消息背景的分类

（1）对比性背景

对于事件发生前后的背景环境进行对比，如不同年代、时期或者政策下同一主体不同的发展情况。

本报讯（记者郭青） 来自中国科学院等机构的研究团队，在陕西省西安市蓝田县境内发现了迄今为止中国最早的人类活动痕迹。7月12日，《自然》在线发表的这一突破性发现将中国的人类史向前推进了约40万年。

……

学术界普遍认为古人类可能起源于非洲。目前已知的人类最古老的化石，是来自埃塞俄比亚的一块约280万年前的骸骨。到目前为止，非洲以外发现的最古老的古人类是位于格鲁吉亚的德马尼西人。在德马尼西遗址发现了大量约185万年前至178万年前的多种古人类遗骸与人工制品。中国云南元谋曾发现两颗可能属于直立人的门牙，其历史在170万年以上。此前在蓝田公王岭发现的直立人头盖骨，最近确认其历史大约距今163万年。而这次发现上陈村有古人类存在过的证据，主要是分布在发育完整和连续沉积的风成黄土－古土壤地层中人工打制的石器。该发现将古人类离开非洲的时间前推到约212万年前，比格鲁吉亚的德马尼西遗址显示的时间还要早约27万年。(对比性背景)

——中国人类史向前推进约40万年　蓝田发现迄今为止中国最早的人类活动痕迹

（2）说明性背景

说明和解释新闻事实发生的条件、原因、环境以及与周围事物的关系．

武汉晚报讯（记者杨佳峰 通讯员王潇潇） 记者10月11日从华中科技大学获悉，该校2018年有18名学生因学分不达标从本科转为专科，其中11人已在6月按专科毕业。

“读了4年大学，拿不到学位证书的大有人在。”该校一名大四学生告诉记者，有些大学生脱离老师和父母管束，就像脱缰的野马，通宵打游戏、逃课，考试挂科的情况屡见不鲜。之前，该校对学分不达标的学生直接给予退学处理，遭到一些家长的不理解。

去年，该校出台了《普通本科生转专科管理办法（试行）》，明确规定未按要求完成本科学分的学生降为专科。据统计，华中科大的 3 万多名本科生中，在 2017—2018 学年，有 210 人因学分偏低受到黄牌警示，34 人未达到培养计划学分最低要求受到红牌警示。（说明性背景）

今年 8 月，教育部通知，要求高校切实加强学习过程考核，加大过程考核成绩在课程总成绩中的比重，严格考试纪律、严把毕业出口关，坚决取消“清考”制度。

——学分不达标　华中科大 18 名本科生变专科生

（3）注释性背景

即对新闻中所涉及的地名、物名、历史典故和专业术语等的内容进行必要诠释，它可以帮助读者正确理解，解除阅读障碍。

本报讯　26 日，由江苏省人民政府、江苏省环保联合会诉德司达（南京）染料有限公司环境污染责任公益诉讼纠纷一案，在南京市中级人民法院开庭审理。这是省政府首次以赔偿权利人身份提起生态环境公益诉讼。

……

省政府何以成为环境公益诉讼案的原告？原告代理人之一、省环保厅法规处副处长贺震解释说，多年来，在公共生态环境受到损害后，存在着索赔主体不明确等诸多问题，致使公共生态环境损害得不到赔偿，受损的生态环境往往得不到及时有效的修复。

党的十八大及十八届三中、四中全会对生态文明建设做出顶层设计和总体部署，要求实行最严格的损害赔偿制度。2015 年 11 月，中共中央办公厅、国务院办公厅印发《生态环境损害赔偿制度改革试点方案》，明确“试点地方省级政府经国务院授权后，作为本行政区域内生态环境损害赔偿权利人，可指定相关部门或机构负责生态环境损害赔偿具体工作”。江苏是 7 个试点省市之一。（注释性背景）

“生态环境损害赔偿属于民事责任追究范畴。”南京市中院环境资源审判庭庭长李兵介绍，对环境违法行为可在进行行政处罚的同时，再追究刑事责任及民事责任。根据江苏科技咨询中心出具的污染环境损害评估技术报告，被告已排放的废酸液的污染修复费用为 2428.29 万元，原告、被告对此均予以认可，法庭将审查该笔费用是否符合相关法律法规及“公共利益最大化”原则。目前，原告、被告均有调解意愿。法院将择日组织调解，如调解不成，将依法判决。

——省政府首次提起环境公益诉讼　南京市中级人民法院昨开庭审理

（二）新闻消息背景的写作技巧

（1）深度报道要不厌其烦地给读者交代新闻背景，消息改写要有选择性大刀阔斧地删除相关新闻背景；
（2）背景并不是一定要在文章末尾部分；
（3）背景并不是每个消息都有的。

（三）新闻消息结尾概述

1. 新闻消息结尾的概念

新闻结尾是在新闻作品中，表述完主要新闻事实之后，为强化主题而增加的收束性文字。与一般文章结尾不同的是：新闻消息的结尾不仅是结构的一种外在形式，而且是对新闻事实的延伸和补充。

2. 新闻消息结尾的作用

（1）使整体效果更强烈，整体结构更匀称；

（2）查漏补缺，作适当的补充；

（3）画龙点睛，留下余韵。

3. 新闻消息结尾的类型

（1）总结式结尾

从整体上进行归纳（对新闻事实作总结性的概括）；对新闻事实作解释（类似背景，背景可作结尾）；对事实作评论（常用受访者言论）。

参考消息网5月6日报道　德媒称，中国正在通报一系列轰动性成就：即能源转型快速推进，也包括转而使用电动汽车。

……

报道称，电动公交车很好地适应了中国的气候战略。它们是出色的新能源使用者。深圳也是电动出行的先锋。该市拥有扩建好的地铁网，几乎所有出租车都是混合动力汽车或电动汽车。德国在这方面就像是发展中国家。（总结式结尾）

——德媒感叹德国电动汽车推广逊于中国：深圳成电动出行先锋

（2）补充式结尾

对于事件内容进行补充，使消息整体更加全面完整。

新华社北京7月22日电　近日，中央组织部从代中央管理党费中给河南省划拨专项资金2000万元，用于支持防汛救灾工作。

中央组织部要求，河南等受灾地区的各级组织部门要认真贯彻落实习近平总书记重要指示精神，主动担当、冲锋在前，号召和带动基层党组织和广大党员、干部充分发挥战斗堡垒作用和先锋模范作用，全力做好防汛救灾、灾后重建等各项工作，切实保障人民群众生命财产安全。

中央组织部强调，这笔党费要及时拨付给基层，做到专款专用，主要用于慰问奋战在防汛救灾第一线的基层党员、干部和群众，慰问因受灾严重而遇到生活困难的党员、群众。（补充式结尾）

——中央组织部从代中央管理党费中划拨2000万元支持河南防汛救灾

（3）展望式结尾

对事实的未来的发展趋势作预测，常常用在某一项目展开或者政策实施事件的结尾中。

本报讯（记者刘益清　吴洪　刘深魁）“来水了！来水了！”5日上午，随着来自福建晋江、穿越约28公里陆海输水管道的碧水，在金门田埔水库喷涌而入，3000多名围观的当地民众欢呼雀跃。

……

“盼了23年，终于迎来大陆的清水！”在金门接水仪式现场，金门自来水厂厂长许正芳表示，通水后该工程可满足金门未来30年中长期发展用水需求，并间接改善地下水枯竭与湖库水质不佳等问题，不仅造福民生，更有助于金门产业发展。

金门县民意机构负责人洪丽萍表示，通水完成了两岸民众的历史心愿，**金门人感恩大陆实实在在的善举，将继续与大陆手牵手、心连心，希望今后两岸交流之路越走越宽。（展望未来）**

——23年圆梦，福建晋江水流进金门

（四）新闻消息结尾的写作技巧

（1）可以采用原材料的结尾概括；也可以采用人物话语表达；
（2）一定要有结尾的感觉，要和你的主题相呼应；结尾不宜过长。

六、新闻消息易错标点归纳

1. 表示概数的两数之间不用顿号

错误：

我们有七、八个月没有见面了。

修正：

我们有七八个月没有见面了。

2. 误把相邻的两数当概数

当相邻两个数字连用不是表示概数，而是一种缩略形式时，应使用顿号。

错误：

每年七八月份常是临床供血最紧张的时期。

修正：

每年七、八月份常是临床供血最紧张的时期。

3. 冒号涵盖范围过宽

错误：

艾滋病有三个传播途径：血液传播、性传播和母婴传播，日常接触是不会传播艾滋病的。

修正：

艾滋病有三个传播途径：血液传播、性传播和母婴传播。日常接触是不会传播艾滋病的。

4. “即”“就是”误与破折号连用

错误：

他整整花了二十七年，终于编写了一部著名的药物书——即《本草纲目》。

修正：

他整整花了二十七年，终于编写了一部著名的药物书——《本草纲目》。

此句中破折号的作用是注释内容，两者都有解释前文的作用。因此，在破折号之后加上“即”“就是”等词是不对的。

5. 含月、日的事件怎么加引号

带月、日的事件、节日或其他带有特定意义的词组，为避免理解的不便，应当标明引号。在书写带月、日的事件、节日或其他特定意义的短语（含简称）时，通常只标引其中的月和日。

“九一八”事变揭开了日本对中国，进而对亚洲及太平洋地区进行全面武装侵略的序幕。

简称情况下，即只保留日月而省去事件名称时，为避免歧义，也应使用引号进行标引。

这一天，全国有一百多座城市拉响防空警报，共同纪念“九一八”。

需要突出和强调该事件或节日本身时，也可连同事件或节日一起标引。当用阿拉伯数字来表示日期时，仍然要使用引号标明。

日本侵略者每发动一次侵略战争行动，都对外美化宣称“事变”，诸如“一·二八事变”“华北事变”“七七事变”等，甚至把历时14年的侵华战争至今仍叫作“支那事变”。

6. 用阿拉伯数字表示事件时误用标点

当用阿拉伯数字表示以月、日为标志的事件或节日时，无论月份是几月，均应在月日之间使用间隔号（半角字符），而不是小数点，且数字外要加引号。

错误：

5·12汶川特大地震过去10年了，曾经满目疮痍的震区，如今已经郁郁葱葱。

修正：

“5·12”汶川特大地震过去10年了，曾经满目疮痍的震区，如今已经郁郁葱葱。

7. 固定搭配词语不用顿号

错误：

根据土地管理有关法律、法规，经甲、乙双方充分协商，达成如下协议。

修正：

根据土地管理有关法律、法规，经甲乙双方充分协商，达成如下协议。

除了甲乙，类似的固定搭配还有京津冀、港澳台、大中专院校、指战员、枪支弹药等。

8. 专指词语应加引号

错误：

在十三五规划中，中国将“健康中国2030”上升为国家战略。

文革结束后，出版业迎来春天，中外名著的书讯纷至沓来，却供不应求。

修正：

在“十三五”规划中，中国将“健康中国2030”上升为国家战略。

“文革”结束后，出版业迎来春天，中外名著的书讯纷至沓来，却供不应求。

9. 倒装句中问号误用

倒装句虽然有成分倒装，但仍是一个完整的句子，表达一个完整的意思，问号应放整句之后。

错误：

“到底去不去喝酒啊？杜甫兄弟。”李白追问道。

修正：

“到底去不去喝酒啊，杜甫兄弟？”李白追问道。

第二章 新闻消息写作的典型案例

一、消息改写典型案例一

【材料】

根据以下材料，写一则 500 字以内的消息。

2021 年 6 月 3 日，波音和阿拉斯加航空宣布双方正在波音最新的“环保验证机”项目上开展合作，将在一架全新波音 737-9 飞机上进行 20 项技术的飞行测试，以进一步加强航空旅行的安全性和可持续性。

在计划于今年夏天开始的试飞中，波音和阿拉斯加航空将测试一种可显著降低对臭氧层影响的新型非哈龙灭火剂，评估一种旨在降低噪声的发动机短舱，以及一种由回收材料制作的客舱侧壁等。

2012 年以来，“环保验证机”项目已经通过将近 200 项有前景的技术带出实验室并开展试飞来加速创新进程，以应对航空业所面临的挑战，并进一步改善乘客体验。

在计划历时 5 个月的“环保验证机”试飞中，波音和阿拉斯加航空将与其他九家伙伴合作来测试新技术。测试完成后，这架飞机将采用载客构型交付阿拉斯加航空。项目涉及的技术包括：

· 测试一种可以显著降低对臭氧层影响的新型飞机灭火剂。这种材料旨在取代已经停产的哈龙 1301 产品。

· 与美国国家海洋与大气管理局合作测量大气中的温室气体水平，以支持该机构的气候建模和长期预测活动。

· 可以降低现有发动机噪声并启发新一代型号设计的发动机短舱降噪衬层。

· 回收波音 777× 机翼的碳纤维复合材料用于制造客舱侧壁。这种耐用、轻质的材料将可以降低油耗和客舱排放，并支持波音的可持续制造目标。

“环保验证机”项目开展以来，波音飞机充分利用之前经过评估的技术制造飞机，比如：

· 737 MA× 的“先进技术”翼梢小翼，可以降低油耗和排放。

· 可以向飞行员提供实时天气和其他数据的 iPad 应用程序，能够改进燃油效率并降低碳排放。这些应用程序补充了波音提供给航空公司用于帮助优化机队利用的数字分析服务。

· 新型 777× 上的摄像机系统，将通过帮助飞行员规避地面障碍来增强安全性。

“环保验证机”试飞使用掺混了可持续航空燃料的石化燃油。可持续航空燃料可以降低寿命周期内高达 80% 的碳排放，并提供最直接和最具潜力的方法来降低全球民航市场未来 20~30 年的排放。

今年 1 月波音承诺，其民用飞机将在 2030 年之前具有能力获得认证使用 100% 的可持续航空燃料进行飞行。公司还计划与监管机构和业界各方合作，提升目前 50% 的掺混比例限制来拓展可持续航空燃料的使用。波音的 2018 年 777 货机“环保验证机”创造了世界上民用飞机首次使用 100% 可持续燃料飞行的记录。（蓝色字体部分在改写中有应用）

【范例】

波音启动“环保验证机”新项目

本报讯（记者 ×××）6月3日，波音和阿拉斯加航空宣布开展波音最新的“环保验证机”项目合作，以进一步加强航空旅行的安全性和可持续性。试飞计划从今年夏天开始，将利用5个月时间，在一架波音737-9飞机上进行20项技术的飞行测试。测试完成后，这架飞机将采用载客构型交付阿拉斯加航空。

本次测试的新技术包括可显著降低对臭氧层影响的新型非哈龙灭火剂，可以降低现有发动机噪声并启发新一代型号设计的发动机短舱降噪衬层，以及回收用于制造客舱侧壁的波音777×机翼碳纤维复合材料等。

值得关注的是，“环保验证机”试飞将使用掺混可持续航空燃料的石化燃油。今年1月波音承诺，其民用飞机将在2030年之前具备获得认证使用100%可持续航空燃料飞行的能力。

2012年以来，波音“环保验证机”项目已通过近200项新技术的试飞工作，并且充分利用这些经过评估的技术制造飞机，包括737 MA×的“先进技术”翼梢小翼、可向飞行员提供实时数据的iPad应用程序、新型777×的摄像机系统等。

【解析】

1. 标题采用单行题，简明扼要地点出了最重要、最有价值的新闻事实——波音启动“环保验证机”新项目。一般单行题尽量不超过15字，但也并非一定不能超过这个数字。

2. 文章导语进一步解释了标题的事实，对基本新闻要素以及新闻事实的基本因果，做了简明地概述。

3. 主体部分紧接着第二段接着解释导语中提及的“测试问题”，这是倒金字塔式结构比较常见的写法，导语“咬着”标题的内容，主体“咬着”导语的内容。同时进一步选取材料中有价值的“新闻数据”作为补充说明。值得注意的是，比起选取其他琐碎的事实信息，选取更具有冲击力的“数据”或看起来更有新闻价值的内容，是更聪明的材料选择方法。

二、消息改写典型案例二

【材料】

根据以下材料，写一则600字以内的消息。

如今，电动自行车以其便捷、环保、经济等优势，已经成为居民的主要交通出行方式之一。根据中国自行车协会提供的数据显示，近年来，我国电动自行车年销量超过3000万辆，社会保有量接近3亿辆。

今年5月，成都一小区电梯内电动自行车起火，造成包括1名5个月大婴儿在内的5人受伤。事件发生后迅速成为网络热点话题引发网友关注，如何将悲剧关在楼门之外、怎样对电动车进行安全有效充电和使用成为各界讨论的焦点。

记者调研发现，作为必要配套设施的电动自行车充电桩在入社区时，部分社区要求企业的电价结算费用甚至占到企业运营成本的50%以上，“入门费”“高电价”等问题让电动自行车充电桩推广遇到阻碍，居民陷入“推车上楼违法”和“下楼无处充电”的“两头堵”窘境。

走访中记者发现，很多小区楼门前尽管都张贴了禁止在楼内对电动自行车进行充电的消防安全提示，但居民推车上楼仍是常态。一些居民为了充电方便，从所住楼层用充电插板连接成“加长版”充电线，延长至楼下为电动自行车甚至电动汽车充电。随着夏季雨水天气增加，来不及回收的充电插板在雨中极易导电，增加了居民触电的风险。

对于“禁止推车上楼”规定，部分居民也很无奈，“所住小区没有提供电动车充电的设备，部分型号的电动车从设计上是电池和车辆连在一起，想要充电也只能推回家充。”

在天津市西青区某些小区走访时，每逢早晚上下班时间，居民推车上下楼的情况很普遍，当记者问及是否知晓“禁止推车上楼”的规定时，一位居民表示：“在手机刷新闻时看见过，但不上楼回家就没地方充电”。

近期，应急管理部下发《高层民用建筑消防安全管理规定》，该规定将自 2021 年 8 月 1 日起施行。对于社会普遍关心的“楼道停放电瓶车”问题，明确提出禁止在高层民用建筑公共门厅、疏散走道、楼梯间、安全出口停放电动自行车或者为电动自行车充电。

“生活中常见的电动车起火大多由电池‘热失控’导致。”爱玛科技集团中央研究院院长肖冰介绍说，当前市面上存在一些二次回收和翻修的电动自行车电池，比较容易引起事故发生。

此外，以外卖骑手、快递配送行业人员为主的使用人群在实际中为了增加配送量也会超载使用车辆，部分人还会对电动自行车的控制器进行改装以达到提速等目的，这些都势必加重车辆电池的负担，导致电池出现“热失控”。

“在消防检查中确实存在‘楼梯飞线充电、室内充电、楼道随意停放电动车’等违法行为，极易引发火灾。”天津市和平区消防救援支队助理工程师刘圣阳介绍说，近期，因网络上一段电梯内电动车爆燃视频，群众对电动车进电梯、上楼入户的举报激增。

而对于电动车进电梯或入户的情况，根据现行法律法规，暂无针对此现象的明确规定，消防部门也无法处理。刘圣阳认为，在解决社区居民电动车充电难的问题上，只有进一步推动智能充电桩、电梯感应报警器等智能终端设备的安装使用，才能从根源上解决电动车进楼入户的问题。

记者发现，在政府有关部门积极牵头协调的区域，电动自行车充电设备进社区开展得比较顺利。不久前，**天津市安全生产委员会办公室下发《关于进一步加强电动自行车消防安全管理工作的通知》，要求相关部门督促物业服务企业建设电动自行车集中停放场所和具备定时充电、自动断电、故障报警等功能的智能安全充电设施，以技防手段提升电动自行车安全管理水平。**

刘圣阳介绍说，在和平区政府和消防部门共同协调下，目前已为辖区内的 6 条街道 155 个车棚提供财产险、政府救助保险等，如遇火灾，可对起火车辆、周围受损车辆、车棚等提供保障。

“目前，已在天津初步建成充电桩 750 个，服务居民 6000 余人，并且随着智慧安全社区的发展，充电桩也在持续建设中。”中国铁塔股份有限公司天津市分公司能源部市场总监刘继晴告诉记者，基于国家规范电动车充电要求，该公司正依托遍布全国的物业资源、可视可管可控的智能监控平台在社区集中部署低速电动车充电桩，并以互联网为依托，形成了一套有效的智慧安全社区综合解决方案。

万兆（天津）智能科技有限公司销售总监李健表示，在当地政府推动下，企业目前采取免费入社区安装的形式推广电动自行车充电桩，取得了社区较好的配合度，并受到居民的欢迎。

采访中，部分企业也透露了另一个难题，在推广充电桩设备进社区时，企业遇到部分物业设置的“入门费”，“有的小区物业要求一次性结清，有的则要求以管理费的名义按月支付。”一位充电桩企业负责人说。

在走访多家充电桩企业后，记者算了这样一笔账：各个社区配置的电动自行车充电桩引电方式略有不同，主要采用“民用电 + 商业电”的模式。因此，居民使用充电桩充电价格大约在 2 元钱每度电，这其中包括 0.5 元至 1.2 元左右的基本电价和相对应的企业设备运营维护成本费用。

李健认为，如果基本电价的成本可以降低，可以用于向居民让利，而充电费用的降低将直接增加居民使用充电桩的积极性。

此外，在推广充电桩设备进社区过程中，部分企业表示，也遇到了来自部分老旧社区居民的阻力。在不少老旧社区，固定的私家车停车位常“一位难求”，居民回家找车位全凭“手速”。采访中一些居民向记者提出了顾虑，安装了电动自行车车棚，势必会增加他们“抢车位”的难度。也有居民担心，新建的自行车车棚距离其楼层较近，一旦发生火灾，则可能殃及低楼层居民安全。

在天津市红桥区，由社区党组织牵头帮助社区解决电动自行车充电桩“难”进社区的行动已经取得了初步的成效。天津市红桥区和苑街道和苑家园社区党委书记陈凯介绍，在社区党委出面协调下，用于电动自行车充电的车棚顺利完成选址和建设，电力部门也为便民车棚安装了电表，并为居民提供了更为便宜的“平价电”，约 0.5 元每度电。

多位专家建议，下一步应把电动自行车充电设备安装纳入老旧小区改造计划中。

【范例】

电动自行车安全充电问题突出（引）
有关部门积极推进“充电桩”进社区（主）

本报讯（记者 ×××） 近期，应急管理部下发《高层民用建筑消防安全管理规定》，回应社会普遍关心的“楼道停放电瓶车”及其安全问题，明确提出禁止在高层民用建筑中为自行车充电。在电动车充电难的问题上，有关部门正推动电动自行车“充电桩”进社区，天津初步建成充电桩 750 个，服务居民 6000 余人。

尽管有明确的电动车“禁止推车上楼”规定，但部分居民出于无处充电和充电便利的目的仍在楼道内为电动自行车进行充电。天津市居民陷入“推车上楼违法”和“下楼无处充电”的“两头堵”窘境。随之而来的则是楼道失火的安全风险增加。

针对电动车入户难充电难的情况，政府有关部门积极牵头协调，天津市安全生产委员会办公室下发《关于进一步加强电动自行车消防安全管理工作的通知》，要求物业服务企业建设电动自行车智能安全充电设施，以技防手段提升电动自行车安全管理水平。万兆（天津）智能科技有限公司销售总监李健表示，在当地政府推动下，企业目前免费入社区安装电动自行车充电桩，受到居民的欢迎。

与此同时，在推广充电桩设备进社区的过程中，部分企业受到阻碍：物业设置“入门费”，安装成本高；老旧社区停车位紧张，充电桩安装的安全问题突出。有专家表示，下一步应把电动自行车充电设备安装纳入老旧小区改造计划中。

【解析】

1. 以“电动车难题措施逐步落实”为核心点，导语部分要交代政府的处理办法（包括电动车的停放、充电等）。总结即可；正文主要介绍电动车停放、充电隐患、电费高三方面的问题，结尾衔接上一段的内容，选用材料中的解决办法或采访对象的发言结尾。逻辑合理即可。

2. 以“电动车充电难等问题”为核心内容，导语部分简单总结目前电动车出现的问题，正文中对这些问题展开介绍，可以引用材料中采访对象的话，但切记不可没有客观新闻事实，就以作者身份进行总结和评价，结尾可以以材料中最后一句话结尾。也可以以政府政策实例结尾。

3. 无论以什么内容为核心点，标题、导语、正文都要相互呼应。材料中出现的电动车相关问题，可以有侧重点，也可以选部分介绍，以哪一个问题作为重点都可以。但最好是可以进行总结性整理，不做部分侧重。

三、消息改写典型案例三

【材料】

根据以下材料，写一则600字以内的消息。

7月24日20时许，澎湃新闻记者从上海市防汛办获悉，截至24日19时，全市共落实安置点2392处，组织转移安置人员66568人，1700余艘船只进港避风，疏散1300余艘，加固树木10.8万株，加固广告牌、店招店牌12000块，加强工程调度腾出河网调蓄库容约4.7亿立方米，88台移动排水泵车进岗待命做好抢排准备。

上海市防汛办介绍，受台风“烟花”影响，上海在未来三天的过程降雨量预计将达到300毫米左右，而台风影响期间又恰逢天文大潮，防汛防台工作形势十分严峻。本市各级防汛部门和有关单位正全力按照市委、市政府的工作要求，全面落实各项防御措施，坚决确保人民群众生命财产安全，最大限度减少灾害损失。

市委、市政府高度重视本次台风“烟花”的防御工作。7月24日上午，副市长、市防汛指挥部常务副总指挥汤志平再次主持召开视频会商会，再检查、再落实、再推进台风“烟花”各项防御工作。会议要求各区、各部门要始终高度重视台风“烟花”防御工作，要利用台风到来前的一段时间抓紧再检查、再落实，查重大关键隐患点，查措施落实情况，查应急抢险准备情况，查责任落实情况，要尽最大努力保障城市安全平稳。

市防汛指挥部在视频会后专门印发通知，要求各区进一步做好轨道交通、越江隧道、北横通道、道路下立交、地下商场、车库等地下空间设施和建筑玻璃幕墙、户外广告招牌等防汛安全检查，全面消除防汛安全隐患，全力保障城市安全运行。

国家防总和水利部高度重视此次台风“烟花”的防御工作，多次组织会商调度，并分别派遣工作组进驻上海指导台风防御工作，并亲临转移撤离安置点、排水出海闸、海塘堤防一线检查指导防汛防台工作；市防汛指挥部也派出五个工作组奔赴一线协助开展防汛防台工作，并与金山、松江、宝山等区视频连线会商台风防御工作。

全市各级防汛干部始终保持高度戒备，密切关注台风发展动向，12万余名防汛工作人员处于应急值守状态，全市已组织2000余支抢险队伍集结待命。

截至24日19时，全市654个雨量测站中，76个达到暴雨程度，约占11.6%；226个达到大雨程度，约占34.6%；202个达到中雨程度，约占30.9%。降雨主要分布在金山区。

全市水文测站中有15个站点超警戒水位；全市共发生道路积水6条段，小区树木倒伏7株，行道树倒伏91株，玻璃幕墙坠落1处，取消公路长途客运152班次，取消轮船航线25班次，关闭景区公园76个，浦东机场航班取消483架次，虹桥机场航班取消99架次。

上海市防汛办表示，全市12万余名防汛工作人员将时刻保持应战状态，认真贯彻市领导指示批示要求，进一步强化隐患排查整改，继续做好人员避险转移，加强值班值守，加强灾情信息报送，全力做好舆情引导，确保责任到位、工作到位、措施到位，及时有效处置各类突发情况，确保市民正常生产生活秩序和城市平稳运行。

【范例】

台风“烟花”预警（引）
上海防汛办全面落实各项防御工作（主）

本报讯（记者 ×××） **截至24日19时，全市共落实**安置点2392处，转移并安置人员66568人，1700余艘船只进港避风，疏散1300余艘，加固树木10.8万株，加固广告牌、店招店牌12000块，腾出库容约4.7亿立方米，88台移动排水泵车随时待命。

上海全市目前发生道路积水6条段，为保证群众安全，已取消公路长途客运152班次，取消轮船航线25班次，关闭景区公园76个，浦东机场航班取消483架次，虹桥机场航班取消99架次。全市654个雨量测站中，达到暴雨程度约占11.6%；达到大雨程度的约占34.6%；达到中雨程度约占30.9%，水文测站中有15个站点超警戒水位。

上海市委、市政府高度重视本次台风“烟花”的防御工作。**7月24日，副市长、市防汛指挥部常务副总指挥汤志平召开视频会商会议**，要求各区、各部门抓紧再检查、再落实，尽最大努力保障城市安全平稳。会后防汛办即印发通知，要求各区进一步做好轨道交通、隧道、地下商场、车库等地下空间设施和户外广告招牌等防汛安全检查，全面消除防汛安全隐患，保障城市安全运行。

全市各级防汛干部始终保持高度戒备，密切关注台风发展动向，12万余名防汛工作人员处于应急值守状态，2000余支抢险队伍集结待命。经上海市防汛办介绍，受台风影响，预计在未来三天的过程降雨量将达到300毫米左右。

本市各级防汛部门和有关单位正全力按照市委、市政府的工作要求，全面落实各项防御措施，坚决确保人民群众生命财产安全，最大限度减少灾害损失。

【解析】

1. 导语部分要交代防汛最新进展，也就是材料中“全市共落实安置点2392处，组织转移安置人员66568人，1700余艘船只进港避风，疏散1300余艘，加固树木10.8万株，加固广告牌、店招店牌12000块，加强工程调度腾出河网调蓄库容约4.7亿立方米，88台移动排水泵车进岗待命做好抢排准备”。

2. 正文部分可有侧重点：

（1）以“各部门防汛安排”为重点，主要介绍为应对台风“烟花”，上海市各部门做出的防汛安排，材料中各部门的安排可选取1~2个部门详细介绍，如上海市防汛办，其他部门提及即可，需要将各部门防汛安排整合为一段话。

（2）以“防汛工作进展状况”为重点，正文部分可简单概括暴雨带来的影响，段落安排以防汛工作安排为重点，结尾段可以材料中上海市防汛办的表示结尾，即“全市12万余名防汛工作人员将时刻保持应战状态，认真贯彻市领导指示批示要求……确保责任到位、工作到位、措施到位，及时有效处置各类突发情况，确保市民正常生产生活秩序和城市平稳运行”等内容。

（3）合理安排段落篇幅，将材料中“防汛工作”与“暴雨影响”重点概括出来即可。材料中除上海市防汛办外，其他各部门的安排无需面面俱到。

四、消息改写典型案例四

【材料】

根据以下材料，写一则600字以内的消息。

7月12日15时33分许，江苏省苏州市吴江区四季开源酒店辅房发生坍塌，事故发生后，江苏省消防救援总队共投入500余名消防救援人员在现场紧张施救。

事发后，江苏省委书记娄勤俭作出批示，强调要抓紧调集专业队伍科学组织搜救，全力救治伤员，最大限度减少人员伤亡，防止发生次生灾害；查明事故原因，落实责任，妥善做好后续处置工作。江苏省委副书记、省长吴政隆赶赴事故现场指挥救援处置工作。应急管理部派出总工程师李万春带队的工作组赶赴现场指导救援处置工作。

截至7月14日9时，苏州市吴江区松陵镇油车路188号四季开源酒店辅房坍塌事故搜救工作全部结束。经全力搜救，失联人员已全部救出。共搜寻出23名被困人员，其中17人遇难，5名受伤人员经救治生命体征平稳，1人无伤已回家。

7月13日7时37分，气温30℃。沿着苏州市吴江区松陵街道油车路一路向东，各类消防救援车辆沿街排列，不时有身着橘色救援服的消防指战员拉着装备匆匆赶往现场。

在吴江区松陵街道油车路188号四季开源酒店外围道路上，发生事故的酒店所在居民区的各个出入口均被拉上警戒线。

距离坍塌事故发生地不远的地方有条小河，数十辆来自南京、镇江、南通、苏州等地的消防救援车辆沿河停放数公里。此时，不少执勤人员正在警戒线处劝导车辆绕行并为群众指路。

现场救援队伍充分利用登高梯、大型吊车、起重气垫、液压扩张顶撑、金属切割机等救援装备，以及生命探测仪、蛇眼探测仪等技术装备，整夜进行搜救处置。苏州市应急、公安、卫健、住建、城管等部门和属地政府也全力组织开展救援和善后工作。

一位60岁的居民目击了这场事故。据他回忆，7月12日下午3点多，该酒店的辅房像“断了线一样”迅速垮塌。现场砖石不断掉落、烟尘四起。

他对四季开源酒店的结构较为了解。“酒店主楼一共有4层，一楼是宴会厅。发生坍塌的辅房共3层，楼内有住宿房间。”

这是一家几经更名易主的酒店，从百度地图等公开平台上搜索显示，这栋楼体外曾挂着“山湖饭店”的牌子，后来这里又变成“君源宾馆”“飞牛大酒店”。据了解，四季开源酒店于2020年开始运营，属于苏州市四季开源餐饮管理服务有限公司，公司成立于2020年3月。

7月13日11时40分，苏州市召开“7·12”吴江区四季开源酒店辅房坍塌事故通气会。现场通过大数据比对确定失联人员的房间基本位置，但不排除人本能逃跑时的移动造成位置偏差，目前现场救援力量仍在全力搜救中。

江苏省消防救援总队灭火救援指挥部副部长陈志昂介绍，救援力量到达现场后，根据现场情况先调集4台大型吊车，对四处风险大、容易发生二次坍塌的地方进行加固支撑。现场救援队伍将事故现场划分成6个片区，18名指战员为一组，分成3个小组24小时不间断进行搜救，同时利用生命探测仪等仪器在现场精准测出被埋压人员的位置。

“该建筑物虽然楼层不高，但整体坍塌，中间呈现A字形，南北两边结构粉碎，现场空间小、温度高、搜救难度较大。目前6个片区还在同步全方位搜寻被埋压人员，救援人员正在现场一层层清理，绝不放弃任何希望。”陈志昂说。

目前救援现场主要以利用小型器械和指战员徒手挖掘为主，主要是考虑到在黄金救援72小时内，以最小的伤害尽可能救出更多的生还者。

楼体在何种原因下会出现整体坍塌？

一位建筑工程领域专家告诉记者，如果楼体发生了整体坍塌，那意味着楼体出现了结构失稳。造成失稳的原因，可能是受地震、爆炸等外力冲击，也有可能是楼体承受的荷载过大，超出了本身的承载力，还有就是楼体结构受损，不能达到设计承载力，如果私自加建楼层，也容易因荷载过大造成坍塌。

7月13日，记者从江苏吴江塌楼事故现场救援指挥部获悉，初步认定这起事故是因为产权方私自对房屋结构进行改造，造成房屋部分坍塌。吴江区住建局消防设计审验科相关负责人7月14日上午称，四季开源酒店的装修没有经过相关的审批程序，没有向住建部门申报备案。目前，国务院安委会决定成立督办组对该起事故查处进行挂牌督办。

【范例】

苏州酒店坍塌致17死5伤

本报讯（记者 ×××） 截至7月14日9时，经全力搜救，苏州市四季开源酒店坍塌事故的失联人员已被全部救出，其中17人遇难，5名受伤，1人无伤。现场救援指挥部初步认定事故原因为产权方私自改造房屋结构。

7月13日，6个片区，3个小组，24小时不间断搜救，现场采用了大型吊车、起重气垫金属切割机等救援装备。江苏省消防总队灭火救援指挥部副部长陈志昂表示，该酒店虽然楼层不高，但整体坍塌，南北两边结构粉碎，现场空间小、温度高，搜救难度大。现场救援队通过大数据确定失联人员的房间基本位置，利用生命探测仪精准定位被埋压人员的位置。考虑到处于黄金救援72小时内，现场救援主要以使用小型器械和徒手挖掘为主，尽最大可能以最小的伤害救出更多的生还者。

据了解，自7月12日江苏省苏州市吴江区四季开源酒店辅房发生坍塌后。江苏省委副书记、省长吴政隆赶赴事故现场指挥救援工作，共500余名消防救援人员投入现场施救。

一位建筑工程领域专家表示，导致楼体整体坍塌的原因多样，有可能是地震、爆炸等外力冲击，也有可能是内部结构受损，私自加建楼层等原因使楼体的荷载过大。7月13日，现场救援指挥部初步认定，此次事故的楼体坍塌是因为产权方私自改造房屋结构。并且，吴江区住建局相关负责人称该酒店的装修未经过相关的申报备案和审批程序。

四季开源酒店几经更名易主于2020年开始运营，先后曾挂着“山湖饭店”“君源宾馆”“飞牛大酒店”的牌子。

【解析】

1. 导语部分要交代最新事件结果，也就是材料中“经全力搜救，失联人员已全部救出。共搜寻出23

名被困人员，其中 17 人遇难，5 名受伤人员经救治生命体征平稳，1 人无伤已回家”。

2. 正文部分可有侧重点：

（1）以“事件搜救结果”为重点，主要介绍事件发生后的搜救过程，材料中事件发生后的原因判定结果可作为结尾或在结尾前一段简单概括。

（2）以“事故发生原因”为重点，正文部分可简单概括事故搜救过程，段落安排以剖析事故发生原因为重点，结尾段可以材料中专业部门的认定结尾，即“现场救援指挥部获悉，初步认定这起事故是因为产权方私自对房屋结构进行改造，造成房屋部分坍塌。吴江区住建局消防设计审验科相关负责人 7 月 14 日上午称，四季开源酒店的装修没有经过相关的审批程序，没有向住建部门申报备案”等内容。

（3）合理安排段落篇幅，将材料中“事故搜救”与“事件发生原因剖析”重点概括出来即可。

第三章 特殊新闻消息写作体裁

新闻传播学考研的消息写作大部分是以300~800字的消息写作为主，但也会出现广电消息、微博消息等特殊消息体裁考查，考生可根据院校考查历史针对性准备。

一、广电新闻消息

（一）广电新闻消息的写作技巧

1. 广电新闻的语言

广电新闻写作的语言要口语化和通俗化，避免使用过多的书面语言。所谓口语化，就是使用像同朋友聊天一样的自然、亲切、易懂的语言，而不是语法复杂、生涩难懂的句子。因此记者写完广播新闻稿后，至少要先朗读两三遍，听一听是否有什么不妥之处，如果念起来不顺口，就需要对文字进行修正。

2. 广电新闻的特征

（1）少而精当

通常，电视新闻篇幅比较简短，而且要给观众留出看画面的时间，因此写作必须要少而精。

如果画面比较笼统，这时解说应该具体一些，如果画面表现得内容很具体，解说就应该尽量减少。文字记者提倡“视觉新闻”，是文章读起来如闻其声，但电视记者却相反，因为画面本身已经体现了视觉新闻最大的优势。

少而精的原则，要求记者写作时尽量挤出时间对照画面重读文字稿，将可有可无的文字去掉，尽量压缩，不要使文字在新闻中显得过于沉重。

（2）实而具体

实而具体，应该根据画面需要将文字表达内容写得实在具体。无论写什么样的新闻稿，都要求“实”。对电视来说，直观可见的画面要有相应的具体解说，才能把事件、思想、观点、人物传达清楚。比如，当画面出现一个人在讲话，或者一个场景，文字要说明的是这个人是谁，这段场景是哪个地方，不要让观众去猜测。

文字新闻细致的白描手法不适合电视新闻写作，电视新闻的文字稿主要作为画面的补充信息出现，将画面不能表达的东西转换成文字内容，不需描述人物的动作和形象，因为画面已经直观展示过了。

（3）主次分明

和报纸新闻一样，要分清主次，有详有略，给观众传达最重要的信息。

3. 广电新闻的应试注意事项

（1）标题使用单一标题+实题的形式。

（2）导语是播音员在演播室口播的！

（3）不要公式化。勿被5W1H框住，千篇一律。

（4）不要概念化。导语言之无物，只有抽象概念，没有具体内容，忽视用事实说话。比如不要使用延缓式导语（延缓式导语，又叫延迟式导语，也被称作软导语、特写导语。延迟式导语的写法，常用二三段落来叙述导语，然后在三至五段引出核心段。它通常用于通讯写作）。

（5）不要罗列名称，喧宾夺主。比如不要一开头列出一大串人名、地名、单位名称或大堆数字，把主要内容挤到后边。除非这些构成了新闻的主要事实。

（6）一条好导语：突出最主要、最新鲜的事实（倒金字塔）。

（7）简单明了，开门见山；有实质性的内容。

（二）广电新闻消息的案例解析

1. 导语

指出这则导语中的问题：

据统计，某公交集团每年减少碳排上万吨，在全国首创“在线充”纯电动公交。7月底，某公交集团被中国交通企业管理协会授予“交通运输节能减排示范企业”称号。北京市街头柴油公交车的尾气排放是造成该市空气污染的源头之一。自2015年起，北京市更新旧车，将逐步更换为新能源车和清洁能源车。如今，北京市拥有的8000多台公交车中2400多台为清洁能源车，1007台为纯电动公交车，环保车辆占到公交总数的40%以上。北京公交集团每年减少碳排上万吨。

问题：

（电头缺失）据统计，某公交集团每年减少碳排上万吨，在全国首创“在线充”纯电动公交。（缩写、加引号的自创词尽量少用）7月底，某公交集团被中国交通企业管理协会授予“交通运输节能减排示范企业”称号。北京市街头柴油公交车的尾气排放是造成该市空气污染的源头之一。自2015年起，北京市更新旧车，将逐步更换为新能源车和清洁能源车。如今，北京市拥有的8000多台公交车中2400多台为清洁能源车，1007台为纯电动公交车，环保车辆占到公交总数的40%以上。北京公交集团每年减少碳排上万吨。（数字太多，与中心内容关系不大）

【范例】

本台报道/本台消息，北京的市民对这样的场景肯定很熟悉：车辆一发动，尾部腾起一股黑烟，附近的人便赶紧捂着嘴巴和鼻子逃离现场。但这都已经成为过去式，如今，在北京街头，“黑尾巴”已成为历史，取而代之的是低排放或零排放的环保公交。环保公交占到北京公交总数的40%，每年减少碳排放上万吨，被评为“减排标兵”。

【解析】

（1）后半部分和报纸导语类似，突出最重要的新闻事实。

（2）另外有的同学喜欢在最后一句加上“那么我们现在就去看看这些环保公交”。

（3）民生内容可以加，但如果是严肃的硬新闻，不要加类似的语言。

（4）不同于报纸新闻，导语中不要过度描述细节。

2. 正文

正文结构：一是按时间顺序。事件性新闻线索、内容单一可以用，事情发展看起来清楚，写起来顺手，综合性、经验性消息这样写就不太合适。按时间顺序也可以倒叙，先写现在，再回到过去，时间要有头有尾，防止流水账。二是按逻辑顺序。按事件的内在逻辑（内在联系）写，比如按照因果、主次、点面、并列关系等进行安排。先用一个典型事实，然后从点到面，又回到点上，这种方法用得较多（联想华尔街日报体)，此外，也有时间和逻辑顺序交叉使用写作。

3. 结尾方式

(1) 小结式——对事实概括总结。

(2) 号召式——作者提出号召。

(3) 展望式——对前景进行展望。

(4) 分析式——分析肯定成绩，指出问题。

(5) 评述式——作者对报道事实加以评论。

4. 电视新闻稿的格式范例

【范例】

北京环保公交上阵　助力节能减排进行

(标题居中)

导语：本台报道/本台消息，北京的市民对这样的场景肯定很熟悉：车辆一发动，尾部腾起一股黑烟，附近的人便赶紧捂着嘴巴和鼻子逃离现场。但这都已经成为过去式，如今，在北京市街头，“黑尾巴”已成为历史，取而代之的是低排放或零排放的环保公交。环保公交占到北京公交总数的40%，每年减少碳排放上万吨，被评为“减排标兵”。

【画外】这条快速公交系统2号线，是全国第一条运用于BRT的纯电动公交车，代表着全国纯电动公交的顶尖水平。从去年12月底运营以来，每日客流量超过3万人，准点率达到99%，已成为北京的一张城市名片。如今，几乎每天都有不同国家、城市的代表前来考察参观。

【画面】2号线乘坐早高峰和晚高峰的镜头/前来参观的人。

【同期】北京市民张翔：这辆车敞亮通透，几乎没污染、没噪声，一路享受专用车道，乘坐非常舒适。

【记者出镜报道收尾】我身后的这辆车就是北京快速公交系统……

【解析】

1. 电视新闻的标题最好使用一行题；

2. 要有记者出镜报道，这是电视新闻的精髓；

3. 同期声部分，一定要在说的话前面写上这句话是谁说的，这部分虽然不播出来，但一般是以字幕的形式体现，以起到提示观众采访对象身份的作用，内容要用采访对象的口吻写，几段同期声中间适当的加上过渡(画面/画外)，不然画面一直在各个采访对象之间切换，观众也不知道你要表达什么；

4. 如果要使用材料中的直接引语，就直接引用在【同期声】中，不要改编；

5. 如果材料中没有直接引语，但是你想在【画外】使用采访对象的表述，可以根据材料改编，但是不能主观臆断!

二、微博消息

(一) 微博新闻消息的写作技巧

(1) 话题：起到提示受众的作用，也有统一话题集中传播的作用，但话题不能过小。

（2）标题：揭示最重要新闻信息，但不同的是，微博新闻标题可以不用拘泥于传统媒体标题格式，起到表达新闻信息和提示下文作用即可，如果你的标题包含了话题的内容，可以直接在标题上加 # 话题 #

（3）正文：只报道一个事件、一个情境、一个观点。语言言简意赅。

（4）记者信息

（5）新媒体表现形式：利用多种媒体形式进行传播（通常是视频或者图片）

（二）微博新闻消息的案例解析

【范例】

北京世园会 #（话题）【94 朵“花伞”下的国际范儿！揭秘异形钢框架编织的网红“花海”】（标题）国际馆的设计颇具匠心，94 把优美“花伞”簇拥在一起，远望过去仿佛是一片白色花海，走近仰望它时又像漫天的繁星。“花伞”还是朵“环境友好花”，可进行光伏发电和雨水收集。场馆采用了环境优先的设计策略，希望能模糊地域、边界的概念，这个馆从远处看是一片花的海洋，人们走近后，站在其间，又好像走进了一片森林。（正文）(记者：×××)(此博文配照片）/（此博文配世园会直播链接）

【解析】

1. 这里的话题设计，能够遵从微博热搜标题的特点，简洁地提炼核心关键词；

2. 传统标题一般不会用到感叹号，但是这里的微博标题相对传统标题更有网感一些，有时也会像这样通过叹号增强情绪；

3. 正文选取了“国际馆”设计场景作为报道对象，注意一般只需要 1~2 个情境即可。

4. 最后务必要加上配图说明，如有其他内容安排，如短视频或直播，也可以简单说明。

第三部分　新闻采访策划写作

第一章　新闻采访策划写作的基本技法

一、新闻采访策划概述

（一）新闻采访策划的概念

采访策划是基于特定报道选题，针对新闻报道的需要，为获取新闻事实材料，对采访主题、采访准备、采访对象、采访提纲、人员配置等要素进行系统组织和安排的活动。

（二）新闻采访策划的考察类型

从命题的角度来看，各校真题有两种命题表述：一种是直接要求考生进行“采访提纲”的写作；一种是让学生写完整的“采访策划”。这两种命题表述对应的答题方式，差别并不是特别大，两者的核心基本是一致的。具体两类命题的应对差异，见表 3-1 所示。总体而言，考查给分的核心主要在核心的写作要素上，包括主题、目的、对象和问题，其余的写作要素根据题目的分值大小、自己考场实际的时间分配去选择就好，这部分要素也以略写为主。

表 3-1　采访提纲与采访策划的对比

对比项	采访提纲	采访策划
写作核心	采访主题、采访目的或意义、采访对象、采访问题、注意事项一致	
写作标题	“关于 × × × 的采访提纲”	“关于 × × × 的采访策划”
采访准备	非必要写作要素	必要写作要素，但一般也是略写
其他要素	非必要写作要素	根据需要和分值大小，可补采访周期、人员配置等要素

（三）新闻采访策划的写作模板

需要注意的是，策划文本并没有标准的格式要求。以下模板，仅根据媒体从业者常规写作模式和考场写作的常见应试规律，进行设计。

1. 采访提纲的写作模板

关于 × × × 采访提纲

一、采访主题

二、采访准备

1. 资料准备
2. 预约准备
3. 工具准备
三、采访对象（不少于三类人群）
1. 采访对象：×××
（1）采访目的
（2）采访方式
（3）采访问题
……
四、注意事项

2. 采访策划的写作模板

关于×××采访策划

一、事实及新闻意义
1. 事实概述
2. 主题、意义和目的
二、采访准备
1. 资料准备
2. 预约准备
3. 工具准备
三、采访对象（不少于三类人群）
1. 采访对象：×××
（1）采访目的
（2）采访方式
（3）采访问题
……
四、人员配置
五、采访周期
六、注意事项

二、新闻采访策划的写作要素分析

（一）采访主题的确定

从基础要求来说，选择的主题要与公共利益相关，所选择的主题是公众所关心的，是能够为受众解疑释惑的。从进阶要求来说，选择的主题最好能够合理且独特，能让人眼前一亮，而且要有人文关怀。从写作方式来看，就是用一句话来概述题目材料的主旨。

【示例】

题目及材料：

受持续暴雨影响和上游洪峰影响，安徽省黄山市歙县境内多条河流水位上涨，河水倒灌进城区，已致城区多地积水严重。歙县部分师生无法准时到达考场。歙县教育局局长汪天平表示，截至2020年7月7日上午10点，该县2000多名考生，只有500多名抵达考场，高考无法正常开始。请围绕以上材料写一则采访提纲，主题不限，角度自拟。

主题写作示范：

针对歙县暴雨阻断高考正常进行的事件，探访事件发展、影响及应对。

技巧说明：

第一步划定事实关键词，即地点（歙县）、事故及初步影响（暴雨、积水、高考无法正常开始）；第二步明确初步事实的基础上，概述采访基本导向，即进一步调查事件发展、影响及应对。

（二）事件及新闻意义

通过写作篇幅较短的“提纲写作”，完成主题写作就可以了；写作篇幅相对长的“采访策划”，可以在主题的基础上，对事件、报道目的、主题做更深入完整地说明。具体写作，可以分为两段话：

第一段话：概括材料中提及的新闻事实。注意一定不能一字不落抄写材料，要提炼重要事件发展经过、结果的重要信息（5W1H），例如时间、人物、经过、结果等。尽量控制在100字以内。

第二段话：可以分析这类事实的意义。报道目的可以根据材料灵活套用表3-2，切忌简单套用，一定要结合材料。

表3-2　常见事件的新闻意义分析

新闻意义	政治领域	经济领域	社会生活领域
传播信息	报道国内外政治形势、政治动向；传达国家的重大方针、政策；表达人民群众的愿望	传达国家的经济政策，报道国内外经济建设情况；提供市场行情、供需形势和趋势	反映社会秩序情况、自然界的变动；为人民群众日常生活提供服务
进行宣传	分析政治形势，解释、阐明国家的重大方针、政策	论证经济政策；分析经济信息；阐明经济建设的轻重缓急	协调公众的意愿，行使社会控制
舆论监督	监督国家立法和政府决策的民主化、科学化；国家政令畅通；国家公务员遵纪守法	市场运转的公开、公正、公平，打击欺凌行为	扶正祛邪、惩恶扬善，保证正常的社会秩序
传播知识	传递社会传统，介绍重大的理论知识，介绍法律知识和社会民俗	传播经济、管理、科技知识等	向社会成员传递社会规范，培养社会角色
提供娱乐			提供生动有趣的文体娱乐，陶冶人们高尚情操，获取积极消息

【示例】

题目及材料：

某地市政工程要占地，其中60户居民涉及搬迁，59户都谈好了相关协议，准备搬迁，最后一户因未达到补偿要求迟迟未动，直到市里面派来的搬迁队伍要强拆，该户主站在楼顶要喝农药自杀，你所在的媒体派你去做相关报道，请给出你的采访计划。

事件及意义示范：

某地实施居民搬迁，59户都已经协商好，只剩一户因未达到补偿要求迟迟未动。当面对搬迁队即将进行强拆时，该户主站在楼顶要喝农药自杀。（事实概述）

作为媒体，首先报道活动应该关注的是这位居民的生命安全，以及警方、消防如何紧急救人的。其次，查清当地拆迁办在拆迁过程中的工作是否得当，有无违反规定之处，究竟是什么原因导致居民顽强抵抗拆迁。（采访导向）通过这起个例的深入报道、持续追踪，发挥舆论监督的作用，为政府在解决拆迁问题上献言献策，保证社会的正常秩序。（目的和意义）

（三）采访前准备

采访前的准备，并不是提纲写作的必要写作要素，但是采访策划必须要有这个环节。但由于它的写作是完全套路化和模板化的内容，阅卷老师更关注的是有没有这个环节，并不是给分的重点部分，所以写作篇幅不宜过长，不宜浪费过多时间和篇幅在这个环节。

主要分为三个层次：其一，是预约采访对象（采访时间、地点、方式等）；其二，针对性地查阅资料（舆情、政策解读、相关法律、相似的事件进展过程、新闻事件的背景等）；其三，准备好采访工具（采访本、笔、电脑、录音笔、摄像机等）。

【示例】

1. 预约采访对象

被强拆的那户居民、其他被拆迁的居民、政府拆迁部门工作人员、律师、社会学专家。

2. 查阅相关资料

查阅关于拆迁补偿、拆迁程序相关政策、法律文件；搜索近期发生的全国类似的拆迁案例新闻作为参考。

3. 准备好采访工具（采访本、笔、电脑、录音笔、摄像机）

第一时间奔赴现场，紧急联系政府拆迁部门的负责人、公安部门、消防部门，第一时间获取最新情况的进展。

（四）采访对象及提纲写作

这个部分是采访提纲题、采访策划题写作的核心和重点，两类题给分的关键都在这里。阅卷人主要会关注几个方面：其一，采访对象是否考虑得贴切、完整、充分；其二，采访目的和角度是否清晰和明确，这个部分可以选择单独说明，也可以选择透过具体提问的问题反映；其三，提问的问题是否贴切、准确和充分。

1. 写作结构

根据分值可以分为详、略两种，根据考试时间、分值多少，灵活选择即可。

【示例】

采访对象及问题的简略写法

1. 律师代表李先生：面对面采访

（1）Q1

（2）Q2

（3）Q3

采访对象及问题的详版写法

1. 律师代表李先生

（1）采访目的：针对不同的人，采访目的应具有差异性

（2）采访形式：直面采访 / 电话采访 / 网络采访……

（3）采访问题：3~5 个问题为宜

2. 采访对象

一般可以选择的对象有两个方面：材料中已有的对象；材料之外能引申出的对象。具体而言可以关注以下几个方面。

（1）新闻事件中涉及的人员，如：当事人、目击者。

（2）与新闻人物相关或者受到新闻事件影响的人员，如：公司同事、街坊邻居、附近居民。

（3）可以对新闻事件发表看法和评价的相关人员，如：政府部门、主管部门。

（4）相关领域的专家、学者。如：专业领域的教授。

（5）灾难类新闻的采访对象可以有：当事人、目击者、救援人员、医护人员、公司、政府、专家等。

3. 采访问题

一般可以分为以下几个部分。

（1）对基本要素提问（材料中已有可以不提）。

（2）挖掘深度内容。

（3）探讨式提问。题目常见的角度：事实（发生了什么？）、背景（确认细节）、原因（为什么会这样？）、动机（确认细节）、观点（您怎么看？）、质疑（确认细节）。

4. 提问的注意事项

（1）采访对象和问题的选择要依据材料。

（2）多问事实，少问感受。

（3）问题不要只停留在“你是否……”“有没有……”等，还要深究细节。

（4）要问对人。

（5）材料中给的很明显的信息可以不提问了。比如给出了具体伤亡人数，就不用再细问了。

（6）直接问问题，不用客套。比如：您好，请问您能接受采访吗？这些话就不必写下来。

（7）开放式提问和闭合式提问相结合。

（8）注意结合采访主题，必要时要以小见大，升华主题。

（五）采访人员配置、周期等要素

采访提纲的写作环节中，这些要素并不需要写作。采访策划的写作中，这些要素也从简就好，一般有 1~2 名摄影记者或文字记者的安排，或者直接说安排 1~2 名全媒体记者就好。采访周期根据采访规模和事件归纳，灵活处理就好，一般 3~10 天都是合理范围。

（六）注意事项的写作

注意事项的写作也主要是锦上添花的写作要素，并非给分重点，但是可以在这里展现自己对采访的理解和考虑的周到性，对采访困难的预判和反思。一般而言，我们主要会写作以下几个方面。在篇幅有限、时间有限的情况下，主要注意前两个方面写作就好。

1. 采访遇见困难或挫折的预判和应对

比如，因当事人的不配合而造成的采访受挫，或因网民随意发表不负责的观点使采访无法实施的话，本人将采用归纳法，即综合多家媒体的报道，以作补救。

2. 采访可能发生的伦理事故问题

比如，若是灾难报道，应当注意采访活动中的二次伤害问题；比如，若发现可疑的信源和事实，应当注意多方核实和确证。

3. 采访中的人际沟通问题

比如，应当充分表现对采访对象的尊重，真诚地面对采访对象，采访方式根据采访对象的实际情况而定，等等。

4. 采访可能发生的突发事故的应对

比如，当摄像机、录音笔等采访工具出现问题时，用手机继续进行拍摄录音、采访。

第二章 新闻采访策划的常见命题与案例

一、采访提纲案例

【材料】

受持续暴雨影响和上游洪峰影响，安徽省黄山市歙县境内多条河流水位上涨，河水倒灌进城区，已致城区多地积水严重。歙县部分师生无法准时到达考场。歙县教育局局长汪天平表示，截至 2020 年 7 月 7 日上午 10 点，该县 2000 多名考生，只有 500 多名抵达考场，高考无法正常开始。

请围绕以上材料写一则采访提纲，主题不限，角度自拟。

【范例】

关于安徽歙县暴雨阻断高考事件的采访提纲

一、采访主题：针对安徽歙县暴雨阻断高考正常进行的事件，探访事件发展、影响及应对

二、采访对象：考生、学校领导、歙县教育局局长

三、采访前准备：提前了解事件背景、查阅相关报道；提前预约到采访对象；提前了解到当地的交通状况，在确保安全的情况下，选择合理合适的方式进行采访。

四、采访问题

1. 考生

a. 从家里到考场的路况怎么样，请问你是如何到达考场的呢？

b. 暴雨天气会不会影响你的发挥，有什么方法克服恶劣天气因素带来的压力呢？

c. 你对接下来的考试有没有信心呢？需要提供哪些方面的帮助吗？

2. 学校领导

a. 有没有学生因上午没能按时到考场而出现焦急情绪？现在情况稳定吗？

b. 面对延期考试，学校如何向考生和家长进行解释以及如何安抚他们的情绪？

c. 如何确保接下来的考试学生和老师都能按时抵达考场，学校有采取什么措施？

3. 歙县教育局局长

a. 面对近期持续暴雨，考前有没有考虑到天气原因影响到考试，有做过什么预备措施？

b. 接下来的几门考试能否正常进行？延期考试具体安排会在什么时候发布？

c. 正常考卷和延期考卷难度是否一样，如何确保考试公平性？

五、注意事项

1. 注意多方核查和验证地方政府对策的落实情况，以及多方面核查民众的说法和态度；

2. 注意尊重采访对象的个人情况，尽量不因为采访调查活动影响救灾救援工作的进行，对采访对象予以充分的尊重，对受灾民众表达关怀，避免二次伤害；

3. 考虑到适逢雨季，确保工具设备的安全性，做好防水措施和替代方案。

二、采访策划案例

【材料】

昨日，本市杨女士搭乘朋友李先生驾驶的“顺风车”出行。当这辆黑色福特蒙迪欧轿车行驶至104国道绍兴市柯桥柯华路口时，因避让大货车不及时致使车子失控，与行道树相撞，杨女士和女儿都在该起事故中受伤，经交警部门鉴定，李先生对此事故负全部责任。杨女士母女认为，李先生未尽到法定义务，没能及时抢救伤者并护送她们母女到医院就医，在她们被送进当地医院后，李先生只承担了极少的先期医疗费用，同时向交警隐瞒杨女士母女的伤势，对医疗费、护理费等损失只字不提。为此，杨女士母女向李先生提出赔偿各项损失共5万余元。

本报获知以上新闻，准备进行追踪报道，请拟定采访策划，不少于三位采访人。

【范例】

关于104国道交通事故纠纷的采访策划

一、事件及新闻意义

本市杨女士搭乘朋友李先生驾驶的“顺风车”时，因李先生避让货车不及时而发生交通事故，致使杨女士母女受伤。该事故发生后李先生的态度及行为使杨女士不满，并因此产生了纠纷。

近年来，社会生活中的法理问题层出不穷，如朋友提供“顺风车”却无意伤人等事件，引起民众的广泛关注。对此事件进行深度追踪报道，将这一可能发生在普通老百姓身边的事情曝光，有利于强化民众的法律意识，当类似事件发生时，明确自己应尽的法律责任，而不是选择“逃避”；同时，提醒人们谨慎驾驶，安全出行。

二、采访前有关准备

1. 预约采访对象：杨女士、李先生、杨女士母女的主治医师、处理此事故的交警、法律专家

2. 查阅相关资料：

（1）查阅其他媒体对此类事件的相关报道，把握大致走向；

（2）联系交通部门相关人员了解事件的具体情况，在不妨碍其工作的情况下申请调看事故路况影像；

（3）通过主治医生了解当事人的受伤情况，在允许的情况下查阅病例报告；

（4）了解此类事件相关法律条文。

3. 准备好采访工具

（1）带好记者证以及相关性证明材料、采访本、笔、录音笔、照相机、录像机等；

（2）根据具体采访环境和采访人物，做好着装准备和礼仪准备。

三、采访对象

1. 杨女士

（1）采访目的：

a. 从杨女士视角，了解交通事故发生的原因、医疗过程中李先生出现的过失；

b. 了解杨女士提出5万元索赔的具体缘由。

（2）采访时间及地点：采访当日上午，杨女士家

（3）采访形式：直面采访

（4）采访问题：

a. 您可以描述一下当天交通事故的经过吗？

b. 请问您和女儿现在身体状况怎么样，受伤的地方都恢复了吗？

c. 您打算向李先生索赔 5 万元，这 5 万元包含了哪些费用？

d. 目前，您的索赔得到了吗？（若未得到索赔）或（得到索赔）接下来您打算怎么办呢？

e. 请问您对本次事故的处理结果满意吗？

2. 李先生

（1）采访目的：

a. 从李先生视角，了解交通事故发生的原因；

b. 了解医疗纠纷产生前后的细节，包括李先生已承担的前期医疗费用金额等；

c. 向交警汇报杨女士母女的伤势情况、对杨女士提出的“隐瞒伤势”的说法的看法；

d. 了解李先生对杨女士提出赔偿金额的态度，包括是否愿意赔偿、是否愿意按对方的要求赔偿等。

（2）采访时间及地点：采访当日上午，李先生家

（3）采访形式：直面采访

（4）采访问题：

a. 是什么原因使您在柯华路口出现了避让不及时的情况？能否详细描述一下交通事故的发生经过？

b. 杨女士母女受伤后您都做了什么？承担了多少的医疗费用？

c. 杨女士认为您向交警隐瞒了她们母女的伤势，并且只字不提损失赔偿，请问您怎么看？

d. 您会按照杨女士提出的 5 万余元赔偿金的标准进行赔偿吗？

3. 杨女士母女的主治医师

（1）采访目的：

a. 了解杨女士母女伤情及救护过程的具体情况；

b. 了解杨女士母女医疗费用的构成；

c. 重点了解李先生有没有及时抢救伤者，及其行为造成的影响；

d. 类似伤情造成后的通用急救方法。

（2）采访时间及地点：采访当日上午，医院

（3）采访形式：直面采访

（4）采访问题：

a. 杨女士母女送到医院时的伤情如何？医院是如何对其进行救护的？

b. 李先生当时是否有拖延送医的举动？他在事故中的处理方式对杨女士母女的伤情造成了什么样的影响？

c. 杨女士母女花费的医疗费用具体都是由哪些项目构成的？一共花费了多少钱？

d. 关于类似杨女士这样伤情的患者如何急救，第一时间应如何处理，您能否支一些招？

4. 处理此交通事故的交警

（1）采访目的：

a. 了解交通事故发生的情况及该路口路况、平时是否为事故多发地带；

b. 了解李先生在事故处理的过程中如何向交警部门反映杨女士母女伤势。

（2）采访时间及地点：采访当日上午，交警支队

（3）采访形式：直面采访

（4）采访问题：

a. 你们认定李先生负全责，是出于那些事实和法律法规的考量？

b. 李先生是如何向你们说明杨女士母女的伤势的？

c.104 国道绍兴市柯桥柯华路口是不是事故多发地带？之前有没有类似的案件发生？

5. 法律专家

（1）采访目的：

a. 了解我国相关法律法规；

b. 获取专业解读：从法律角度看待本事件双方的责任构成及相关赔偿要求。

（2）采访时间及地点：采访当日上午，律师事务所

（3）采访形式：直面采访

（4）采访问题：

a. 根据我国的法律规定，本事件中李先生应当承担什么样的责任？

b. 根据杨女士讲述，李先生没有及时抢救伤者并护送她们母女到医院就医的行为是否会加重其应负责任？

c. 请问在这次事故中，作为坐顺风车的杨女士要求索赔这一行为有法律依据吗？其赔偿标准是什么呢？

d. 从法律的角度来看，李先生是否需要承担杨女士所有的医疗费用？如果李先生拒绝赔偿，那么杨女士应该如何维护自身的合法权益？

四、人员配置：摄影记者 3 名，文字记者 1 名。

五、采访周期：一周。

六、注意事项

1. 因当事人的不配合而造成的采访受挫，或因网民随意发表不负责的观点使采访无法实施的话，本人将采用归纳法，即综合多家媒体的报道，以作补救；

2. 事先与采访对象进行沟通，采访方式根据采访对象的情况而定；

3. 准备好备用设备，当摄像机、录音笔等采访工具出现问题时，用手机继续进行拍摄录音、采访。

第四部分　新闻报道策划写作

第一章　新闻报道策划写作的基本技法

一、新闻报道策划概述

（一）新闻报道策划的概念

新闻报道策划本质上是主客观相结合的产物，是新闻编辑通过对新闻资源的开发与配置，实现最佳传播效果的创造性活动。总的来说，新闻报道策划的主要内容包括：报道选题决策、报道方案设计、在报道实施过程中接收反馈并修正设计方案。

通俗易懂地讲，在写报道策划的时候，你要把自己想象成某个媒体的编辑，针对题目所给的事件，合理地安排你的人力（包括记者、编辑、摄像、新媒体形式的制作者等）和物力（一般呈现出来的是拍摄设施、报道时间、版面）。

（二）新闻报道策划的考查类型

从设问方式而言，题干通常会出现三种限定方式：第一种，让考生写一个“报道策划”；第二种，让考生写一个“专题报道策划”；第三种，让考生写一个“全媒体报道策划”。三种考查类型的要求，如表4-1所示。此外，也有院校会在写作要素上做明确的约定或要求，比如有院校会要求考生在报道策划中加入采访安排，有院校会要求考生分阶段来安排报道计划，这种特殊情况，考生不应受模板约束，而是要灵活应对。

表 4-1　各种考查类型的对比

对比项	一般报道策划	专题报道策划	全媒体报道策划
核心写作要素	报道主题与目的、报道计划与方案（报道题材与体裁、媒介选择、人力资源配置等）一致		
媒介选择不同	一种或多种混合	一种媒介为主	多种媒介混合
特殊写作要素	尊重题目要求	侧重专题栏目策划	侧重多媒体、多形态的内容策划案
角色代入	记者 / 编辑思维	编辑思维	总编思维

（三）新闻报道策划的写作技巧

1. 要有明确的报道对象和报道角度

阅卷人聚焦的第一个问题是，能否确定报道的主题，选择合适的报道角度切入选题，并以此为起点设计相对的报道内容。

2. 要有比较清晰完整的报道方案

报道方案是整个策划题的给分核心，也是考生应该花最多笔墨和篇幅聚焦的点。阅卷人会关注你是否选择了合适的媒介，是否设计了多元化的内容形式，报道方案是否能回应主题和目的的要求。

3. 要具备较强的可行性

可行性主要体现在几个方面：其一，是否有合适的人力资源配置，足以满足报道生产的需要；其二，是否有一个合适的报道周期，符合事件的发展和运行规律（比如突发新闻报道策划的周期，需要伴随事件发展客观规律运行；重大节展或媒介实践，则需要根据事件可预知的时间周期安排）；其三，报道范围和选题内容是否合理可控。总而言之，就是阅卷人看到你的试卷，能够直观地想象到报道完成后整体的“模样”。可行性决定了策划的及格线。

4. 要具备一定的创意性和融合新闻生产的意识

一方面要能够在报道角度、对象选取上，具备一定创新的意识和洞察力；另一方面在报道形态的设计上，要能够结合新媒体内容生产特征，有意识地进行内容设计与组织。

5. 要确保策划格式整体的规范和完整性

这里要强调的是，策划格式、写作要素并没有严格、统一的规范，但是有一个相对的规范，保证写作格式的工整。要注意详略适宜，策划写作的要素并不是写得越多越好，完整性更多强调的是报道方案尽可能完整。其余的要素，大多是锦上添花，并非核心要素。此外详略搭配，要考虑到考场写作的时间和空间。

6. 策划写作的语言，应当简明凝练、条理清晰

策划写作不是作文，更多的是直观间接地传递策划方案。因而，要避免冗余的表述、套路化的表述。策划写作版面安排上，要尽可能清晰条理，便于阅卷人阅读和提炼要素。

（四）新闻报道策划的写作模板

需要注意的是，策划文本并没有标准的格式要求。以下模板，仅根据媒体从业者常规写作要素和考场写作的常见应试规律，进行的粗略设计，详情参考后文的要素分析和案例分析。

主标题

一、报道主题

二、报道目的与角度

三、报道方案设计

四、资源配置

五、注意事项

二、新闻报道策划的写作要素分析

（一）主标题、报道主体、报道主题、报道目的写作

1. 主标题

主标题写作应该是“事件 + 设问关键词”，如果题干问专题新闻报道策划，标题就是“关于 ××× 事件的 APP 专题报道策划”或“关于 ××× 事件的专题报道策划”；如果题干问全媒体报道策划，标题

就是“关于 ××× 事件的全媒体报道策划”。

2. 报道主体

在正式进入报道策划写作前，应对整体思路作简单交代。说明打算用的媒体（你是哪家的编辑），也要简单介绍下要利用哪些媒体形式。例如：以新京报为主体，联合新京报报纸、网站、APP、微信微博、我们视频进行融合报道。

如果想更简练一些，也可以直接把“报道主体”融入主标题中，即主标题变为“新京报关于 ××× 事件的全媒体报道策划”。这样标题里面直接体现了报道主体，也可不必再单独赘述。

3. 报道主题

报道主题是报道策划全篇的核心，聚焦最有新意最有价值的角度，在策划开篇对整个系列报道做出方向的指引和界定。报道主题的选择应当充分体现“聚焦”及“价值”。“聚焦”，主题切口忌过于宏大而失去方向。“价值”则要通过内容和角度的选取来体现，往往切实关乎民众利益，更具深度，易延伸相关社会问题的报道主题更为合适。

报道策划的主题写作与采访策划的主题写作逻辑基本一致，参见采访策划的主题写作，即可以采用“报道 ××× 事件 ××× 角度”作为主题写作的句式。

4. 报道目的

报道目的的写作主要是通过展开主题中的报道角度，针对不同报道客体、不同报道面向的调查方向。

【示例】

材料：金秋时节，稻谷飘香。位于新疆岳普湖县耐盐碱海水稻实验基地的海水稻正式开镰收割。此前，经测产验收专家的田间测产，亩产达到了 548.53 公斤。岳普湖县土壤盐碱程度高，干旱少雨，全县 90% 的耕地受到盐碱化的侵害。自 2018 年起，袁隆平院士青岛海水稻研发中心将岳普湖县作为全国首批盐碱地稻作改良试验基地之一，进行海水稻种植试验。海水稻基地生产队长张立山介绍，这块土地经过了连续三年的稻作改良，准备 10 月 15 日播种小麦，以检测盐碱地的改良程度，后期将会扩大盐碱地改良面积。

主题：提炼核心事实 + 交待核心角度

针对新疆岳普湖县耐盐碱海水稻实验基地海水稻试验典型，探析其成功原因及影响。

目的：分述报道角度和大致调查思路

1. 了解该基地海水稻正式开镰收割实况、测产情况，以及基地下一步的工作计划。
2. 详细叙述岳普湖县自 2018 年起对盐碱地进行改造的过程。
3. 说明该基地海水稻丰产带来的影响，从海水稻种植技术、粮食供给等方面展开。

（二）报道方案的写作结构设计

1. 集中于一种媒介上栏目式写作结构

专栏式的写作结构主要适用于“专题报道策划”，新闻专题一般用来报道突发或者具有重要社会影响的新闻事件，通过深入挖掘，全方位地解读事件。往往会跟踪报道，具有延续性。常用于报纸、网络或者电视媒体。在报纸等纸类媒体中，新闻专题往往表现为整版。在网络媒体中，通常表现为多个栏目。目前各院校考查和考生的媒介选择，都会更倾向于“网站专题报道”或“APP 专题报道”。新闻专题及其栏目的呈现形态可参见网易新闻网、澎湃新闻 APP 相关专题。

纪念五四运动 100 周年 网易新闻网专题

关注河南暴雨洪灾 澎湃新闻 APP 专题

栏目式的写作结构和要素应该围绕栏目名称、栏目位置以及栏目对应的内容、体裁、形式来进行写作。

【模板】

栏目设计：一般数量不少于 3 个

一、栏目 A：×××

1. 栏目位置：首栏

2. 栏目报道角度

3. 内容安排（体裁、内容、篇幅及数量）

二、栏目 B：×××

1. 栏目位置：次栏

2. 栏目报道角度

3. 内容安排（体裁、内容、篇幅及数量）

三、栏目 C：×××

1. 栏目位置：第三栏（如果是网站一般还可以置于右边或左边栏）

2. 栏目报道角度

3. 内容安排（体裁、内容、篇幅及数量）

【示例】

以澎湃新闻“关注河南暴雨洪灾”中的某个栏目写作为例

一、栏目名称：视频直击

1. 栏目位置：第四栏

2. 栏目报道角度：直击河南洪灾的灾情与救援现场

3. 内容安排：

（1）体裁 / 形式：短视频（20 秒 ~2 分钟）

（2）数量：滚动更新，不少于 10 个

（3）内容：根据现场调研情况，从第一人称或第三人称视角，还原官方救援队伍的救灾活动、民间救援队伍的自发救援行动、受灾严重的灾情现场、暖心的救援故事、获救灾民的生活状态、其他一线人员的工作场景等。

2. 多媒介联动的写作结构

除了专题报道策划，其余报道策划均可以用多种媒介来承载所要策划的内容。但这种策划结构的安排应当注意几个问题：

（1）应当在明确报道主体和报道主体可以调用的媒介资源前提下使用，比如明确你是以新京报或是澎湃等为假想的报道主体。此外，当前主要媒体一般的媒介资源都覆盖了两微一端一抖（即微博、微信、客户端、抖音），还有少量媒体仍然还经营有报纸、电视等传统媒介。但诸如澎湃等媒体也已经全员转型新媒体，不再经营报纸业务。

（2）应当明确不同媒介承载的内容特质，针对内容特征选择适合的媒介分发或者根据媒介的特质策划适合的内容。例如抖音以承载1分钟以内的短视频为主，微博多以图片、短消息或短视频为主，微信则融合图片、文字和视频等多媒体形式。

（3）各媒介之间应当在深度、广度、时效上进行配合，例如，微博适合第一时间发布短消息，报纸适合承担深度的解释与说明。

（4）如果涉及的报道周期比较长，参见第三种分阶段的结构进行写作。

【模板】

各媒介的内容安排：

1. 媒介A

内容安排（体裁、内容、篇幅及数量）

2. 媒介B

内容安排（体裁、内容、篇幅及数量）

3. 媒介C

内容安排（体裁、内容、篇幅及数量）

【示例】

以6月17日当天新京报关于神舟十二号发射升空的报道方案为例

1. 客户端

在客户端“推荐”频道发布100字神舟十二号发射升空的快讯，介绍发射情况。

2. 微博

以#神舟十二号发射升空#为话题，与用户开展互动，同时附上发射瞬间30秒短视频，请网友一起转发祝福。

3. 报纸

a. 在《新京报》头版同步发布《神舟十二号发射圆满成功》50字快讯，并附上微博二维码，请读者参与话题互动。

b. 用两个“封面报道”版面发布2000~4000字通讯（时政版）和消息（封面），依次详细介绍发射情况（包括神舟十二号航天员任务、今年我国载人飞船发射安排等）、神舟十二号飞行乘组人员情况。

3. 分阶段连续性、多媒介联动的写作结构

分阶段的写作模式，适用于报道周期比较长的报道类型。在具体写作过程中，每个阶段又可以采用跨媒介的设计。这种策划结构需要注意以下几个问题：

（1）因为这种写法设计的报道内容较多，遇到分值比较小、报道规模比较小的选题，应该慎重使用。推荐使用这种写作结构的选题类型包括重大突发性事件、灾难事件、重大主题报道等；不推荐使用的选题类型主要是事件性质较为简单、切口比较小的社会性新闻，这些新闻类型通常不需要海量报道和持续地跟进。

（2）阶段的划分要讲求逻辑，要尊重事件发展的客观规律，厘清每个阶段的报道重心。比如某个大型主题日纪念，那么策划的逻辑通常包括纪念日前的历史性回顾和宣传预热、纪念日期间各地的实况两

个阶段，如果还需要补充也可以加一个纪念日后续的事件走向阶段。比如灾难性报道，那么策划的第一阶段通常是直击灾情现场；第二阶段关注救援的情况；第三阶段则会关注原因、影响与后续措施等。总之，阶段的划分并没有阶段数量的要求，最重要的是尊重事实发展的逻辑。

（3）分阶段的写作结构，实际上也嵌套了跨媒介的设计，即每个阶段都重复跨媒介的结构设计。

【模板】

各阶段的报道安排：

第一阶段：报道周期 + 报道重心

1. 媒介 A

内容安排（体裁、内容、篇幅及数量）

2. 媒介 B

内容安排（体裁、内容、篇幅及数量）

3. 媒介 C

内容安排（体裁、内容、篇幅及数量）

第二阶段：报道周期 + 报道重心

1. 媒介 A

内容安排（体裁、内容、篇幅及数量）

2. 媒介 B

内容安排（体裁、内容、篇幅及数量）

……

【示例】

以 6 月 17 日当天新京报关于神舟十二号发射升空的报道方案为例

第一阶段：报道节点是神舟十二号升空当天，侧重报道当日发射实况

1. 客户端

在客户端“推荐”频道发布 100 字神舟十二号发射升空的快讯，介绍发射情况。

2. 微博

以 # 神舟十二号发射升空 # 为话题，与用户开展互动，同时附上发射瞬间 30 秒短视频，请网友一起转发祝福。

3. 报纸

a. 在《新京报》头版同步发布《神舟十二号发射圆满成功》50 字快讯，并附上微博二维码，请读者参与话题互动。

b. 用两个“封面报道”版面发布 2000~4000 字通讯（时政版）和消息（封面），依次详细介绍发射情况（包括神舟十二号航天员任务、今年我国载人飞船发射安排等）、神舟十二号飞行乘组人员情况。

第二阶段：报道主题是航天员第一周的太空生活，侧重报道航空员太空任务和太空生活

……

第三阶段：报道主题是航天员后续的持续追踪（不定期），侧重补充报道飞行任务的背景信息、影响、国际评价、后续任务执行的亮点

……

（三）报道内容、报道产品的写作

报道策划的内容产品一般分为两类产品：一类是传统新闻体裁，包括新闻消息、新闻通讯、新闻评论、专访、记者手记、图片新闻；一类是网络时代新兴的报道形式，包括短视频新闻、新闻直播（慢直播）、数据新闻、新闻游戏、H5/VR 新闻、Vlog 新闻、互动新闻版块、图文视频结合的融合报道等。

传统新闻体裁的内容写作，一般需要交待四要素——“体裁 + 数量 + 篇幅 + 内容设想 / 主题”。除非题目特殊要求，一般不建议写作新闻标题，报道策划发生在新闻采集之前，而无论是评论还是消息的标题均是以事实为基础，策划写作阶段并没有把握完整的事实，不具备标题写作条件。

消息：

内容（你想要呈现的事实和调查还原的内容），数量（单篇或者多篇主题接近的报道），每篇篇幅（消息的篇幅一般在 300~1000 不等，常见为 500 字左右）

消息：2 篇，一篇介绍此次海水稻试验的结果，以及岳普湖县耐盐碱海水稻实验基地试验成功对于该技术的贡献，1000 字左右；一篇从国家粮食供给的角度解释这次基地试验成功对于当地或者全国的影响，800 字。

消息：不少于 3 篇，转引日本周边国家、部分发达国家权威媒体对福岛核废水排放事件的报道和观察。

评论：

内容（交待你以什么视角探讨什么问题，或者评论应该引领的舆论导向，切忌策划里面做过于激烈的观点判断），数量（通常 1 个视角对应 1 篇评论），每篇篇幅（评论的篇幅一般在 300~1500 不等，常见 600~800 字）

评论：2 篇，一篇向教育界的专家邀稿，点评网络游戏对青少年成长的影响；一篇评论员的文章，评价和解读此轮游戏禁令相关政策。

通讯：

内容（你想要呈现的事实和调查还原的内容），数量（通常 1 个视角对应 1 篇通讯），每篇篇幅（通讯篇幅在 1500 以上，常见在 1500~3000 字）

人物通讯：1 篇，介绍扶贫典型 ××× 的人物故事和扶贫事迹，2000 字左右。

新媒体内容产品，写作要素和逻辑其实于传统体裁也比较接近。不同之处在于，新媒体内容产品更强调对内容形式的介绍，写作的时候重点交待“形式 + 内容”两个要素。

1. 短视频新闻产品

写作要素包括“形式 + 内容 + 时长”三个方面。首先短视频新闻形式比较多元，比如有通过动画来模拟现场的短视频，有通过数据图表来讲新闻故事的短视频，有通过道路、楼宇监控来还原现场的短视频，有第一人称的 Vlog 视频，有 VR 短视频产品，也有通过传统新闻纪实手段来叙事的短视频。其次，新媒体的形式均是服务于内容的，根据内容需求来选择形式。

【示例】

短视频：制作动画，科普海水稻技术，纵向梳理我国海水稻技术发展历史，横向比较其他国海水稻技术发展情况或盐碱地种植粮食的情况。时长约 2 分钟。

短视频：航天员的太空 Vlog，发布 3~5 则航天员太空生活片段，长度约 1 分钟。

2. 直播新闻产品

新闻直播在产品设计策划里面并不常见，但现在伴随着慢直播的流行，也开始有一些相关策划，一般慢直播镜头对准的是非私密的公共场所，矛盾冲突比较大的新闻事件一般不会涉及，敏感时政新闻、灾难事件中应当慎用或者尽量不使用，比如洪涝灾害、社会冲突事件。此前，在灾难中的火神山与雷神山建设的慢直播之所以可行，也是因为镜头范围内并没有冲突性的景观，以平和单纯的施工为准。

【示例】

直播：直播时长 3 小时，邀请星空摄影师来到甘肃张掖对英仙座流星雨进行直播。

直播：慢直播，调用上海北外滩黄浦江与苏州河交汇处的城市影响，记录台风“烟花”对上海的影响，也可欣赏外滩历史文化风貌。

3. 数据新闻产品

数据新闻产品的写作，主要写作难点在于，学生很难把握好数据来源，并不清楚如何用数据呈现内容。数据新闻一般应用对事物的发展趋势或效果的评价，内容常见的两类逻辑：一类是时间逻辑，即通过数据来描述一个事物的历时性变化；一类是空间逻辑，即通过收据来呈现一个事物在不同空间的表现。把握好这两类常见的策划逻辑，基本可以应对大多数情况。数据新闻的写作要素主要包括形式（图表、动画、短视频等）、内容（交待内容来源和想要回应的问题）

【示例】

数据新闻：用图表的形式，基于国家气象局公布的统计数据，还原新中国成立以来的洪涝灾害历史及灾情影响。（时间逻辑）

数据新闻：用动图的形式，基于联合国相关机构披露数据，呈现本世纪以来全球海平面和气候的变化趋势。（时间逻辑）

数据新闻：用地图的形式，呈现本土新冠疫情的确诊历史、死亡病例、现有病例情况。（空间逻辑）

4. 其他融合新闻产品

H5 新闻游戏、互动类新闻产品，主要写作点还是在于对内容形式和内容框架的设计和叙事，部分产品因为不涉及新闻事实，也可以只写作标题。

【示例】

H5《袁隆平院士叫你来秋收》

形式：借助袁隆平院士的卡通形象来与用户在虚拟界面进行互动

涉及的主要内容：

（1）袁隆平院士科普试验田的研发和成果

（2）影像资源还原试验田的试验历程

（3）航拍岳普湖县的秋收图

互动小游戏《我与空间站合张影》

形式及内容：邀请用户上传个人照片，即可生成与天河一号空间站的照片，可设置参与后参与转盘抽奖赢取中国航天周边礼物。

5. 客户端、微博 / 微信推文

相比于抖音单纯的视频输出，客户端、微信、微博的推文形式，常常同时包含了文字、视频、图片。因而，在介绍推文形式和内容时，既可以强调单一的文字内容或视频内容，也可以同时强调配图、配视频。

【示例】

微博：以 # 神舟十二号发射升空 # 为话题，与用户开展互动，同时附上发射瞬间 30 秒短视频，请网友一起转发祝福。

微信：发布 2000~3000 字长通讯，介绍中国载人航天飞船幕后团队故事，并配团队合照和工作照 5~8 张，配团队工作场景相关短视频 40 秒左右。

（四）资源配置、注意事项等其他事项写作

当阅卷人看到这里的时候，你 95% 以上的分值已经基本定下来了，这个写作环节是必要的，但不是给分重心。这好比奥运会的体操打分，整套动作做完后，落地要向裁判致意和保持微笑，这个环节会有分数，但大家一般都不会丢分。所以，这个部分在写作时要注意略写，避免花费过多的时间。

资源配置最重要的是要注意根据前面的报道需要，安排人手和工种。当然现在还有一个万能的工种，叫全媒体记者，它们能拍会写、能修会剪。

注意事项部分，主要是要强调操作过程中的伦理规范；强调实施过程中如何反馈、补充和修正策划内容。

【示例】

资源配置：

3 名全媒体记者负责新闻采集、写作、拍摄等工作，1 名美工设计负责数据新闻、视频的后期制作。

注意事项：

1. 舆论导向和伦理规范：把握好这个事件的局势变化和舆情变化，注意这次灾难中的人文关怀，避免对受灾人员造成二次伤害。

2. 涉及技术问题，专业表达尽量通俗、有趣味，用多种方式吸引受众的关注，促进受众的理解；寻求专家的帮助和事实核查。

3. 实施过程中的动态调整，如果遇到典型的报道对象，可以补充人物报道和做进一步的调查。

第二章 新闻报道策划的常见命题与案例

报道策划的核心是报道方案当中对内容的叙述和设想，除此之外，策划并无严格的模板和字数要求，也可根据个人习惯补充其他写作要素，但其他要素最多也是锦上添花，大多不是给分核心。因而，既要注意题目的分值和要求，也要注意详略得当。

一、专题报道策划（重大主题报道）

【模板】

关于 ××× 事件的专题报道策划

一、报道主题

二、报道目的与角度

三、栏目设计

（一）栏目 A：×××

1. 栏目位置：首栏

2. 栏目报道角度

3. 内容安排（体裁、内容、篇幅及数量）

（二）栏目 B：×××

1. 栏目位置：次栏

2. 栏目报道角度

3. 内容安排（体裁、内容、篇幅及数量）

（三）栏目 C：×××

1. 栏目位置：第三栏（如果是网站一般还可以置于右边或左边栏）

2. 栏目报道角度

3. 内容安排（体裁、内容、篇幅及数量）

四、资源配置

五、注意事项

【材料】

十年一次的人口普查是依法开展的全国人口状况的全面调查，是我国重大的国情国力调查。10 月 11 日第七次全国人口普查开始入户摸底工作，2020 年 11 月 1 日零时为普查的标准时点。这次普查主要调查人口和住户的基本情况，包括姓名、公民身份号码、性别、年龄、民族、受教育程度、行业、职业、迁移流动、婚姻生育、死亡、住房等情况。为了提高普查数据质量，在这次人口普查中将首次采集普查对象的身份证号码。需要指出的是，公众对采集身份证号码极其敏感，我们将会对身份证号信息进行保密处理，普查全流程加强对公民个人信息的保护，严禁向任何机构、单位、个人泄露公民个人信息。这次普查首次采用普查对象身份证号码，一方面可以做到普查数据不重不漏，另一方面实现普查数据与公安、卫健等部门行政记录的比对核查，对于提高普查数据采集处理效能和数据质量具有重要作用。

根据以上材料，策划一个网络新闻专题。

【解析】

题目没有明确的要求，只需要是网络新闻专题即可，那么可以选用网站做专题，也可以选用客户端做专题。

【范例】

关于第七次人口普查的专题报道策划

一、专题名称与主题

配合人口普查，惠及千家万家

二、专题目的

本次专题策划在《新京报》客户端上进行报道，运用图文、视频、动画、H5+可视化数据图表等手段，为全国人民介绍有关人口普查的详细信息：一方面从专家评论、政府政策解读等角度普及人口普查相关常识，使人民充分了解到人口普查的重要性；另一方面及时跟进人口普查新闻动态，呼吁群众积极配合人口普查，推动人口普查工作的顺利开展。

三、栏目设计

（一）栏目 A：普查进行时

1. 栏目位置：第一栏

2. 主要形式和内容：

（1）短视频：3~5 分钟工作人员上门普查现场拍摄视频

（2）文字 + 图片：三篇 800 字的消息并配图。第一篇消息介绍普查前政府的文件通知、各社区的准备工作；第二篇介绍普查第一天的动态、各区的普查进展；第三篇在普查中，以 11 月 1 日为节点，发布各区的普查成果。如有突发事件可进行补充。

（二）栏目 B：请您看过来

1. 栏目位置：第二栏

2. 主要形式和内容：

图片：利用 5~10 张图片向居民科普人口普查相关常识。介绍人口普查是什么？为什么要进行人口普查？居民需要做哪些准备及注意事项。

（三）栏目 C：专家有话说

1. 栏目位置：第三栏

2. 主要形式和内容：

评论：一篇 600~800 字评论，请专家介绍本次人口普查有何特别之处，并向大家呼吁配合人口普查工作。

（四）栏目 D：普查大事记

1. 栏目位置：第四栏

2. 主要形式和内容：

H5 短视频：将可视化数据图表与 H5 页面相结合呈现往年的人口普查数据。最终呈现结果类似“网易云音乐周年总结”，配以轻柔缓和的 BGM，使用户点击后，手指上下滑动便能了解我国这么多年来人口数值的变化，数值变化所指向的趋势以及数值变化背后的意义。

四、资源配置

1. 文字记者 3 名，负责整理相关文字和数据资料。

2. 摄影记者 2 名，负责图片和视频的拍摄。

3. 后期人员 2 名，负责图片精修、视频剪辑。

五、注意事项

1. 在采写过程中保证客观公正、准确真实并保持礼貌谦逊的态度。

2. 提前撰写紧急方案，灵活应对采集资料、报道过程中遇到的问题。

3. 关注用户反馈，及时改进报道，管理评论区，删除不良言论。

二、分阶段、连续性报道策划（灾难新闻报道）

【模板】

关于 ××× 事件的报道策划

一、报道主题

二、报道目的与角度

三、报道方案

第一阶段：报道周期＋报道重心

1. 媒介 A

内容安排（体裁、内容、篇幅及数量）

2. 媒介 B

内容安排（体裁、内容、篇幅及数量）

3. 媒介 C

内容安排（体裁、内容、篇幅及数量）

第二阶段：报道周期＋报道重心

1. 媒介 A

内容安排（体裁、内容、篇幅及数量）

2. 媒介 B

内容安排（体裁、内容、篇幅及数量）

……

四、资源配置

五、注意事项

【材料】

请你根据材料，对“7·12”苏州酒店倒塌事故拟写一个新闻报道策划，要求有明确的报道主题、目的、报道主体、采访计划等，1500 字以内。

2021 年 7 月 12 日 15 时 33 分许，江苏省苏州市吴江区四季开源酒店辅房发生坍塌，事故发生后，江苏省消防救援总队共投入了500余名消防救援人员在现场紧张施救。经全力搜救，失联人员已全部救出，共搜寻出被困人员23人。其中，1人无伤已回家，5名受伤人员经救治生命体征平稳，17人遇难。截至14日9时，搜救工作全部结束。

2021年7月14日，国务院安委会决定成立督办组对江苏苏州吴江区四季开源酒店重大坍塌事故挂牌督办。

【解析】

注意题干有明确的强调写作要素，那么除了报道方案可以自由发挥以外，其余的写作要素要尊重题目的要求。包括题目还特别强调了要有采访计划，如果题目没有强调则可以略写或者不写。

【范例】

关于“7·12”苏州酒店坍塌事故的报道策划

一、报道主题

苏州酒店坍塌背后的成因、走向及影响

二、报道目的

及时跟进事故发生现场，报道救援进展；通过跟进报道事故来龙去脉，了解并分析事故原因，希望能引起各方反思、落实主体责任、强化监督职责等，避免酒店垮塌悲剧重演。

三、采写计划

拟于12号起，采访事故幸存者、救援指挥部副部长、建筑专家、律师。采访方式随机而定，主要拟定为面对面采访、电话采访。

1. 采访对象：事故幸存者

采访问题：a. 请问事故发生时您在酒店的什么地方？ b. 请问事故发生时您有感觉到什么异样吗？

2. 采访对象：救援指挥部副部长

采访问题：a. 您能简单介绍一下当前救援情况和伤亡情况吗？ b. 酒店救援难度如何？消防官兵通过何种方式救援？

3. 采访对象：建筑工程相关领域专家

采访问题：a. 什么样的改造容易造成房屋坍塌？ b. 根据四季开源酒店的结构图，您认为它本身的设计合理吗？

4. 采访对象：律师

采访问题：a. 酒店的建造者和设计者有没有可能承担责任？ b. 如果酒店存在违法改造，将如何定责？

四、发稿计划

以《新京报》为报道主体，以《新京报》客户端为主，联合《新京报》报纸、移动客户端、微博、微信进行新闻报道。

第一阶段：7月12日

（1）报纸：在《新京报》的要闻版发布《苏州酒店坍塌事故致8人遇难，仍有9人失联》的600字消息，并附2~3张图片。

（2）客户端：在要闻版同步报纸的600字消息并附多组现场图片，开放评论区，邀请在场的人们互助。

（3）微博：发布 140 字短消息《苏州酒店坍塌事故已救出 14 人》，同时发布 9 张事故现场及救援现场图片，并发起 # 苏州酒店坍塌 # 的话题。

（4）微信：发布苏州酒店坍塌事故相关的新闻视频，发起救援现场直播。

第二阶段：7 月 13 日—7 月 14 日

（1）报纸：在《新京报》要闻版发布 2000 字深度报道，内容关于酒店坍塌事件情况的详细介绍以及救援的后续，并附图。

（2）客户端：在要闻版同步《新华日报》的深度报道，转发相关的评论文章，发布记者在事故现场拍摄及采访幸存者和救援队的视频。

（3）微博：发布酒店坍塌事故后续信息并附记者拍摄的采访视频。发布九宫格图片“面对建筑坍塌事故，如何进行自救”，吸引受众参与讨论。

（4）微信：制作可交互数据长图《一张图了解苏州酒店坍塌事故数据》，通过图片了解苏州酒店坍塌事故的情况，并可通过点击爱心，为还处于废墟中的人们祈祷。

第三阶段：7 月 15 日—事件真相查明

（1）报纸：发布 1000 字评论员文章《苏州酒店坍塌事故过后，我们该反省什么？》。

（2）客户端：a. 利用可视化技术等梳理近些年建筑物坍塌事故的相关情况，还原事故真实情况和后续安排事宜。b. 发布 1500 字通讯，详细介绍此次事故原因，包括对律师的采访内容。

（3）微博：发布建筑工程相关领域专家的采访视频——分析建筑物装修要注意的问题。

（4）微信：制作并发布《苏州酒店坍塌全解析》H5 作品，整合事件情况、发生原因、数据统计、多方分析等相关内容，为受众提供全方位信息。

五、资源配置

1. 总负责：1 人（统筹各项工作）

2. 采访、摄影记者：共 4 人

3. 视频、图片、制作：共 4 人

六、注意事项

1. 在图片的选择方面，悲剧不等于惨烈，要避免煽动极端情绪。要保持冷静，考虑这些画面观众是否能接受。

2. 救人优先，不要影响救援工作，不要为了采访而采访。

3. 恪守媒介伦理，避免对幸存者和遇害者家属造成二次伤害。

4. 采访录音和拍照要征得采访对象的同意。

三、融合新闻报道策划 / 全媒体报道策划

【模板】

上述一、二部分模板均适用。

【材料】

请你根据以下材料，对神舟十二号发射一事策划一次融媒体报道，主题自拟，字数不限。

6 月 17 日 9 时 22 分，长征二号 F 运载火箭点火起飞，中国航天员聂海胜、刘伯明、汤洪波乘坐神舟

十二号载人飞船在“神箭”长二F托举下从酒泉卫星发射中心启程。随后，船箭分离，飞船精准进入预定轨道，发射任务取得圆满成功。这是中国载人航天史上由中国人书写的又一壮举，标志中国空间站建造任务再次向前走出了一大步。在太空飞行数小时后，神舟十二号载人飞船将与空间站天和核心舱、天舟二号货运飞船组合体交会对接，3名航天员依次进入空间站组合体，开启为期3个月的巡天之旅。

【解析】

题干如果仅要求报道策划或融合新闻报道，那么无论选用专题式、跨媒介式还是分阶段式的报道结构，均可以，没有严格要求。因而，无论哪种只要你策划中涉及网络媒体、涉及融合新闻报道产品，那么都是符合题意的。

【范例】

关于神舟十二号发射的融合新闻报道策划

一、报道主题

从人物、事件等不同角度，报道神舟十二号发射时、发射后等不同阶段的进展和意义

二、报道目的

了解载人航天背后团队的故事；跟进神舟十二号发射情况；报道三名航天员在空间站的工作动态、体验感受；回顾中国载人航天史。

三、报道方案

以新京报为主体，联合新京报报纸、网站、APP、微信微博、我们视频进行融合报道

第一阶段：6月17日——逐梦太空（侧重报道当日发射实况）

（1）客户端：在客户端“推荐”频道发布100字神舟十二号发射升空的快讯，介绍发射情况。

（2）微博：以#神舟十二号发射升空#为话题，与用户开展互动，同时附上发射瞬间30秒短视频，请网友一起转发祝福。

（3）报纸：a. 在《新京报》头版同步发布《神舟十二号发射圆满成功》50字快讯，并附上微博二维码，请读者参与话题互动。b. 用两个“封面报道”版面发布2000~4000字通讯和消息，依次详细介绍发射情况（包括神舟十二号航天员任务、今年我国载人飞船发射安排等）、神舟十二号飞行乘组人员情况。

第二阶段：拟定6月17日至7月17日——追梦太空（侧重报道航天员太空任务和太空生活）

（1）客户端：a. 发布三篇人物通讯，各2500字，分别介绍三位航天员的基本情况、训练经过、太空任务等；并分别配2~5张人物照片、生活照。b. 发布2000~3000字长通讯，介绍中国载人航天飞船幕后团队故事，并配图5~8张，同步转发至微信公众号。

（2）抖音和微博：在抖音和微博均发起#神舟十二号载人飞船太空生活#，发布3~5则航天员太空生活片段，长度约1分钟，邀请大家留言互动。

（3）微信公众号：H5制作互动小游戏“我与空间站合张影”，邀请用户上传个人照片，即可生成与天河一号空间站的照片，可设置参与后参与转盘抽奖赢取中国航天周边礼物活动。

（4）报纸：及时报道航天员太空任务进展，适时发布600~800字消息。

第三阶段：拟定7月17日以后的报道内容——圆梦太空（侧重补充报道飞行任务的背景信息、影响、国际评价、后续任务执行的亮点）

（1）客户端：制作《神舟十二号让中国处于“太空探索中心位置”》推送，整理各家海外媒体关于神

舟十二号发射的报道，同时结合中国与国际航天的各项合作背景，以此展现中国航天技术的发展赢得了全球认可。

（2）微博：在“我们视频”微博账号制作90秒动画，深入解读从载人飞船发射、交会对接、航天员进入空间站组合体到航天员搭乘飞船返回舱返回东风着陆场等重要节点的全过程，清晰直观地还原神舟十二号载人飞行任务。

（3）微信公众号：制作长图重温“神舟一号”到“神舟十二号”系列飞船的“神舟足迹”。从发射时间、乘组航天员、技术创新等角度梳理我国神舟飞船里程碑式的突破。

（4）报纸：根据太空任务适时发布1~2篇600字评论，阐明神舟十二号发射成功及我国航天员重点任务的意义。

四、人员安排

编辑3名（文案编辑、融媒体编辑、总编辑各1名）、记者3名、后期制作人员2名（音视频制作、动画制作各1名）

五、注意事项

1. 制作内容要优中选优，在丰富资料中选择最能代表广大群众的改造成果与体验。

2. 在制作动画和长图后，要请专业人士检查，避免出现错误。

第五部分　新闻评析写作

第一章　新闻评析写作的基本技法

一、新闻评析概述

（一）新闻评析的概念

新闻评析是对新闻作品进行分析和评价，通过分析新闻作品的采写背景、采写手法、报道方式、舆论导向、艺术美感等方面，评定作品价值大小，评价报道所产生的社会效果，从而对新闻工作者有启迪，提高新闻鉴赏能力。

（二）新闻评析的考查类型

从考查的设问方式来看，可以分为直接设问和进阶设问。直接设问包括直接要求考生对作品进行赏析、评析写作语言风格和各写作要素的特色；进阶设问包括要求考生用新闻与传播学的专业知识分析获奖原因、分析报道对读者的意义和价值、分析报道的得失，等等。

从新闻作品的考查体裁来看，绝大部分的考查集中在新闻消息，也有少量考查出现在新闻评论、新闻通讯。

二、新闻评析的写作技巧

（一）审题

1. 直接问法

请对该新闻作品进行赏析——直接作答即可，没有在设问处挖坑。

2. 间接问法

分析新闻作品写作上的主要特点，从这些特点出发，谈谈你对新闻写作报道基本原则的认识 / 请结合新闻作品谈此篇报道对读者的意义和价值。

题目分解：如果将此题看作一道论述题

（1）论点（结论）：报道对读者的意义和价值；

（2）论据（素材来源）：题目所给新闻作品；

（3）论证：以分析新闻作品为思路和论据，分析其优点和特征，来论证该篇作品的报道原则、价值意义所在。

3. 所答即所问

（1）是否回答缺点

根据设问：分析作品优劣是非（需回答优点和不足）；此篇作品有什么优点？（不需要回答缺点）

（2）是否进行对比分析

根据设问：请进行比较分析（需对比分析）；你喜欢哪一个为什么？（需对比分析）

根据设问：分别指出或未明确提出要做对比（结尾稍加对比或不对比均可）

（3）是否规定角度选择

规定角度（必须回答）

作答要求：①形成完整文章（有标题）；②合理安排段落结构；③表达连贯自然

（二）行文思路

依据作品的文本格式或提炼作品特点进行答案组织。

1. 文本格式

从标题、导语、结构、新闻背景、新闻语言、新闻角度、结尾、新闻主题、新闻价值等视角来分析解读作品。在按照文本格式来进行内容组织时，要依据文本的写作逻辑顺序来进行答案组织，切忌思路的跳跃性。（此种思路连贯全面，答案组织快）

2. 作品特点

作品特点包括写作特点（表达技巧、引语使用、结构组织等）、新闻价值要素等。提炼写作特点，对作品的内容依照写作特点进行分类整合分析，要注意所提炼的写作特点必须是作品最核心和最有特点的。（此种思路清晰准确，体现能力功底）

（三）基本格式要求

1. 标题

对《 ××× 》的评析或评析《 ××× 》，或选择最能体现你的作答特点、思路的来概括，如：巧用引语彰显作品价值——评析《 ××× 》（此标题中答案必须是重点分析了引语对作品价值的作用）。

2. 开头段

提炼最核心的新闻主题或评论论点（一般 30 个字左右，切忌拖沓冗长的表达），概括分析思路和分析要点，提示老师答案思路和关键的踩分点（一般不超过 50 个字）。

3. 二至三段

依据作品内容和思路进行答案整理，注意要结合作品内容，分析判断其中的新闻实务理论知识，体现学科能力素养，如：使用单行标题……；注意要结合理论知识分析这样安排或组织写作的优点 / 不足，体现分析欣赏能力，如：使用单行标题，精简有力地表达了……；注意语言要连贯，避免一句一句、一段一段地分析，而是抓重点和关键，体现语言表达功底，如：标题精简有力……导语延续了简洁直接的表达风格……

4. 结尾段

结尾适合收束答案或引申思考，适当地总结概括分析思路，并在此基础上谈一谈分析此篇作品对我们写作的启发和思考。以欣赏分析新闻作品为切入点，实现对写作的指导和采访的启发。如：本文表达特点突出，尤其是大量数字的使用，突出了……的新闻主题，对写作而言，深入采访，选择精准的数字能够更好地呈现新闻事实，体现真实性和客观性……

第二章 新闻评析的常见命题与案例

一、新闻通讯作品案例评析

【案例】

名医进社区　为何遭冷遇

【评析】

评析《名医进社区　为何遭冷遇》

本篇通讯报道了贵阳市三甲医院医生坐诊的事迹，以此反映我国医疗改革现状。报道写作方式非常灵活，表现手法多样，具有很强的可读性和感染性，意蕴丰厚，深入人心。

总评作品内容，描述作品特点。标题设置悬念，提出疑问“名医进社区”是不可多得的好事，却遭受冷遇，作品首段再次突出对比了名医门诊一号难求，坐诊社区却闲得发慌两个场景，设置悬念，引导读者去探究为什么会出现这一现象，吸引了读者眼球，做足铺垫，引人入胜。整篇文章采用纵横结合式的结构，易于接受时间和空间的变换，描写了鲁玉明医生在市医院坐诊和在社区坐诊的一天，通过时间和空间的穿插，深入而详细地报道了一个医生在不同地方就诊情况的区别，将医疗改革现状这一较为复杂的新闻事实反映得清楚明白。

在作品的写作上，运用白描式的纪实写法。作品使用记者亲临现场通过观察、访问所得的一手材料，更真实可信。表达准确，多细节，少议论，通过记者所见运用大量细节描写展现场景，“一分钟也没休息，一口水没喝，一次厕所没上”“走两步活动、朝门外张望、看医书打发时间”两处问诊的细节描写，医院的繁忙和社区的清闲对比立现。引语和数字充分展现了医疗改革现状和遇困背后的原因。

引语使用，让新闻报道更加有现场感，引用说话人所说的原话，增加新闻可信度。作者选择了患者对鲁医生的评价“鲁主任很细心，说话温和，尊重患者”以及现场坐诊实录等，医德、医术高超的名医形象跃然纸上，但这样的名医坐诊却在社区遇冷，增加了读者的阅读兴趣和阅读热情。描述医疗改革现状矛盾冲突时，采用多方直接引语帮助读者了解各方观点，涉及医疗改革的多方主体，护士长、患者、路人、医生等，对医疗改革困境背后的原因了解更加全面，用他人之口解释当前两类主体的看法，深层次分析原因，使文章更具客观性，不失偏颇。多处数字使用，凸显价值，“沙冲社区下属6个居委会，有3.9万人”，让报道更加准确，叙述信息做到了量化，更让我们可感可触名医进社区的急迫性和医疗改革现在的困境和未来发展。

小角度表现宏大话题，多角度多侧面对社区医院的就诊环境、医疗设施等进行叙述，“麻雀式”的解剖，从一个医生在医院看病和社区看病两个场景的对比，以人物变化来反映医疗改革这一宏大话题，用大量的二三手材料作为新闻背景，补充社区医院的背景材料等，帮助受众解惑释疑，提供医疗改革名医进社区产生的原因、环境和条件，让读者从明白形式现象到思考更深层原因，反映社会现象，具有重大意义，凸显新闻主题。

这篇作品朴实无华，记者用简练的笔法，带领我们从三甲医院到社区医院，跟随医生的坐诊，了解整个医疗改革的现状和困境，在细微和平常中理解医疗改革这一宏大话题，语句表达自然简练，也不乏趣味性表达，深化主题又极具社会价值，写作中注重在细微中凸显主题，于平凡中抓人眼球，值得学习和借鉴。

二、新闻消息作品案例评析

【案例】

创造港珠澳大桥的“极致”

【评析】

示例1：评析《创造港珠澳大桥的“极致”》

这篇作品采写了港珠澳大桥海底隧道二次接头这一事实，下面从新闻角度、细节等进行分析。

题材重大，视角独特，914字的小消息背后，是宏大叙事——诠释大国工匠精神。视角独特，深入挖掘，这条消息另辟蹊径，以记者现场穿越海底隧道的最新事实为导语，引出“二次精调”，这一鲜为人知而又惊心动魄的创举。选择的新闻角度小，但是却以微调、争论等凸显了中国工程师的工匠精神和大国底蕴。

文章中多处细节、准确数字和专业解读，让读者读出了敬业、严谨、果断的大国工匠精神，感受到超级工程建设的伟大成就和重大意义。在导语中用到“毫米”形容精确程度，以及接头中的情况描写，“在28米深的海水中实现成功安装，南北向线形偏差控制在正负15厘米的标准范围内”信息的量化和专业解读让读者对事实更加明确。用事实说话，以故事和细节取胜，实实在在，不议论铺陈。工程师的“一天没上厕所、连续34小时没合眼、指令发出上万次”，关注二次调整中的细节，讲好了故事，注重了细节真实。

文章中多处直接引语用得好，表达鲜活。现场对工程师的采访、外国工程师对我们实现二次微调的评价，在调整过程中的争论性语言让可信度大大增强，而穿插在文中的背景材料，为读者补充了港珠澳大桥海底隧道工程基本情况和重大技术首创，更加了解建设的不易和成就。(语言分析，导语、主体中的语言特点)

角度得当，细节充实和完整是这篇作品的独特风格，在写作中关注细节，完整表现新闻事实是我们在新闻报道中应该做到和关注的。

示例 2：评析《创造港珠澳大桥的“极致”》

这篇新闻消息用短短 914 字，却现场感十足地诠释了什么叫真正的工匠精神，什么是国之底蕴！

导语概括直接，凸显画面感，第一句话就以港珠澳大桥隧道工程完成“最终接头”结束，一句话写出事情。而记者步行穿越，突出细节又体现进展效果、直观感受，以记者探访情景和建设者们说的直接引语，凸显现场感和新闻价值。其中“34 小时精密调整”中“精密调整”是工程术语，但是用误差“毫米”补充，通俗易懂，说明了精密。

消息主体是新闻的躯干，对新闻事件进行详细解释，是对导语的进一步扩展，要用充分的事实表现主题。这篇作品以背景材料和场景刻画为长。介绍港珠澳大桥海底隧道工程基本情况和重大技术首创，起补充、说明和进行比较作用，让读者对这一工程建设的意义有更深刻的了解。

描述港珠澳大桥海底隧道水中安装的场景，“日出起吊、日落止水、滴水不漏”，有画面感、场景感。物象陈列，勾勒画境，描绘景象，唤起感触，让读者有身临其境之感。在工程师的多方争论中，体现故事情景感，戏剧冲突性凸显，让文章有了波澜，这种冲突性矛盾展示，是揭示主题的重要手段。

引语和细节颇丰，一天没上厕所、连续 34 小时没合眼、指令发出上万次，生动细节，速写勾画，寥寥几笔，勾勒出一幅图画，可读性大大增强。最后用“这就是我想要的结果”“乔尔感慨万千”来对这一工程做最客观的评价——精湛技术获得了肯定和好评。

俗话说，编筐编篓，全在收口，文章的结尾写法有特色——欲擒故纵，欲扬先抑，侧面烘托手法，先放开一步，再紧紧抓住，这样写来最后有“痛击一拳”之淋漓快感。结尾荷兰公司的引语“中国企业不会走路就想跑”和贺电中进行反衬对比，凸显中国工人的不易和工匠精神。

善用引语，关注细节，用简单的笔墨勾勒情景给新闻带来现场感是我们应该在写作中学习和借鉴之处。

三、新闻评论作品案例评析

【案例】

公共辩论，求真比求胜更重要

【评析】

拨开喧嚣，直面本质——评析《公共辩论，求真比求胜更重要》

新闻评论既有对新闻事实的解释，又有对于新闻事件的态度传达，因此新闻评论发挥着深度解释事实和讲理的重要作用，评论的论点是否鲜明、论证是否严谨流畅、论据是否充分有力就成为评论释放社会价值的关键，下面将对本篇评论进行分析，探讨其写作的特点。

首先，新闻由头引发观点。这篇评论从关注方舟子和崔永元互诉名誉侵权的新闻出发，探讨公共辩论的规则和价值，剖析雄辩与事实的关系，并由此呼吁在公共辩论中应放下偏见，先从事实出发，避免站队，共同探寻真知，以新闻由头到新闻论点过渡流畅自然，态度观点清晰明了。

旗帜鲜明，敢于亮剑，新闻评论的根本要求是旗帜鲜明，是非分明，逻辑清晰，赞成什么，反对什么都要态度明确。本篇作品，从一些公共辩论的走偏令人心生遗憾说起，以同一题的分歧成了互揭隐私的竞赛、网络争吵的计划导致赤膊上阵的约架为批驳对象，紧紧围绕当前公共辩论的走偏，网络争吵的激化拉低了公共辩论价值的现象展开评论，直截了当地表明态度，评论通过对求真与求胜的辨析，论点明确地指出了要以事实为基础，做合理正确的判断。行文结构更是逐渐深入，层层递进，既符合读者的认知需求，又进一步深化、强化论点。作品行文从批判不合理现象到明确公共辩论要建立在事实的基础上，在求真的前提下，最后到也要理解公共辩论中，错误的意见也有其合理性，讨论是向真理的逐渐迈进，这样一个论述逐步深入的过程，让读者跟随作者的思路对评论的问题及对象了解得更加深刻。

论述充分，说服力强，评论缺乏充分的论据，就会导致对问题的实质和要害分析不足，缺乏说服力。这篇文章，从马航客机失事、苹果手机定位、海南棉被捐赠等事实出发，运用作家刀尔登，《在中国好人》一书中的一段话，“道德下降的第一迹象，就是不关心事实，毕竟辨别真相，是累人的事”作事实论据，做到了充分说理，直指问题的本质与目的，使文章所倡导的“在公共辩论中应放下偏见，先从事实出发，避免站队，共同探索真知”得以明确。

这篇评论特点鲜明，紧贴时代热点，犀利表达观点，内容却又充实有力，是值得我们借鉴和学习的一篇佳作。

【案例】

新时代呼唤蓬勃的青年精神

【评析】

振聋发聩，喊出时代最强音——评析《新时代呼唤蓬勃的青年精神》

本篇评论，内容充实，结构流畅而且论证严谨，对“佛系青年”这一现象深入分析，理性批判，呼唤青年人应该有的精神面貌，弘扬主旋律，穿透力强，是一篇难得的评论佳作。

标题直击论点，犀利鲜明地指出了作者认为新时代青年要有蓬勃的精神，让读者一看标题便知道评论的思想主题，在浅阅读盛行的今天，这样的标题让人读后提劲、振奋，阅读欲望倍增。递进式的结构从社会到文化再到价值维度，作品逻辑性凸显，由表及里、由浅及深，通过全面、缜密、深入的论证，作者清晰地阐明了“新时代呼唤蓬勃的青年精神”这一颇具思想高度和现实意义的观点，文章显示出了鲜明的政治意识、大局意识，具有深刻的社会警示意义。文中说理分析具有理性，作者理智的分析，使用理论论据达到说理效果，党的十九大报告、英国伯明翰学派的研究发现等，从文化维度对“丧文化”做出解读，明确青年人应有的社会担当，增强了说理的科学性和说服力。

表达上既有理性又充满激情和血性。一针见血、酣畅淋漓，既有思想深度又富有逻辑力量。表达上，使用“作为一个社会中的人，真的就存在‘无我之境’吗？如果一切都随大流，一切都无所谓，我们如何理解并诠释责任、主体性、生命意识这些不能回避的问题？”连续两个反问句，振聋发聩，增强评论表达的形象化和感情色彩，让读者深刻感知“佛系”背后的逃避和对社会价值的忽视。文中将“佛系青年”总结为“一种颓废状态的‘诗意拯救’”，将其本质上提炼为“犬儒化生存”“精神胜利法”，表达趣味又不失丰富内涵，让读者会心一笑中对“佛系青年”有了更深层次和更多面的认识，这也是此篇作品独特的风格和魅力所在。

评论作品直接发言，阐明观点，面对现实又能抓准问题，针对当前热议的社会现象和问题“做文章”，强调青年人应该有的精神面貌，从理论观点上讲道理，表明应该提倡什么、反对什么，十分具体和鲜明，具有极强的针对性，帮助我们排疑解惑，明辨是非，对青年人和整个社会都有极大的价值和社会影响力。

在新闻评论的写作上，论点鲜明能用强逻辑来论证，也能用富有表现力的语言表达，是我们值得学习和借鉴的。

四、微博消息作品案例评析

【案例】

下述文字引自哈尔滨市公安局官方微博“平安哈尔滨”2015 年 1 月 3 日凌晨 4 时 25 分发布的长微博消息《哈尔滨市道外区太古街 727 号库房火灾基本情况》（人名均用 ××× 代替）。试指出此篇报道存在的问题。（辽宁大学真题）

2015 年 1 月 2 日 13 时 14 分，哈尔滨市道外区太古街 727 号一日杂品仓库发生火灾，该仓库系非消防安全重点单位、钢筋混凝土结构，使用性质为批发零售小商品。

火灾发生后，黑龙江省委、省政府和哈尔滨市委、市政府高度重视，省委书记 ××× 赴现场指挥；省长 ××× 做出批示，要求省有关部门要迅速调动力量进行救援救治，迅速查明被埋有关消防人员情况，迅速查明火灾原因；省委常委，省委秘书长 ××× 第一时间作出部署，市长 ×××，市委常委、常务副市长 ×××，市委常委、宣传部长 ×××，副市长 ××× 等市领导现场指挥灭火、救援、救治工作；省委办公厅、省政府办公厅、省安监局、省公安厅、省卫计委、省公安消防总队等部门的负责人现场协助指挥。

【评析】

善于捕捉细节，还原现场真相

灾害新闻要遵循实事求是的写作原则，聚焦新闻事件核心内容，如实报道死伤情况，财产损失情况，灾害的发生原因，救护、救济情况，灾区灾后情况，始终坚持正确的导向，表现人文关怀，展现警示意义，此外要重视科学普及让人们了解事实真相，增加透明度，从而避免猜疑、恐慌和谣言。此篇新闻作为对火灾这一灾难性事件的报道，在真实反映现场，聚焦核心内容上具有很大提升空间。

导语缺乏对核心事实的概括，导语是消息文本的开头部分，新闻信息和新闻价值的集中体现部分，最新鲜最主要的事实或议论组成新闻的开头段落。导语应该概括和包含整篇内容，火灾发生的死伤情况，财产损失情况，灾害的发生原因，救护、救济情况，灾区灾后情况是受众最为关注的内容，也是灾难新闻最为核心的内容却未在导语中展现，此篇消息的传播效果大打折扣。

主体的作用要展开导语，使之具体化，补充导语，令主体更丰满，此篇报道的主体部分，采用大篇幅详细说明了参与火灾救援指导的部门、机构、领导姓名，聚焦领导情况通报，却缺少对现场的实际救援情况和指导具体内容的呈现，违背了新闻报道内容上的新闻表达要多具体，少抽象的要求，在各部门救援情况报道中也缺少时间要素，消息的准确性和时效性严重缺失，现场救援情况的报道中，仅用“英勇奋战”一词概括救援的场景，显得单薄无力，不能全面客观地还原现场，这与新闻写作的少形容词和多东西写作也相违背，不利于读者满足获知需要。报道中缺乏引语，对现场参与救援者、当事人、知情人、协助救援等有关人员的采访不足，新闻的现场感和真实性大打折扣。

全文结构安排不当，使用倒金字塔结构，应该将最主要的新闻内容按照重要性顺序以递减的层次进行组织排列，而文中导语并未概括最重要的灾情情况，而是将灾情中死伤和受灾情况放在最后，不利于受众快速获取新闻信息，也不利于编辑的删减，新闻价值被弱化。

此类灾难新闻报道中，合理安排段落结构，把握新闻主题，准确传达新闻最核心的事实，把握细节还原新闻现场是值得我们反思的，人民至上、生命至上而不是将灾情的悲剧异化为展示领导救灾政绩的喜事，改进文风，凸显价值，是我们在今后的新闻采访写作中要重视的。

第六部分　广播电视节目策划写作

第一章　广电节目策划写作的基本技法

一、广电节目策划概述

（一）广电节目策划的概念

广电节目策划是围绕广播电视媒介，借助特定广播电视媒体信息、素材，为实现广播电视行为的某种目的、目标而提供的创意、思路、方法和对策。具体而言，包括节目策划、栏目策划、频道策划三种常见的策划行为。

1. 节目策划

狭义的电视节目是指电视台及制作机构制作的某一视听作品。广义的电视节目是指在电视中播出的一切视听作品。

2. 栏目策划

按着一定的方针和目的，把某些内容、性质功能或形态相近的节目纳入统一冠名，定期、定时、定量播出的节目组合。如《新闻联播》《夕阳红》《东方时空》《女性风采》等。

3. 频道策划

20 世纪 90 年代以来，电视媒体的频道专业化意识开始加强。专业化电视频道就是以特定专业内容、面对特定服务对象所组合成的频道。通过设计与策划，来展示电视品牌形象、促进电视频道品牌宣传。

（二）广电节目策划的考查类型

电视策划，是对于电视的某一种行为，借助特定电视媒体信息、素材，为实现电视行为的某种目的、目标而提供的创意、思路、方法与对策。

在广播电视节目策划的考试中，常考的类型有如下几种。

1. 广播电视新闻节目

这类考题主要是策划新闻节目、新闻系列报道。以《新闻联播》为例，它是中央电视台第一套每日 19：00—19：30 报送国内外要闻的重要栏目，通过全国微波干线和通信卫星传送覆盖全国，各省、自治区、直辖市以及地、县级电视台同时转播。

2. 广播电视综艺节目

这类节目以娱乐大众为目的，运用各种电视化手段，对各种文艺样式以及相关可提供娱乐的内容进行二度加工与创作，并以晚会、栏目或活动的方式予以屏幕化表现。现在的网络综艺很多都以用户的体验为核心关注对象，在主题选择、播出平台、营销策划等方面都更显年轻化、娱乐化，这一点需要注意。

3. 短视频节目

短视频能够适应现代社会快速的生活节奏，短成为它重要的传播优势。短视频集文字、图片、影像、音乐等不同传播优势于一体，能在短时间内给用户带来沉浸式体验，获得很好的传播效果。在考试中，经常会出现考查短视频新闻的策划案。短视频新闻时长一般只有几十秒，方便用户观看了解，并且符合受众碎片化的观看需求。比如《新闻联播》推出的短视频新闻评论栏目《主播说联播》，在创作样态上主要表现为康辉、海霞等自带“IP 属性”的播音员口头评说，在新闻报道之后及时配发，获得了受众的喜爱。

4. 直播节目

直播节目是在现场随着事件的发生、发展进程同时制作和播出的一种广播电视节目的播出方式。比如，在 2020 年湖北各地的复产复工渐次展开后，因为受节气时令的影响，农产品产销的恢复迫在眉睫，在这样的背景下，中央广播电视总台中国之声在 2020 年 3 月推出特别直播《我给家乡带个货》，开辟视频直播现场和新媒体购买渠道。在视频直播中，主播们积极展现农产品生长、种植和加工的情况，吸引消费者参与新媒体互动，并通过扫描视频上方微信二维码实现购买。同时，此次直播与“拼多多”平台合作，借力商业平台的引流，达到了良好的传播和销售效果。

5. 纪录片策划

纪录片指的是真实纪录和报道社会各个领域（政治、经济、文化、军事、教育、国防科技等）的情况及事件的影片。根据题材和表现手法的差别，可分为时事纪录片、文献纪录片和传记纪录片、艺术性纪录片等。这里，建议大家可以关注微纪录片的策划创作案。“微纪录片”指的是制作时间迅速、传播速度快、一般时长在 4~10 分钟以内的纪录片。比起传统纪录片关注宏大叙事、整体叙事，微纪录片更关注观众共鸣的小叙事、细节叙事，叙事方式也更精致、有新意。以《早餐中国》为例，其选取的并不是高贵华丽的美食，而是平凡的街边早餐，通过讲述每个普通人在人生中都会经历的挫败、辛酸、幸福与满足，传递细微却强大的情感，引起观看节目受众的集体共鸣。

（三）广电节目策划的特点

1. 要具备时代感知力

以 2021 年白玉兰奖为例，入围最佳电视剧的 10 部剧皆为现实主义力作，有 6 部为重大题材剧集，其中包括展现中国共产党隐蔽战线艰苦斗争的《隐秘而伟大》、讲述中国人民志愿军抗美援朝出国作战的《跨过鸭绿江》、铺展中国共产党建党历史画卷的《觉醒年代》等。因此，我们在策划中，也需要坚持正确的舆论导向，力求做到提高舆论传播力、引导力、影响力、公信力，巩固壮大主流思想舆论。

2. 要具备专业能力和职业能力

作为策划者，我们要掌握专业知识，熟悉节目制作流程，拥有社交能力和资源配置能力。我们在策划作品时，要深入观察人民生活，满足人民日益增长的精神文化需求，引导人民去追求美好生活。

3. 要具备超前和创新思维

比如在节目形式上做一些创新，央视大型文化节目《经典咏流传》第二季节目引入歌声合成、语音识别等前沿 AI 技术的互动玩法，升级打造了“读诗成曲”这一全新的概念和融媒体互动手段，使得节目获得了高收视率和点击率。

（四）广电节目策划的写作模板

需要注意的是，策划文本并没有标准的格式要求。以下模板，仅根据从业者常规写作要素和考场写作的常见应试规律，进行的粗略设计。大家在答题时，首先明确考察节目的类型，其次，可以参考这个模板来写作并完善补充。后续章节，我们会详细说明每一个版块具体该如何写，并讲解常考节目类型策划案写作时需要关注的重点。

《×××》节目策划案

一、节目名称
二、节目定位
1. 节目类型
2. 节目意义
3. 节目受众
三、节目内容
1. 主持人设计
2. 嘉宾设计
3. 其他设计
四、节目结构
五、摄制要求
1. 人员设置
2. 包装设计
六、节目播出
1. 播出平台
2. 播出时间
七、节目宣传
八、可行性分析
九、经费预算

二、广电节目策划的写作要素分析

（一）节目名称

在策划案的写作中，一个新颖的节目名称极大程度上会有助于策划案脱颖而出。在策划节目名称时，我们需要遵循如下准则。

（1）要准确晓畅，名副其实。综艺节目名称是节目内容的高度概括，所以在名称中要准确地概括节目的内容，涵盖节目理念，传递节目信息。

（2）要新颖独特，突出个性。在选词上，要力求新鲜奇巧、与众不同，避免流行词语的泛化或者跟风热门综艺节目名称。

（3）要追求美感，体现艺术性。比如文字上要具有美感，语义要形象生动，使受众得到一种美，增加文化内涵。

这里，给大家总结关于节目名称如何起的小技巧，希望有所启发。

（1）节目名称＝数字＋核心词

比如说百万＋主播、十二道＋锋味、十三亿＋分贝等。这种带有数字元素的节目名称，好处在于给人一种直接的醒目感，数字可以加强记忆点。

（2）节目名称＝我或你＋核心词

这种节目名称的好处在于，更容易让观众产生代入感和共鸣感。

（3）节目名称＝中国＋节目类型、节目内容、节目核心词

比如央视《中国汉字听写大会》，一线卫视的《中国达人秀》《中国好声音》，以及网综爆款《中国有嘻哈》等。这类节目名称显得很大气。

（4）节目名称＝动词前置＋吧＋主语

比如《奔跑吧兄弟》等。这类节目名称由于更偏口语化，所以整体给观众营造出一种轻松的视觉效果。

（二）节目定位

1. 明确节目类型

首先，我们需要明确节目的类型，可以根据策划案的具体方向进行选择，参见表 6-1。

表 6-1　广电节目类型及特征

节目类型	类型特征
新闻类节目	以新闻材料为基础，加工制作而成的节目，新闻节目可包括现场或预先录制的访问、专家的分析、民意调查结果，偶尔会包含社论内容
综艺节目	综合多种艺术并带有娱乐性的电视节目，给大家带来很多欢乐
谈话类节目	主持人邀请有关人士及受众，围绕公众普遍关注的重要问题，展开讨论的一种电视节目形态
脱口秀节目	观众聚集在一起讨论主持人提出话题的广播电视节目
教育性节目	向受众提供文化科学知识及多方面教育的广播电视节目
服务性节目	为受众的生活、学习、工作提供直接服务的广播电视节目

2. 确定节目受众

之后，我们要确定节目的受众，明确受众的年龄层次、文化水平、经济状况、欣赏品味、基本需要等。比如，《快乐大本营》节目受众为：老少皆宜的全家乐节目，横扫各阶段年轻群，尤其以年轻女性观众为主。

3. 写出节目意义

最后，我们在策划案中要写出节目的意义。比如节目融入社会主义核心价值观，发挥了价值引领作用等。比如，湖南卫视《天天向上》的节目意义为：展现人民群众的精神风采，在欢声笑语中传递人民安居乐业的中国梦能量，体现改革开放的时代精神。

（三）节目内容

1. 主持人设计

我们在策划案中首先要明确主持人如何设计。在选择主持人时，我们要以专业化频道的整体定位为基准，以栏目的内容样式为依据，以受众可能的审美期待为参照，对电视节目主持人进行选择定位、形象设计和未来形象规划。

在主持人设计上，《奇葩说》节目根据受众认知及偏好，选择具备较强语言天赋的马东主持，同时增设蔡康永、罗振宇、金星等导师，发挥其观点独特、口才出众的特点，有利于该网络视频节目实现受众爆炸式增长。

或者，我们策划一档短视频节目时，可以这样写主持人设计：《 ××× 》短视频节目将选择网红记者王冰冰作为主持人，借助其个人强大的影响力和风格化的语言表达，提升节目内容的影响力和引导力，实现传统媒体破圈青年群体。

2. 嘉宾设计

我们在策划案中要明确嘉宾如何设计。比如《中国诗词大会》中的蒙曼、康震、郦波、王立群等，这些节目选择的嘉宾非常合适，也使得嘉宾们可以借助综艺节目这一媒介塑造屏幕形象、表达思想观点、展现独特人格。

3. 内容设计

我们在最后可以写其他内容方面的设计。比如：

（1）收集信息：在这个领域有哪些热门的话题和现象？与节目进行结合。

（2）邀请嘉宾：嘉宾人物是否都能被请到演播室？协调好档期问题。

（3）现场录制：在表现形式上有哪些与众不同？演播室的安排布置要自然。

（四）节目结构

1. 基本要求

在策划案中，我们需要思考节目的结构。需要遵循一些基本要求，如下：

（1）完整。即有头有尾，前后连贯，首尾圆合，完整一体。

（2）严密。即思考严密，组织精心。

（3）匀称。即总体疏密相同，和谐匀称。由主到次，由虚到实，由总体到局部。

2. 结构分类

结构的分类有如下几类常用的，比如：

（1）递进式。即按时间或认识事物的顺序来展现。

（2）典型集合式。即把几部分不同材料按主线按顺序串联在一起。

（3）复线式结构。即把两条线索组织在一个层次里，通过内容的冲撞表现出来。

如果我们要策划一档综艺节目，在结构这块，我们可以参考表 6-2。

表 6-2 电视综艺节目的结构

节目结构	时长	内容
1. 本期看点	2 分钟	通过播放 VCR 呈现本期节目的主要看点等
2. 开场歌舞	5 分钟	整体上营造出一种热闹、欢乐的节目气氛
3. 主持人开场白	3 分钟	调动现场观众的气氛，强调节目的意义
4. 与嘉宾访谈	40 分钟	需要写访谈具体内容 / 访谈要求 / 访谈流程
5. 稍后看点及广告	5 分钟	呈现节目精彩看点，预告下一部分内容
6. 主持人总结	3 分钟	主持人总结内容一般包括对内容的总体串联和对参与嘉宾、表演人员、观众等人的致辞感谢。
7. 下期预告	2 分钟	预告里需要将最有戏剧冲突的内容呈现出来
总时长：60 分钟		

（五）摄制要求

1. 人员设置

首先，是人员设置。一般我们需要如下人员：

（1）制片人：全权负责剧本统筹、前期筹备、组建摄制组、摄制资金成本核算、财务审核；执行拍摄生产、后期制作、发行申报参奖等工作。

（2）编剧：主要以文字表述的形式完成节目的整体设计，既可原创故事，也可对已有的故事进行改编。

（3）编导：即从现实生活中选取有价值的题材进行策划、采访、制定拍摄提纲、组织拍摄、编辑制作，最后对作品进行把关检查。

（4）摄像：将分镜头脚本的内容运用电视画面艺术，形象地表达出来。

（5）剪辑师：负责选择、整理、剪裁全部分割拍摄的镜头素材（画面素材和声音素材），运用蒙太奇技巧进行编纂组接，使之成为一部完整的影片。

（6）场记：将现场拍摄的每个镜头的详细情况等各方面的细节和数据详细、精确地记入场记单。

（7）置景：负责整部影片造型设计的主要创作人员，按设计图，组织指导木、漆、瓦、纸等工作部门完成加工、制作与搭建影片内容及演出所需要的场景。

此外，还有录音、照明、服装、化妆、道具师等。

2. 包装设计思路

我们在策划案中，需要写包装设计思路。

（1）声音处理上：在电视栏目中包括语音、音乐、音效等诸多要素，完美的音效能勾勒出宏大的气势、饱满的气场，因此好的包装离不开震撼心魄的音效。我们可以在节目中嵌入个性的、特色鲜明的声音和音效，让节目的声音独具一格，打造特有的声音符号，突出电视栏目在频道中的特点，吸引公众注意。

（2）画面处理上：主要包括图形、文字、色彩、动画等要素。画面处理需要尽量贴合节目定位和调性，并且保证整体的统一、协调和美观。

（3）特效包装：对节目的片头、片尾、画面、字标、角标、间隔片花、人物抠像合成等进行艺术处理。比如，当我们看到蓝色科技感的片头就会想到新闻类栏目，活泼可爱动画片头就会想到亲子类栏目，时尚大气的片头就会想到娱乐栏目，复古水墨的片头就想到文化类栏目。

（六）节目播出

1. 平台选择

在策划案的节目播出这一版块，我们首先要思考播出平台的选择。可以选择卫视频道，也可以选择互联网平台，如爱奇艺、腾讯视频、优酷、芒果 TV、哔哩哔哩等。我们在写作时，可以这样写：

播出平台：浙江卫视 + 优酷视频网站

2. 播出时间选择

我们要合理安排节目的播出时间，达到节目的受众目标，提升节目整体的呈现效果，扩大影响力。在电视节目播出中，黄金时段一般在 18：00—21：00，在这个时段各级电视台都会推出本台最负盛名的品牌节目，吸引忠实观众和广告客户，带来社会效益和经济效益。我们在写作时，可以这样写：

播出时间：每周日晚 20：00 黄金时段播出

（七）节目宣传

1. 传播载体宣传

我们可以从传播载体角度来回答节目宣传策略。

（1）节目主要的宣传手段是电视广告。观众对节目会逐渐养成一定的观看习惯，因此对本频道节目的广告接受度也会更高一些。

（2）依托于网络交流平台。在网站上定时发布节目信息、节目预告、播放节目内容，引导观众积极参与。

（3）市区户外广告。这是由节目的特性决定的，投放在市区的灯箱、站台、布景板、公交车身的广告宣传，都可以高效率地被本地观众关注到。

（4）本地电台广播。现今广播系统细分比较明确，譬如交通广播电台或是音乐广播电台的受众群就相对符合节目设定，都是比较适合投放广告的目标。

2. 线上 / 线下宣传

我们可以从线上宣传和线下推广两个方面来思考。

（1）线上宣传。首先，在微博等社交媒体上发布宣传预热片。同时，上线一批创意 H5 并通过自媒体平台输出。再次，在节目播出前利用社交网络搭建粉丝后援会等多类型互动平台，与粉丝建立亲密互动。最后，让有一定知名度的参赛选手在视频网站社区进行直播，满足粉丝对偶像的好奇心理。

（2）线下推广。举办线下“ ××× ”主题系列活动，也可以推出线下快闪店，呈现出新潮趣味性足的线下传播空间。例如，《创造 101》开播前，腾讯视频在线上推出了品牌 IP 大首发日，之后又开启了一次名为“101 路晚班梦电车”的线下活动，腾讯视频推出了海报文案，激发每个拥有梦想的普通人产生共鸣。

（八）可行性分析

可行性分析，指的是在进行节目拍摄之前，制作者必须进行可行性研究，从国家政策、市场背景、经费估算、投资风险等各种角度进行具体调查、研究、分析，为通过决策审批以及获得投资者资金支持提供依据。

那么在策划案写作中，在可行性分析这一版块下，我们要说明节目制作的优势、吸引观众的亮点、节目的市场分析、广告的市场分析等情况。

例如：

《向往的生活》等慢综艺制作的可行性分析怎么作答？

解答：

（1）节目优势分析：现状＋问题＋对策

近年来，娱乐至上的快综艺节目已经难以满足当下大众的审美需求。在此社会背景下，以观察式体验为特点的慢综艺节目则应运而生，把生活体验、思想观察作为节目核心，叙事节奏更为缓慢，拍摄手法更为纪实，并以更多元的跨文化元素构建节目内容。

（2）节目亮点

拍摄地设立在不同的小乡村，在节目大火的同时也积极带动了乡村的经济发展和脱贫致富。以第三季中帮助湘西翁草村村民脱贫致富为例，在节目开播前，节目组就成立了调查小组，与当地干部一起深入田间地头，为翁草村量身定做可行性的发展对策，帮助村民们脱贫致富。

（3）其他可行性

深度网台联动，节目在通过湖南卫视电视播放的同时，能够在芒果TV同步播放，为受众参与节目提供了多元化的渠道，进一步扩大了节目的影响力。

（九）经费预算

广播电视节目制作是一项既具有工业化制作流程，又具有非常强的人文性特征的一项工作，因此，我们在策划案的写作中，要做好节目制作成本的管控。

经费预算即节目制作成本，包括制片人、主持人、嘉宾等相关人员的费用，场地道具费用等。我们在写作中，可以这样写：

制片人1万元，主持人1万元，嘉宾3万元，物资物料2万元，现场运营费1万元。总费用8万元。具体费用随实际操作情况浮动。

第二章 广电节目策划的常见命题与案例

一、电视节目策划

【材料】

在全面推进乡村振兴的背景下，如何更好地激发大学生群体发挥其专业优势与文化优势，以“强国有我”的志向积极投身乡村振兴事业？作为《天天向上》栏目的编导，请以大学生投身乡村振兴为主题策划一期综艺节目，写一份策划案。（50 分，800~1000 字）

【解析】

在写作模板上，参考第二章提供的策划案写作模板，一共 9 个版块。在主题立意上，围绕引导大学生投身乡村振兴为主题来策划节目，希望同学们在节目内容设置上可以有出彩的地方。比如同学们可以积极思考如何在策划案的嘉宾邀请、拍摄形式、后期包装上能够新颖出彩。

【范例】

《奋斗吧！青春》节目策划

一、节目名称

《奋斗吧！青春》

二、节目定位

1. 节目类型：文化公益类脱口秀

2. 节目意义：节目立足于社会主义核心价值观，以弘扬大学生强国有我、乐于奉献的爱国敬业精神为主题，展现大学生群体不畏艰难的精神风貌，传递正能量，体现爱国敬业、艰苦奋斗的传统精神与改革开放、求新求变的时代精神。鼓励大学生积极投身乡村建设，为脱贫攻坚事业发光发热。

3. 节目受众：节目定位为老少皆宜的合家欢节目，以 15 到 30 岁的人群为主要目标人群。

三、节目内容

1. 主持人设计：根据受众认知和偏好以及过往经验、人员适配度等方面的综合考虑，选择汪涵、大张伟、王一博作为节目主持人，发挥他们的个人才华和良好口才，增加节目的掌控力、趣味性和可看性，利用广大的影响力，吸引更多观众观看，提高收视率。

2. 嘉宾设计：选择投身乡村建设的典型代表人物或其家人，例如：十大最美大学生村官秦玥飞、“七一”勋章获得者黄文秀的家人和同事、新晋网红丁真，这些人物对于乡村振兴的发展情况和在乡村振兴过程中所付出的热血有着切身的体会与认知，能够真实地讲述乡村振兴过程中的故事，让受众感受到情感的共鸣，容易受到感召。

选择脱贫攻坚电视剧《山海情》的演员黄轩、闫妮、黄觉等 3~4 名嘉宾，《山海情》作为热播电视剧自带高热度，演员也自带流量，能够增加节目热度与可看性，且《山海情》的内容与调性符合节目主题。

3. 其他设计

（1）收集信息：联系建党100周年与毕业季这样的大事件引出节目主题。

（2）协调嘉宾时间，做好应急方案。

（3）演播室布置符合乡村振兴主题，加上农作物等元素，舞台设计以青春明亮为基调。

四、节目结构

1. 本期看点：2分钟

2. 开场歌舞：5分钟

3. 主持人开场白：3分钟

4. 主持人与明星嘉宾的互动：20分钟

（1）讨论《山海情》拍摄时的有趣故事。

（2）讨论在拍摄中遇到的困难。

（3）讨论各演员拍摄之后对于乡村振兴脱贫攻坚的感受，引出下文。

5. 嘉宾和主持人的表演：5分钟

6. 主持人对大学生村官典型代表或其家人的访谈：40分钟

（1）MV引入第一位嘉宾秦玥飞，MV主要介绍他在乡村所做的工作。

（2）秦玥飞讲述亲身故事。主持人提问：关于为什么选择做村官，在这一过程中遇到了什么困难，什么令人感动的事，等等。

（3）第二个MV，内容主要从秦玥飞身边人的角度讲述对他的印象，包括他在耶鲁的同学、朋友、家人、村民等，展现一个鲜活而多面立体的人而非一个没有感情的模范。

（4）秦玥飞与主持人或嘉宾的合作节目。

（5）剩下的2个嘉宾流程与秦玥飞相同。

7. 外景：10分钟

选择湖南省大学生村官代表的村子进行外景拍摄，跟随大学生村官了解农村真实情况，展现当地生活状况和大学生村官风貌。

8. 稍后看点及广告：5分钟

9. 主持人总结：3分钟

10. 下集预告：2分钟

五、摄制要求

1. 人员设置

（1）制片人1名

（2）编剧1名

（3）编导：总导演1名，副导演3名

（4）摄像：10名

（5）剪辑师

（6）场记、置景、化妆师、道具师、灯光师以及主持人4名，嘉宾6名，现场观众150名

2. 包装设计

（1）全程用青春激昂的音乐定调，在人物故事讲述中辅之以恢弘大气或沉郁悲怆的音乐。并伴随特效（如花字、表情包等）辅之以可爱俏皮的音效。

（2）使用色彩鲜明明亮的舞台布置，以符合大学生乡村振兴的动画作为背景，在观众席放置农作物等。

（3）选用充满生机的浅绿、热情洋溢的橙黄作为主色调。

六、节目播出

1. 播出平台：湖南卫视、芒果 TV

2. 播出时间：每周五晚 9 点；复播时间：周日晚 10 点

七、节目宣传

1. 线上宣传：通过天天向上官方微博发布预告。在抖音等短视频平台联动发布与青年投身乡村振兴主题相关的小视频引流。在各大娱乐论坛，比如在豆瓣平台发帖安利受众积极参与到关于本期节目的讨论中，在微博等社交媒体上发布宣传预热片并上线一批创意 H5。同时，在节目播出前让有一定知名度的青年人物代表在视频网站社区进行直播，满足受众对节目的好奇心。

2. 线下宣传：举办线下“大学生投身乡村振兴”主题系列活动，在公交车、地铁等站台发布宣传广告，引导受众扫描二维码关注节目官方平台，获取更多好玩的节目信息。同时，在各大高校进行主题宣讲，引导高校大学生学子积极参与主题演讲等活动，探讨“大学生如何投身乡村振兴”，并鼓励引导学生积极在官博发布个人感想，开展互动抽取幸运受众来现场观看节目录制。

八、可行性分析

1. 该节目作为一款文化公益类脱口秀符合近年来受众对于文化内涵的追求与幽默风趣可看性的要求，能够满足受众需求。

2. 大学生深入乡村，助力乡村建设的主体符合时代的要求，这样的节目宣传，能够助力脱贫攻坚，让大学生在广大的农村地区各展所能，发光发热，广阔天地大有作为。

3. 深度台网联合，拓宽了受众接收的多元渠道。

九、经费预算

制片人 1 万元，主持人 10 万元，嘉宾 10 万元，物资物料 2 万元，现场运营 2 万元。总费用 25 万元。

具体费用随实际操作情况浮动。

二、短视频策划

（一）短视频策划概述

短视频通常是指时长 5 分钟以内、主要在移动终端播放的视频内容，具有大众化、碎片化、社交属性强、分发去中心化等特征。在策划写作中，经常会考察新闻短视频的策划写作。

1. 新闻短视频的定义

新闻短视频是以传播新闻信息为目的，运用短视频呈现方式，在多媒体平台传播的一种视频新闻节目。它和资讯短视频不同，它不以营利为目的，具有公益性。伴随移动互联网的发展、智能手机的普及，无论是传统电视媒体还是平面媒体，大家越来越重视移动客户端的矩阵传播效果，多媒体渠道发布的各类新闻短视频成了受众的新宠。

比如央视推出的《主播说联播》这档节目，借助各种传播平台，在网络上引起了巨大的反响，相继在抖音、快手、微博、微信等各大视频平台积累了很多忠实的粉丝。每期节目由主持人结合当天《新闻联播》里的一些热点消息，对其进行简短有力又有趣的评论。如果考试时题目要求我们策划一个新闻评论类短视频，那么大家可以借鉴《主播说联播》这个节目。

2. 新闻短视频的内容

什么样的新闻适合做短视频？第一，它要具备事件的核心要素。要满足受众看到核心的需求——核心的瞬间，如比赛进球、洪水来袭、地震发生；核心的主人公，当事人等。第二，要表达抽象的新闻信息。即单纯用图文表述不够直白明了时会采取新闻短视频。第三，重大事件及主题报道。一般情况下，两会、国庆盛典、重大体育赛事、全民关注的社会新闻、重大国际议题等，都是主流媒体新闻报道的主战场。第四，自主策划选题。除常规的新闻报道外，自主策划选题，街采、人物专访、体验式报道、成就宣传等，都可以用短视频来呈现。

3. 新闻短视频的拍摄

在短视频的策划中期拍摄中，我们要注意：第一，在突发事件中多使用监控设备、记录仪、旁观拍摄等。第二，当核心画面时间短时，我们可以将镜头做一些慢镜头播放等特殊处理。第三，我们还可以准备一些图片后期拼接视频。

4. 新闻短视频的剪辑

在短视频的策划后期剪辑中，我们还要注意，积极利用字幕，进行补充说明，优化视觉效果；合理使用配乐和音效，要善用网络流行语及音乐；在剪辑时通过远近景的切换和快节奏剪辑，让短视频更有张力。

除了新闻短视频，大家也可以重点关注下 Vlog 短视频这种形式。Vlog 短视频作品的时长一般以 3~10 分钟为主，侧重于记录发布者的个人日常生活，更具有真实性和代入感，不需要太多表演的成分，因而可以将其看作一种视频日志。

这种方式也给新闻主持人增加了互动感和亲和力，主持人不再端坐在演播室进行播报，而是像前方记者一样行走在新闻现场，向观众娓娓道来。

关于 Vlog 策划案写作时，我们需要注意：

①在内容形式选择上：不能将“硬新闻”嵌入 Vlog 的“软形式”中。

②在内容设计上：选择的主人公是谁？人物是否要出镜？避免个人色彩浓重，导致新闻焦点模糊。

③在制作人员的要求上：如果出镜记者由幕后转战幕前，需具备现场应急反应、语言组织能力以及良好的出镜心态。同时，Vlog 便捷化的移动报道形式，需要新闻采、编、播、发零时差，并在第一时间发送给受众，抢占新闻报道头条，制作团队需具备利用移动媒体快速编制、播发的能力。

（二）短视频策划的案例解析

【材料】

2021 年 7 月底，河南暴雨牵动着无数人的心。针对河南遭遇的特大暴雨，请你自选角度，策划一个短视频，形式不限（可以是短视频新闻报道，也可以是一档短视频栏目，或是一个抖音短视频）展现河南暴雨中的中国力量。（50 分，字数：1000~1200 字）

【解析】

围绕“河南暴雨中的中国力量”来策划短视频，因此在策划主题上，我们希望同学们通过自己的策划案，来展现积极向上、众志成城、互帮互助的中国人民的精神面貌。在策划形式上，形式不限，可以策划一个短视频新闻报道 / 抖音短视频 / 短视频栏目。

【范例】

“二更”短视频策划

一、短视频名称

《平凡而不平凡的英雄》

二、短视频定位

1. 类型：定格动画短视频

2. 意义：2021 年 7 月 19 日 17 时，河南省防汛旱指挥部启动防汛IV级应急响应。郑州市防汛旱指挥部提升防汛应急响应至I级。暴雨无情，人有情，许多平凡人在灾难面前舍命救人，在抗洪险情中互帮互助，感动了无数中国同胞。短片以河南抗洪为主题，展现平民英雄不畏生死英勇救险的风采，传递团结互助的正能量，体现万众一心、众志成城，不怕困难、顽强拼搏，坚韧不拔、敢于胜利的抗洪时代精神。

3. 受众：主要传播抗洪精神，播散正能量，观众细分不明显。

三、短视频内容

1. 嘉宾设计：本次创作是二更（国内知名的原创短视频内容平台）邀请萌新动画人苏梓凡，以中国剪纸和动画的形式打造的一支励志故事片。苏梓凡，湖北美术学院大二学生。他和灾情中的平凡英雄们一样平凡而不平凡，初中开始画火柴人动画，一直坚持自己的热爱，6 年间，他在快手用 230 多条短视频，记录了自己从爱上动画，到进入大学学习动画的历程。老铁们见证了他从手绘萌新一步步成长为大神。心中有热爱的人，总能走向自己向往的地方。东京奥运会期间和 We 工作室制作出一支高燃定格动画片《决战东京》为中国健儿加油鼓气，备受关注。

2. 视频主要内容：短片主要讲述河南大雨下个不停，郑州市常庄水库、郭家咀水库及贾鲁河等多处工程出现险情，郑州市区出现严重内涝，造成铁路、公路及民航交通受到严重影响，许多市民被困雨中。湍急的流水危及生命，不少人奋力挣扎，幸得许多无名英雄舍命相救，他们平凡而伟大，点燃了人性温暖的火炬。

四、短视频结构

（平摄）穿着蓝色绸缎的女娲用绸缎拉开了舞台的大幕（3 秒）

（仰摄）舞台灯光聚焦到女娲身上，灯光变成了连绵不断的大雨倾盆而下（3 秒）

（仰摄）突然灯光变黑，再点亮就是一盏路灯（1 秒）

（俯摄）顺着雨的方向往下，两只蚂蚁在路边焦急徘徊（2 秒）

（平摄）突然马路上的水波奔涌而来，冲散了两只蚂蚁（3 秒）

（平摄）一辆汽车驶过去，进了京广路隧道（2 秒）

（俯摄）出来时路面已成“海洋”（1 秒）

（平摄）一个背影跳入水中，向洪水中的车辆游去（20 秒）

男子在水中救出五名被困者

（第一人称视角）画面缩小变成手机画面，一只手滑动切换成下一个视频（2 秒）

（俯摄）视频中氛围紧张，两人深陷水域中央，湍急之下，一人被水冲走（3 秒）

（俯摄）画面从三个方向奔走过来三个人将危急之下的市民救起（10 秒）

（移动镜头）镜头划过施救者的背影，他脱下衣服蒙住了镜头（2 秒）

（侧反拍摄）一位医生迅速穿上白大褂，在地铁站为刚被拯救出来的落难者做心肺复苏（紧张的心跳

声和呼吸声还有救援人员的疾步音环绕身边)(6 秒)

(晃动镜头)全身心抢救伤员的他，一直在辗转，不曾停下双手(10 秒)

(俯摄)几轮抢救他累倒在地，四肢仰坐着，眼镜里滴出汗水(2 秒)

(仰摄)汗水急速下落，最终低落溅起水花(2 秒)

(平摄)一个健步，只见男子向泥泞中的一家三口奔去(2 秒)

(平摄)他竭尽全力把受灾的女子和她的女儿、儿子从“地狱”中拉了回来(10 秒)

(平摄)男子拿了一把黑伞给她们，看着伞的背影移动而去(2 秒)

(晃动镜头)一个男子放下了手中的伞，登上一台铲车驾驶而去，一路颠簸绕过深水区，挺近一辆大巴车附近，经过迂回车上几十人乘坐“特驾”均安全获救(15 秒)

(侧反拍摄)车斗放下，十余人的脚步从车斗中移步出来，还有两只蚂蚁，也从车斗中出来了，它们安全了(5 秒)

(仰摄)一束强光照下，镜头回到了聚光灯下淋着雨的女娲，女娲用神力驱逐雨水，雨水被逼停(5 秒)

(平摄)探照灯隐隐约约变成了太阳，天空中彩虹耀眼(3 秒)

字幕：风雨过后，会有彩虹。致敬每一位平凡而不平凡的英雄！(6 秒)

总时长：120 秒

五、摄制要求

1. 人员设置

编导(3 名)、摄像(5 名)、编辑(3 名)、制片人(1 名)、灯光(3 名)、动画手稿制作(1 名)、道具师(5 名)

2. 包装设计

(1)声音处理上：以真人语言附画外、《守护者我的光》做主背景音乐、丰富的环境音效(如下雨声、风声、湍急的流水声、车笛声等)和转场音效等，保证影音一致。

(2)画面处理上：剪纸图形、文字使用铿锵有力的楷体、突出人物动作动画等。

(3)色彩：片头用突出冷静的科技蓝、画面主基调为温暖的黄色，饱和度适中。

(4)特效包装：视频的片头以女娲挥缎揭开大幕开始；片尾以女娲补天结束。画面偏皮影动画视感，加入人物抠像合成等艺术处理手段。

3. 内容设计

(1)收集信息：收集在河南抗洪事件当中勇敢而为的平民英雄故事，如：京广路隧道连救无名落水者的退伍特种兵杨俊魁、用铲车救下 70 名新进硕博生的刘松峰、舍命救援一家三口的王西超大哥等。

(2)播放形式：横屏。横屏在展示和记录横向形态的物体时会更适容，而且对于剧情短片、电影视感的拍摄更有利。采用横版构图拍摄，镜头语言会显得更加丰富。

六、短视频播出

1. 播出平台：微信、微博、今日头条、网易、凤凰、腾讯、优酷等

2. 播出时间：每晚 20：00—21：00

七、短视频宣传

1. 正式发布视频前一周，在各大平台带 # 致敬河南暴雨平民英雄 ## 河南加油 ## 了不起的英雄 # 等话题并附手绘平民英雄人物图片，呼吁大家在评论中讲述河南暴雨“你身边的平民英雄故事”，牵动人心。

并在线下地铁站、图书馆、商场等地，设置“你身边的平民英雄故事”分享亭，并设置好故事奖金回馈机制，激励群众传播正能量。

2. 正式发布视频前两天，收集振奋人心的故事，编辑软文；在微信、微博、头条等平台，带上话题，公布好故事获奖名单，广泛扩散。

3. 正式发布时，带上话题和文案：风雨过后，会有彩虹。致敬每一位平凡而不平凡的英雄！并发布链接，分享其他线下收集的“平民英雄故事”。

八、可行性分析

1. 本身优势：二更以短视频链接公益，每年拍摄大量公益题材短片，先后摄制播出了《天梯上的孩子》《洗车行的喜憨儿》等公益短片爆款，推动了政府、社会机构及大众对特殊群体的广泛关注和积极帮扶，拍摄公益短片近 400 部，总播放量超 25 亿次，获央媒转发百余次，现已形成内容创新多元化、流量影响矩阵化、爱心接力规模化三大特色。

2. 本期栏目亮点：河南暴雨牵动着无数人的心，我们不仅要致敬那些昼夜抗洪的人民子弟兵，也要弘扬万众一心、众志成城，不怕困难的平民英雄。用中国剪纸和动画的形式讴歌时代正能量，以唤起网民为河南加油！

九、经费预算

编导 1.5 万元，摄像 2.5 万元，编辑 1.5 万元，制片人 1 万元，灯光 3000 元，动画手稿制作 1.5 万元，道具师 1.5 万元。总计 9.8 万元。

具体费用随实际操作情况浮动。

三、直播节目策划

（一）直播节目策划概述

直播带货作为一种新兴媒介形态，为农村经济发展提供了一定的帮助。从消费者角度来看，农产品线上直播的好处是所见即所得，通过直播，更容易让消费者建立起对产品品质的信任感，甚至可以看到田间地头的生产、采摘情况，这样就把单向的购买过程变成了一个双向互动、有温度的交流过程。

比如在 2020 年疫情发生后，为了帮助偏远地区的农产品打开销路，2 月 18 日，抖音联合今日头条、西瓜视频、农业农村部管理干部学院等发起“齐心战疫八方助农”活动，并在 APP 内设立战疫助农话题专区，汇集全国各地农产品销售信息，帮助贫困地区的优质农产品销往全国。除了信息展示外，3 月 11 日到 12 日，抖音直播利用自身优势，联动来自六个县的书记、县长，6 位美食达人，一起走进抖音“战疫助农”直播间，为大家介绍当地农特产，让全国网友更好地了解当地农户情况及相关农产品信息。3 月 11 日直播数据显示，三场“战役助农”直播累计销售农产品 35.6 万斤，销售额 565 万元。

（二）直播节目策划的案例解析

这里给大家分析一个直播的节目，也就是 2020 年 4 月 6 日晚，央视段子手朱广权和淘宝带货达人李佳琦通过直播间互动连线的方式，破次元地合作了一次“谢谢你为湖北拼单”大型公益直播活动。这场“小朱配琦”公益直播总计观看次数 1.22 亿，微博话题阅活动一经推出，就得到许多网友的支持与响应，网友纷纷留言：“没机会为湖北拼命，现在终于到了我擅长的领域！”非常期待为湖北经济复苏贡献一份力量。接下来，我们以这档直播节目为例，来看一下直播节目的策划案如何写作。

【材料】

疫情期间，请你策划一档为湖北当地产品直播带货的节目，助推经济发展。（50分，字数：1000~1200字）

【解析】

在策划内容上，希望同学们可以选择合适的产品进行带货，能巧妙融合当下网络传播和销售的特点，在直播结构的设置以及宣传策略上能够具体展开描述。

【范例】

《谢谢你，为湖北拼单！》直播策划案

一、直播名称

《谢谢你，为湖北拼单！》

二、直播定位

1. 意义：近期，湖北农副产品销售存在不少障碍，在一定程度上影响湖北群众的就业和生计。因此，本次直播能够助推优质的湖北农副产品走出去，拓展销路，为群众增收。

2. 定位：公益助农直播

3. 受众：对助力湖北经济复苏感兴趣的全国消费者，以18~40岁有一定购买力的人群为主。

三、内容设计

直播通过视频连线的方式进行，由中央电视台新闻频道主播朱广权和淘宝主播李佳琦搭档，向网友推荐湖北待销农副产品。

1. 主播选择

朱广权，中央电视台新闻节目主持人，以一句“地球不爆炸，我们不放假，宇宙不重启，我们不休息”的段子，被网友冠以“国家级段子手”“押韵狂魔”等个性化标签。

李佳琦，知名的美妆博主，2018年双十一与马云PK直播卖口红，5分钟卖出15000支，秒杀马云，因其魔性的叫声“OMG! 买它买它买它！”被网友誉为“淘宝口红一哥”。

公众印象中的央视名嘴朱广权的“破圈”跨界直播带货表演，带货一哥李佳琦的独特话语表达形式等共同引发公众的猎奇心和好奇心，这对网络红人增强了节目的可看性，主流媒体的公信力与网红的亲民性相结合，让活动大放光彩。

2. 直播产品

秭归的伦晚脐橙、潜江的小龙虾、恩施的玉露春茶等特色农产品。选择产品理由如下，湖北潜江是国内重要的小龙虾养殖集聚地，被称为“中国小龙虾之乡”，潜江小龙虾口感Q弹，营养丰富。而在疫情中，小龙虾滞销，因此可借助直播手段来助农增收。

3. 直播内容

在直播时，主播积极介绍推销这些农产品。两位主播可以一边向观众介绍产品，一边替观众试吃味道，并及时回答受众的评论留言，满足受众跨屏参与直播互动的需求。同时，观众可以通过刷弹幕、抢口令红包等方式参与。

四、直播结构

总时长：1小时

前 10 分钟：主播热场互动，讲解购买规则、货品上架顺序等。

10 分钟—20 分钟：两位主播开始正式介绍农产品，在抢购时，两位主播需要通过紧张刺激的倒计时营造出竞争氛围，牵引着观众情绪。

20 分钟—30 分钟：邀请市委书记来到直播间，为产品代言，可以现场展示如何利用农产品做出美味的菜。

30 分钟—35 分钟：休息互动＋重点解答观众疑问。

35 分钟—50 分钟：带货环节，连线现场记者和滞销农产品的经营者和农户，通过展示现场情况，推介农产品，寻找云买家，完成战疫助农的公益直播活动。

50 分钟—60 分钟：互动、抽奖、总结。根据现场购买状况决定下次返场货品并发布预告，以及感谢大家参与等。

五、直播要求

1. 人员设置

编导 4 名，摄像 4 名，编辑 6 名，制片人 1 名，灯光 2 名，化妆师和道具师 2 名，同时邀请朱广权、李佳琦作为嘉宾。

2. 现场设计

本公益直播采取的是线上云直播的方式，李佳琦和朱广权分别在上海和北京，通过技术手段连线实现云同框。在直播中，通过多角度的镜头变化等视听语言为用户提供信息沉浸式互动体验。

3. 其他设计

云直播的设计：本次直播采取“云直播”，为了构建真实感，主播在介绍时需要积极主动互动。比如，在介绍湖北特产米酒时，朱广权在北京的直播间，李佳琦在上海的直播间，朱广权可以邀请李佳琦一起“云碰杯”，两个人通过视频镜头进行米酒碰杯，为湖北孝感产品加油鼓劲，用生活化的碰杯方式宣传米酒，引起人们的共鸣。

要求：①团队配合专业高效②提前调试设备，确保无技术问题③提前准备农产品宣传物料、素材、厘清抽奖规则等。

六、内容播出

1. 直播平台：央视新闻客户端直播间和淘宝、微博直播平台

2. 直播时间：2020 年 4 月 6 日晚

七、直播宣传

在整体策略上，邀请央视新闻新媒体联合淘宝、京东、拼多多等 20 多个知名品牌，借助央媒的舆论号召力和互联网平台的引流能力，为湖北经济复苏贡献一份力量。

1. 邀请淘宝、京东、拼多多、今日头条、苏宁易购、国美商城等同步上线“谢谢你为湖北拼单”专题页，上线的“湖北优品馆”，在线销售各类农副产品，推荐小龙虾、茶叶、香菇、脐橙、热干面等湖北特产和农副产品。

2. 盒马鲜生等平台的 APP、线下门店开辟“为湖北拼单”专区，以优惠的价格销售来自湖北的农副产品，并在全国门店以电子屏、展板等方式展示“为湖北拼单”微倡议公益海报。

3. 在微博发布话题设湖北爱心专场，发起“支持湖北我最拼，我为湖北胖三斤”的活动，促进消费。

4. 利用微信群、公众号、抖音，把所在农村的农产品及产量、质量、联系方式等以图文形式公开发布，在网上集中推销；发动地方群众在微信朋友圈推送。

八、可行性和预期效果分析

1. 可行性：此次带货直播，是新媒体时代央视做的一次形象转型，能够融合淘宝直播平台，实现与互联网深度互融；两位主播跨界合作，其创意和做法非常新颖，能在公益直播带货中取得较好的传播效果；除此之外，湖北各地县长、市长纷纷上阵，亮相各大网络平台直播“带货”，助力当地经济发展，通过大众喜闻乐见的形式，来进行宣传与推广，有利于打造“直播＋公益”的创新传播模式。

2. 预期效果：直播预计会有1000多万网友在线收看，累计观看人次预估能达到1.2亿，预期售出总价值约4000万元的湖北商品。

九、经费预算

制片人5万元，主播嘉宾20万元，工作人员20万元，物资物料10万元，运营宣传10万元。总费用65万元。

具体费用随实际操作情况浮动。

四、分镜头脚本

在考试时，如果试题要求大家在策划案中呈现分镜头脚本，可以按照表6-3的格式来写作。

表6-3　分镜头脚本策划格式

镜号	景别	画面内容	拍摄手法	机位	时长	音乐	音效	解说词	备注
1									
2									
3									

（一）景别

画面中被摄主体呈现的不同范围，或者是被摄主体在画框中所占的大小不同的面积。镜头分为不同的景别，是为了对内容的主次轻重、被摄体的大小远近给予恰当的表现，以达到准确地叙述和艺术地表现目的。不同的景别具有不同的叙述和表现的功能。

（1）远景：表现广阔的景物面貌和宏大的场面，在显示气势，描绘气氛，创造意境等方面具有较突出的表现力。

（2）全景：主要展现被摄对象的活动全貌、被摄对象所处的环境背景以及主体与外界之间的关系，通常作为显示空间面貌的主要介绍性镜头来用。

（3）中景：主要表现人物的动作、人与人之间及人与环境之间的交流和关系。是一种常用的介绍性景别。

（4）近景：用来介绍人物以及人物的表情、事物的细部等等，在叙述内容时起着重要的作用。

（5）特写：通常起强调重点内容的作用。特写是一种视点的别景，因此具有较强烈的主观色彩，它能把表现对象放大，清楚细致地去观察，并造成较强的视觉冲击。

（二）拍摄手法

固定镜头：在拍摄一个镜头的过程中，摄影机机位、镜头光轴和焦距都固定不变，而被摄对象可以是静态的，也可以是动态的。

运动镜头：

（1）推拉镜头：摄影机向被摄对象推近或拉远，被摄主体在画面中占据的位置随即近大远小。

（2）摇镜头：就像人转动脑袋获得的视觉效果，以摄像机为中心可以左右上下摇动。

（3）移镜头：摄影机架设在一定的设备上，进行长距离的水平方向移动。

（4）跟镜头：摄影机跟随被摄对象一起运动所拍摄出的镜头。

（5）升降镜头：借助升降机和摇臂所获得的画面向上为升；向下为降。

（三）拍摄视角

拍摄时摄像机观察被摄对象的视角。

（1）正面镜头：从正面拍摄，对象清晰稳定。

（2）背面镜头：与正面镜头相反，显得神秘并带有很强悬念。

（3）侧面镜头：使被摄者的形象、轮廓和立体效果得到充分地表现。

（4）平视镜头：镜头与被摄对象在同一水平高度，平等并亲切。

（5）仰视镜头：镜头低于被摄对象的水平高度，使被摄对象显得高大。

（6）俯视镜头：镜头高于被摄对象的水平高度，使被摄对象显得更小。

第七部分　广告、公关、营销等媒介策划写作

考虑到本书主要以新闻实务策划为主，广告策划与其他综合性媒介策划本书仅通过案例进行点拨和补充，供考生参考借鉴。

第一章 经济广告策划

一、经济广告策划模板

关于 ××× 的广告策划

一、前言
二、市场分析
1. 总体环境分析
2. 消费者分析
3. 产品分析
4. 竞争对手分析
三、市场和广告策略决策
1. 市场策略
2. 广告策略
四、广告表现策略
1. 广告诉求策略
2. 广告表现策略
3. 广告创意策略
五、广告媒介策略
1. 媒介策略说明
2. 排期与购买
六、广告预算

二、经济广告策划案例

【材料】

相比成人，水对婴儿来说更加重要，婴儿对水也更为敏感。在宝宝肾脏功能尚未发育成熟的时候，

适宜的水的摄取，对维持宝宝健康尤为重要。完全不含矿物元素的和矿物元素含量过高的饮用水都不适合婴儿饮用，然而我国现有的各项饮用水标准未能特别考虑婴幼儿饮水的需求。因此，农夫山泉婴儿水，特别制定了非常严格的婴幼儿饮用水的企业标准，并上报备案，作为生产依据，其限量指标远远严于国家标准，适合婴幼儿饮用和调制配方食品——无需煮沸，加热至适宜冲泡温度即可。此外，农夫山泉婴幼儿水，采用了先进的无菌生产工艺，达到商业无菌要求，微生物标准远远严于国内瓶装水卫生安全标准。所谓商业无菌，是指产品不含有致病性微生物，也不含有在通常温度下能在其中繁殖的非致病性微生物。婴幼儿胃肠道敏感脆弱，因此，提供给婴幼儿的饮用水或液体食品要有着较为严格的微生物要求。请围绕“农夫山泉婴儿水”这款产品，完成一个广告策划。

【范例】

关于农夫山泉婴幼儿水的广告策划

一、前言

农夫山泉婴幼儿水是农夫山泉品牌旗下的产品。农夫山泉作为中国饮用水销售市场的一大巨头，以其天然弱碱性水等产品受到消费者的广泛喜爱。针对该品牌推出的婴幼儿天然饮用水产品的曝光和市场推广，以“商业无菌，妈妈放心”为主题，针对消费者对于健康安全饮用水的需求，突出产品采用先进无菌生产工艺，呈天然弱碱性，含有适合婴儿饮用的矿物质含量等方面的优势，在产品导入期提升新产品的曝光度和知名度，在消费者心中留下品牌认知，增强消费者的情感投入，进而形成购买行为。

二、市场分析

1. 总体环境分析

Policy：当前我国政治社会生活稳定，国家支持新产品的出现和发展。再加上二胎政策的放开，有一大批新生儿降生，婴幼儿饮用水作为易耗品，市场潜力巨大。

Economics：目前我国经济平稳运行，消费者可支配收入水平提高，在保证基本消费、满足日常需求的基础上，有额外的资金支出购买自己特殊需求的产品。

Society：随着消费者的收入增加，价值观、购买和使用习惯都有一定的改变，一改对饮用水只需解渴的需求，已经渐渐开始接受新的消费观念。再加上当前社会的育儿焦虑，很多家庭对于幼儿的抚育都很重视，特别是婴幼儿食品，包括饮用水要求也很高，且更偏好特定产品的购买。

Technology：技术发展使饮用水生产工艺得到大幅度提高，农夫山泉婴幼儿饮用水采用先进的无菌生产工艺，达到商业无菌要求，微生物标准远远严于国内瓶装水卫生安全标准。

2. 消费者分析

现有消费者分析：我国居民可支配收入提高，尤其是当下作为社会支柱的80后和90后的年轻人，可支配收入逐年上升，总体消费态势呈上升趋势。据调查，婴幼儿饮用水产品现有消费者总量较大，年龄集中在25~40岁的家中有婴幼儿的育龄人群，家庭收入在中高水平，受教育程度较高，主要分布在北上广深杭等一线城市。一般为婴幼儿的健康饮水而购买，购买频率高，多在淘宝等电商平台和线下超市购买。根据调查，现有消费者对本产品的喜爱程度高，对产品和品牌的偏好和认知程度也较高，一般会指明购买，满意度高。

潜在消费者分析：本产品的潜在消费者主要集中在家中有新生儿的父母，家庭收入在中高水平，受教育程度较高，主要分布在一二线城市，对于新生儿饮用水有需求但在选择上较为谨慎。而农夫山泉作为中国饮用水销售市场上受欢迎程度和产品口碑都不错的大品牌，很容易吸引这批已有购买意向的人群。

3. 产品分析

产品高品质：针对家中有婴幼儿的消费者对于婴幼儿饮用水选择的审慎态度和对于质量和安全的严格要求，农夫山泉饮用水采用了先进的无菌生产工艺，达到商业无菌标准，微生物标准远远严于国内瓶装水卫生安全标准。

水质高标准：本产品的水源来自于长白山地下自涌泉，口感清冽，天然呈弱碱性，矿物质含量符合婴幼儿饮用水要求。

包装人性化：与其他桶装水不同，本产品采用了特有的人性化设计——妈妈手小握小边，爸爸手大握大边，改进了之前桶装水持握的不方便问题。对于处于导入期的产品，依托农夫山泉多年来构建的良好品牌形象，公司推出“商业无菌，矿物质含量适量”的产品诉求点，更能表现农夫山泉婴幼儿饮用水突出特征。在产品推广策划中，注重把握本产品的差异点，将“商业无菌，妈妈放心”的策划主题表达在策划活动中。

4. 竞争对手分析

据调查，婴幼儿饮用水市场潜力大，而且同类产品竞争对手较少，主要有天地精华、恒大冰泉等。相比之下农夫山泉品牌市场占有率相对较高，知名度和消费者好感度也较高。在向市场推广产品时，应该把握独特的产品诉求点，将“商业无菌，矿物质含量适量”的产品特征传递给消费者，且定价应适中吸引更多年轻新手父母。在广告策略表现中，更应该同目标消费群体使用媒介接受信息的情况结合起来，以便广告信息准确传递给消费者。

三、市场和广告策略决策

1. 市场策略

农夫山泉婴儿水主要面对新手和二胎宝妈，婴儿水应针对母婴医院进行广告集中投放，通过广告活动增加消费者认知度，进而增加销售额。

2. 广告策略

一方面继续延续农夫山泉天然弱碱性饮用水的品牌特色，一方面充分诠释农夫山泉婴幼儿饮用水商业无菌，更适合婴幼儿饮用的功能诉求。市场推广中应注意与农夫山泉大品牌的联系，针对3—5月的最佳生产季进行广告集中投放，通过广告活动增加消费者认知度，进而增加销售额。

饮用水虽然是易耗品，但是由于涉及婴幼儿的健康且价格较普通饮用水要高很多，消费者的卷入度也相对较高，购买前会仔细斟酌和对比。所以在进行产品推广时，要切实把握消费者选择购买心理以及分析购买行为。

由此，我们制定了面向目标消费者，选择目标消费者日常接触媒介，进行广告投放的广告策略。80、90年轻一代主要通过互联网以及手机终端接受信息为主，故在微博、微信、知乎等社交媒体以及视频网站贴片广告等投放农夫山泉婴幼儿饮用水的广告内容。

四、广告表现策略

1. 广告诉求策略

本广告将采取理性诉求策略。把握住有婴幼儿的家庭对于婴幼儿饮用水的需求和对于婴幼儿饮用水的安全性、健康性的重视，在广告中重点突出本产品采用先进无菌生产工艺，矿物质含量适于婴儿饮用的特点。

2. 广告表现策略

视频广告形式，以家庭中的产品使用场景为视频脚本框架，包括饮用水静置的场景、家长使用的镜头、婴儿饮用的镜头等。

3. 广告创意策略

本次广告的核心创意是“商业无菌，妈妈放心”，基于农夫山泉婴幼儿饮用水采用先进无菌生产工艺，矿物质含量适于婴儿饮用的特点，用产品安全性和健康保证来吸引用户。用多种表现形式表现该创意的内涵。

五、广告媒介策略

1. 媒介策略说明

媒介选择采用“传统媒体＋新媒体＋线下”的组合模式。

2. 排期与购买

本产品采用脉冲式排期策略来达到广告目标。6—8 月份正值暑期，天气炎热，人们饮水量较其他时间段要多，故在此时期内大量投放广告，迅速占领消费者的心智，提高产品知名度；在 9—11 月份采用匀速投放广告的做法，不时提醒消费者，让产品占据消费者脑海。

六、广告预算

50 万元左右的广告制作预算；1 期广告线上线下综合投放预算约 500 万元。具体费用随实际操作情况变动。

第二章 公益广告策划

一、公益广告策划模板

关于 ××× 公益广告策划

一、背景介绍

二、广告主题

三、广告目标

四、广告对象

五、广告宣传重点

六、广告投放计划

1. 广告投放区域

2. 广告投放时间

3. 广告主题表现及媒体运用

七、广告预算

二、公益广告策划案例

【材料】

全球淡水资源不仅短缺而且地区分布极不平衡。按地区分布，巴西、俄罗斯、加拿大、中国、美国、印度尼西亚、印度、哥伦比亚和刚果 9 个国家的淡水资源占了世界淡水资源的 60%。约占世界人口总数 40% 的 80 个国家和地区约 15 亿人口淡水不足，其中 26 个国家约 3 亿人极度缺水。更可怕的是，预计到 2025 年，世界上缺水人口将增长一倍，40 个国家和地区将面临淡水匮乏。我国人口众多，是世界第一人口大国，虽然我国也是水资源大国，但人均淡水资源只占世界人均淡水资源的四分之一。

假设你是中宣部的工作人员，请你针对保护水资源的主题撰写一份公益广告策划。

【范例】

关于水资源保护的公益广告策划

一、背景介绍

我国人均淡水为世界人均水平的 1/4，属于缺水国家。全国已有 300 多个城市缺水，已有 29% 的人正在饮用不良水，其中已有 7000 万人正在饮用高氟水。每年因缺水而造成的经济损失达 100 多亿元，因水污染而造成的经济损失更达 400 多亿元。

二、广告主题

水资源的保护与节约

三、广告目标/目的

1. 引起社会对中国水问题和水危机的关注。

2. 提高公众对水与健康、水与环境及水与经济可持续发展的认识。

3. 倡导人们科学用水、保护水资源、防止水污染。

四、广告对象

1. 广大公众

2. 污染水资源的厂商和企业

3. 对于水资源改善有影响力的政府部门

五、广告宣传重点

1. 呈现水之美，倡导人与自然的和谐，好江、好河、好湖、好海；好山、好水、好景；水美人才美。

2. 认识水对人类健康的重要性。世界上70%的疾病是通过水传染的，水的清洁、饮用水的质量与人类健康息息相关。

3. 反映水资源的破坏与污染；水量短缺；水质恶化、水体功能的降低和丧失；水源环境的生态遭到了不同程度的破坏，比如，草场退化、大漠荒化、湖泊退缩、水资源减少、干旱、雪害等。

4. 警醒依赖科学技术过度开发利用水资源。水资源的综合开发利用有赖于科学技术的全面介入，包括充分发挥现有供水工程效益、调整地区用水不平衡、提高污水治理回用能力、建立良性的水能资源机制等。然而，人类在征服自然方面取得伟大成就的同时，由于无止境地侵入自然而破坏了生态环境，造成无可挽回的损失，这是值得我们深思和警醒的。

5. 倡导人人参与节约水源：从身边做起，从一点一滴做起。

六、广告投放计划

1. 广告投放区域

线下：选择人流量大的地铁线路进行地铁车厢电视广告投放；客流量较大的电影院进行映前广告投放。

新媒体：在各视频网站进行视频前贴片广告投放。

传统媒体：选择在省级卫视的黄金时间，每小时播放一次。

2. 广告投放时间

在各媒体渠道选择连续式排期，全年匀速投放。

3. 广告主题表现及媒体运用

视频广告脚本

画面	景别	音乐/音效	画外音
年久失修的水管滴答滴答地漏着水	中景推到近景	水滴下来的滴答声	
离水管不远有一人正用水龙头的水清洗着蔬菜，准备午餐，洗完后扬长而去，还忘记了关水龙头	近景推手部特写	水哗哗流淌的声音	
水沿着下水道排入了一条已经严重污染的河道	远景，运用剪辑将下水道与河道连接	脏水哗哗流淌的声音	
河面上吹起了一股夹杂着脏东西的小龙卷风吹到了一片一望无垠的荒漠	近景拉到远景	风声，悲伤的音乐	为了你的明天，请节约用水

续表

画面	景别	音乐 / 音效	画外音
已经维修一新的水管的不远处，一只手正把水龙头紧紧地拧上	近景	舒缓的钢琴声	
顺手把水龙头边上刚刚收集的淘米水拿去浇花，花朵由实变虚到远方青山相傍的湖泊	由根部推到花朵的特写，花朵淡出，青山湖泊淡入	舒缓的钢琴声，鸟鸣声渐渐淡出	

（七）广告预算

制作兼投放预算控制在 50 万元以内。

第三章 APP策划

一、APP/小程序/公众号策划模板

关于×××客户端/小程序策划

一、市场分析

二、产品分析

三、产品设计

1. 名称

2. 推广语

3. 产品类型（APP或小程序）

4. 产品定位

5. 受众定位

6. 主要功能和版块设计

四、实施方案

1. 开发流程

2. 开发团队

3. 开发预算

五、产品推广及反馈监测

1. 产品推广（分阶段写作）

2. 反馈监测

关于×××公众号策划

一、市场分析

二、公众号包装

1. 公众号名称

2. 公众号简介

3. 公众号定位（用户定位、作用定位）

4. 公众号slogan/口号

三、内容策划

1. 内容阶段规划

2. 栏目策划

3. 更新频次

4. 菜单设置（公众号底部菜单设置，设置相对固定的内容以及服务性内容）

四、实施方案（同 APP 策划）

五、推广方案

二、APP 策划案例

【材料】

在“互联网 +”时代，新媒体已经成为人们获取信息的主要渠道。10 月份，对于在校大四学生而言，意义重大，不论是考研深造还是求职找工作，不少学生都遇到了种种困难，放弃理想与目标、跟风攀比的苗头出现，甚至开始怀疑人生，怀疑读书的意义……如何在新媒体中传播与践行积极向上、健康明朗、永不气馁的大学生精神，创作与传播公益广告，帮助那些需要的人实施公益营销是一个迫切的问题。

请根据以上材料背景，策划设计一个 APP 产品。

【范例】

大学生 APP 产品策划

一、市场分析

随着互联网的发展，社会信息类型越来越多样化，毒鸡汤残害着人们的价值观。我国每年有 700 万的大学毕业生，无论这些学生是选择就业、考研、考公务员还是其他发展道路，都不可避免会遇到疑问与焦虑。而在 700 万人的市场下，急需一个能专门为这些大学毕业生答疑解惑的产品。在这样的背景下，“小白锦囊” APP 应运而生。该 APP 旨在通过搭建一个融合社交属性的公益平台，传播和践行积极向上，健康明朗，永不气馁的大学生精神，服务于大学生群体。

二、产品分析

	小白锦囊	知乎	分答
优势	1. 市场细分更为细致，针对性更强 2. 因为针对学生，费用上会更低，甚至免费 3. 作为公益产品，会更多考虑到社会效益	1. 庞大的用户流量 2. 高知名度	1. 提问回答机制有特色 2. 能对一些专业人士，知名人物进行有针对性地提问
劣势	1. 处于起步阶段，各种资源、知名度都处于劣势	1. 用户过多带来回答针对性不强，质量参差不齐 2. 部分高质量回答要开通会员	1. 费用较高，学生难以承受

三、产品设计

1. 名称：小白锦囊

2. 推广语：小白锦囊，给你人生的锦囊

3. 产品类型：手机客户端 APP，可用于安卓系统及 IOS

4. 产品定位：通过解决大学生生活学习中的问题来传递一种积极向上的大学生精神

5. 受众定位：在读大学生及毕业不久的大学生，尤其是大三大四学生和刚毕业大学生

6. 主要功能：

（1）提供丰富的锦囊库以解决求职、考研、社交、择业中遇到的问题；

（2）提供大学生相关的新闻信息；

（3）提供宣泄负能量的小游戏；

（4）搭建问答社区为用户提供互动机会。

7. 版块设计

由五大版块组成，分别是锦囊库版块、资讯版块、小游戏版块、求锦囊版块、擂台赛版块。

（1）锦囊库版块

针对不同类型的负能量，设立求职锦囊、考研锦囊、择业锦囊、迷茫锦囊、生活锦囊、社交锦囊六大子版块，将相关的问题及对策以锦囊妙计的形式收录进相关子版块。用户可以根据自己的问题和负能量类型选择锦囊。同时设置一键分享至微信、微博、QQ 等社交平台的功能。

（2）资讯版块

提供求职资讯、考研资讯、生活资讯三大类供用户订阅，根据用户的订阅类型，每日推送有价值的信息，如招聘会信息、考研信息等。同时设置一键分享至微信、微博、QQ 等社交平台的功能。

（3）小游戏版块

根据用户的情绪类型，推出“暴打负能量”的发泄类小游戏和“种颗小太阳”的正能量游戏。同时推出积分制，参加正能量游戏加分，反之减分。同时设置一键分享至微信、微博、QQ 等社交平台的功能。

（4）求锦囊版块

如果在锦囊库中用户没有找到自己想要的锦囊，可进入本版块自由提问，或发布到社区求个性化锦囊。解答者以“赐锦囊”的方式答疑，并参与积分。赐锦囊加分，求锦囊不加分也不减分。同时设置一键分享至微信、微博、QQ 等社交平台的功能。

（5）擂台赛版块

分周擂台、月擂台、年擂台三种类型，通过比拼积分参加擂台赛获得排位。同时设置一键分享至微信、微博、QQ 等社交平台的功能。

四、实施方案

1. 开发流程

本项目开发以及后期宣传营销历时三个月左右，工作流程与详细时间分配如下所示：

2 月初项目提出，市场调研和分析产品定位，功能产品研发阶段；

3 月初团队建设；

3 月中旬产品测试阶段细化；

4 月上旬用户体验及反馈，后台运营维护；

4 月中下旬产品推广运营及上线。

2. 开发团队

（1）人员组成及要求：作为一个独立的开发项目，所需人员包括：产品经理（1 人）、程序开发人员（2 人）、测试专员（1 人）、运营团队（4 人）、UI 设计（1 人）。

（2）人员分工：在市场调研、产品设计、产品开发及后期维护过程中，相关部门人员各司其职。产品经理按照 APP 设计要求制定项目计划，负责团队建设，人员规划。运营团队要正确评估市场风险，确定营销策略，把握市场动向，分析市场需求，负责整个 APP 生命周期各项工作的监督管理。程序设计人员按照用户需求确定程序功能，并进行编写，调试。

3. 开发预算

产品初步预算 80 万元，包括办公场所租金、工作人员薪资、设备购买、调研及推广费用。

五、产品推广及反馈监测

1. 产品推广

以“小白锦囊，给你人生的锦囊”为推广口号，充分利用用户的口碑资源、自有资源及公关广告资源，提升 APP 知名度和用户数量。

推广过程可分为三个阶段：

第一阶段：通过整合营销传播，对产品进行推广，目的是让受众对产品进行了解和认知。

第二阶段：通过前期积累的用户群，吸引一部分核心用户，对产品有着情感上的依赖和使用。

第三阶段：依赖核心用户的社交吸引更多用户，最终增加 APP 的用户黏性和分享欲望等行为上的效果。

2. 反馈监测

在 APP 的运行过程中要适量组织调研，开展用户使用情况监测，并根据监测结果适度调整产品运营计划。

第四章 营销传播策划、公关活动策划与危机公关策划

一、营销传播策划与公关活动策划模板

注：营销传播策划与公关活动策划，虽然表述方式不一，但是模板、写作思路基本一致。

关于 ××× 的营销策划 / 公关活动策划

一、调研分析（SWOT 分析）

二、营销 / 公关目标及主题

1. 营销 / 公关目标

2. 营销 / 公关主题

3. 营销 / 公关对象

三、营销活动 / 公关活动策划

1. 活动时间

2. 活动目的

3. 活动内容概述

4. 活动流程

四、传播方案

1. 传播策略（采用何种方式，平面或视频？活动产出如何体现？如何制造传播声量？）

2. 传播规划（时间，范围，信息力度）

3. 话题和渠道（运用何种媒介？核心概念如何体现？这里主要看学生的媒介选择是否丰富）

五、活动预算

二、营销传播策划与公关活动策划案例

【材料】

荷兰皇家壳牌集团是全球最大的企业之一，也是全世界最大的能源公司之一，在 130 多个国家从事经营活动。公司的核心业务包括石油和天然气的勘探和开采，石油、天然气的发电和化工以及可再生能源开发。

壳牌（中国）以负责任的方式提供能源，致力于限制能源排放对环境产生的影响，并为面向低碳未来的转型提供新能源支持。主要表现在以下几个方面。

（1）支持低碳政策。壳牌（中国）很早就认识到气候挑战以及能源在维持生活质量方面所发挥的作用。壳牌（中国）认为，尽管会出现技术发展，但对于推进低碳业务和增加消费者选择的机会而言，有效的政策和文化变革不可或缺。壳牌（中国）支持建立政府主导的碳“定价”机制，它能增加企业二氧化碳

排放带来的成本，对于促进向低碳电力和燃油方案的转型，非常必要。

（2）预防石油泄漏。石油或其产品泄漏会损害环境，使壳牌的员工和邻近社区处于危险之中。为避免危险物质泄漏和渗漏，壳牌（中国）努力精心设计相关设施，确保设施安全运行，并定期对其进行妥善检查和维护。而且壳牌（中国）在处理任何泄漏所需的设备和人员专业知识上投入巨大。

（3）提高空气质量。化石燃料的生产和使用可能会影响空气质量。壳牌（中国）为客户开发了更高效的运输用燃料，且始终专注于提高乘用车辆的燃油效率。此外，还努力减少经营活动产生的大气污染，包括限制氮氧化物、二氧化硫和挥发性有机物的排放。

（4）珍惜淡水资源。壳牌（中国）采取相关措施来管理水资源，并运用新的方法和技术，减少对淡水的使用。壳牌（中国）不仅在开展业务的地区遵守当地用水法规，还制定了自身的强制性用水标准。由于用水限制往往会在当地或地区层面上对人们造成影响，因此，壳牌（中国）会根据当地条件对淡水使用进行量身定制。在某些情况下，壳牌（中国）会在经营活动中使用淡水的替代品，包括循环水、经过处理的污水以及淡化水。

请为壳牌（中国）公司环保专题 CSR（企业社会责任）进行一次环保公关活动策划。

【范例】

关于壳牌公司环保公关活动策划

一、调研分析

1. 公关目标

皇家壳牌集团是全球最大的企业之一，也是全世界最大的能源公司之一，在 130 多个国家从事经营活动。壳牌（中国）以负责任的方式提供能源，致力于限制能源排放对环境产生的影响，并为面向低碳未来的转型提供新能源支持。为了提高集团的知名度，树立良好的品牌形象及信誉，壳牌（中国）选择策划此次环保专题 CSR 公关活动。

2. 公关主题

壳牌（中国）作为全世界最大的能源公司之一，从支持低碳政策、预防石油泄漏、提高空气质量和珍惜淡水资源等方面减少能源排放对环境产生的影响，并为面向低碳未来的转型提供新能源支持。因此，本次公关活动的主题定为“低碳未来，壳牌创造”。

3. 公关对象

孩子是未来的希望，壳牌致力于为未来创造多一份绿色，也希望能从小培养孩子们的环保理念，鼓励更多青少年投身到环保实践中，因此主要公关对象定为中小学生及其家长。同时也应包括社会公众和壳牌的消费者，以及公司内部人员。

二、活动策划

1. 线上活动：“你的未来我创造”设计大赛

活动时间：2020 年 6 月 1 日至 6 月 10 日

活动内容：邀请青少年画出自己心中的绿色能源未来，并投稿参与评选。

报名招募：在微博、微信平台由官方账号发布活动介绍和 H5 投稿入口，进行预热，并与当地学校、科普大 V 合作传播扩散。

结果公布：在微博、微信平台由官方账号发布评选结果。

人员联系：评选人员、合作人员、城市环境和地铁管理部门等需提前联系。

2. 线下活动："我是环保小达人"知识竞赛

于 4 月 20 日"世界地球日"在小学、初中校园内举办"我是环保小达人"知识竞赛，采取擂台制一比一进行 PK，邀请环保 KOL 作为评委，最终获胜者获得壳牌赞助的千元奖金和石油开采器械模型。

3. 第三方合作：与抖音 APP 合作，利用"与你合拍"功能，邀请环保专业人士、环保科普达人和青少年用户，一起合拍"环保小知识"短视频。通过抖音热榜、微博热搜进行全网传播。

三、传播方案

1. 传播策略

活动前进行预热，活动中注意收集现场材料，活动后进行二次传播。

2. 传播规划

设计大赛：获胜的稿件经作者授权，将被绘制在壳牌公司外墙、城市涂鸦空间、地铁通道等处。优秀来稿进行一次线下展览。

知识竞赛：组织相关知识竞赛。

第三方合作：与第三方媒体进行宣传合作。

3. 话题和渠道

以"低碳未来，壳牌创造"话题进行传播，在各项活动传播中，均体现该话题。

三、危机公关策划模板

关于 ××× 的危机公关策划

一、事件概况说明

二、公关问题和目标

三、目标受众

四、应传信息

五、传播渠道及内容安排

六、工作流程、人力组织与具体安排

四、危机公关策划案例

【材料】

2019 年 11 月 13 日，奥迪 Q8 在微信朋友圈投放了一个广告，这本没有什么大不了的，问题就是广告视频内出现的竟然是英菲尼迪的内容，视频最后出现的也是英菲尼迪的 logo。如果你是微信公关部门人员，请你为此次危机事件进行一次危机公关策划。

【范例】

微信针对朋友圈广告事故的危机公关策划

一、情况

2019 年 11 月 13 日，腾讯微信为奥迪 Q8 在微信朋友圈投放了一个广告，广告视频内的内容是英菲尼迪，视频最后出现的也是英菲尼迪的 logo。

二、问题

腾讯微信需要进行迅速地危机公关，制定出能够完美解决此次危机事件的公关计划，采取必要的公关行动，明确说明此次事件的缘由，给予公众和广告客户满意的回复。

三、目标

1. 解释事件的发生，使得公众和客户明白微信朋友圈广告投放错误的缘由；

2. 通过媒体制造较好的舆论声势；

3. 通过道歉声明以及后期调整措施，挽回企业形象，并重新获得用户的信任与支持。

四、目标受众

1. 包括奥迪在内的广告客户；

2. 普通公众，包括微信的潜在用户以及所有知道此次事件的公众；

3. 普通新闻媒体，包括传统媒体、微博、B 站等新媒体。

五、应传信息

1. 腾讯微信推错广告的原因；

2. 针对给客户奥迪带来的困扰，后续将采取的补救措施；

3. 对包括奥迪在内的广告客户以及普通公众表示歉意、坦诚自己的错误行为，表明自己的责任，以及吸取教训、改善日后工作的决心；

4. 感谢广大网友和客户的建议和监督，也希望广大网友和客户日后可以针对微信朋友圈广告投放提出自己的意见与看法，我们十分乐意倾听大家的心声。

六、传播渠道

1. 传统媒体

联合《新京报》《人民日报》，在其报纸版面、官方网站、官方公众号以及客户端向社会发布相关信息和处理声明；利用媒体的权威性和公信力，对腾讯微信的处理措施做点评，引起社会关注，推动舆论朝积极、正面的方向发展。

2. 新媒体

（1）利用腾讯的官方微信公众号、官方微博，即时发布道歉声明和相关信息，并且与广大网友积极互动，及时回复网友。同时，可在微博发布精心制作的道歉视频，@奥迪，以诙谐、自我调侃的方式获得公众谅解。

（2）利用官方抖音、快手等短视频账号，及时做出解释与道歉，获取公众原谅与理解。

七、工作安排

1. 1 月 13 日知悉情况后，本着公关处理的速度第一原则，立即成立危机应对专项小组。

2. 1 月 13 日—14 日，根据网友的反馈疑问和客户奥迪的意见，决定立即发布道歉声明和事后措施，腾讯内部要形成统一口径的声明内容，不得出现不一致的声音。

3. 1 月 14 日晚 19：00—24：00，联系《新京报》和《人民日报》，告知相关人员腾讯最新举措方案和声明。同时，委任专人负责官微和官博，统一发布声明，安排专人负责回应用户相关问题，承担责任、真诚沟通。

4. 1 月 15 日总结事件发生的全过程以及应对方案，为制定危机公关预案提供依据。

下篇

新闻实务理论考点解析

第一部分 新闻采访学

一、采访的理念与原则

1. 新闻采访与新闻写作的关系

新闻写作是指记者把采访中搜集到的材料、信息，通过文字写作制成一定体裁的新闻作品的过程。新闻采访是指记者和其他新闻工作者，为完成报道任务或了解某些情况，围绕采集新闻事实材料而进行的一项特殊的调查研究活动。新闻写作和新闻采访二者之间的辩证关系主要体现在以下几个方面。

（1）新闻采访决定新闻写作

要学好新闻写作，首先需要明确一个前提，即新闻写作必须以采访为基础，采访决定写作。主要基于以下原因：

①先有采访，后有写作。换言之，采访在先，写作在后，这个次序不能颠倒。要完成一篇新闻报道，必须经过采访阶段和写作阶段，采访为写作收集事实，写作则是把采访来的事实加以表现。可见，采访是写作的前提和基础，写作是采访的结果和归宿。没有采访，也谈不上新闻写作。

②采访的质量直接关系着写作的质量。采访的质量主要是指采访的深度和广度。如果采访进行得不够深入广泛，那么写作必然面临“先天不足”的困境，而这种“先天不足”用新闻写作本身无法弥补。新闻是“七分采，三分写”。“七三开”的比例形象地概括了在采访和写作两个过程中所花的时间与力量。因此，学习新闻写作，要建立在扎实的采访基础上。

（2）新闻写作反作用于新闻采访

一个记者掌握了新闻写作的规律和技巧，反过来可以指导他的采访活动，有助于增强他的采访意识与提高采访能力。因为他熟悉新闻报道的各种体裁，了解新闻写作的基本方法，能够判断哪些素材对新闻写作有用。因此，面对同样一个采访对象，会写的记者胸有成竹，他的提问比不会写的记者更有针对性，整个采访也将更有效率。

采访与写作都是记者的基本功，既不能重采访轻写作，也不能重写作轻采访。要成为一个优秀的记者应该两手兼备，而且两手都要硬。

2. 影响新闻采访真实性的因素

真实性，即指新闻报道必须反映事物的原貌，从根本上来说，事实是新闻的本源，有事实才能有新闻。新闻真实性是新闻与生俱来的特点，是新闻的核心组成，是人类发展需求的必然结果。坚持新闻的真实性是新闻工作的基本要求，也是最高标准。新闻采访作为新闻报道的前期步骤，采访步骤的不足是导致新闻失实的一大原因。

（1）初次接触，不明就里。很多刚刚从事新闻采访的工作者，由于缺乏经验，没有受到系统培训，不懂采访规矩，在报道中常常会将其与文学创作相混，这样就会导致虚构的假新闻出现。

（2）作风浮夸，过于粗糙。受到经济等因素的影响，一些记者思想浮夸，采访中态度不端正，被假象蒙蔽，偏听偏信，先入为主，报道失实在所难免。

（3）知识不够，难辨真假。记者本意不是造假，但是由于新闻本身涉及一些专业知识，而作为杂家的记者对其了解不够，采访过程中无法分辨真假，因此，所写的报道就会出现错误，这也属于假新闻的一种。

（4）道听途说，未经核实。一些记者的新闻是从道上听来的，听来就写，没有进行深入地调查与核实，由于该原因产生的假新闻非常多。

（5）力求生动，合理想象。想象是文学创作的方式，但是在新闻报道中是绝对禁止的，记者要首先将精力放在采访上，然后是编辑，最后才是追求写作的技巧。但是一切的技巧都要立足在事实的基础上。

（6）追求利益，无中生有。一些记者为了追求功利，在新闻还没发生的时候就提前写好，但是受到多种因素的影响，该新闻没有发生，或者与预期差距甚远，新闻报道失真无可避免。

（7）移花接木，过于牵强。从事实的角度来说，一些新闻是真实的，但是对事实的解释与分析则是记者根据一些意图做了手脚的结果，导致报道过于牵强，有失实的嫌疑。

（8）沽名钓誉，瞎编乱造。记者这个行业十分敏感，非常容易受到利益的引诱，一旦无法抵御诱惑，其所采写的新闻就会出现偏颇，严重的情况甚至瞎编乱造，严重影响行业信誉。

因此，要保证新闻真实，把好这道关，就要做到基本要素真实，所反映事实的环境与条件及细节真实，运用的资料真实，触及的人物思想及心理真实等等。新闻采访真实看似简单，但实际要把握好每个关卡，才能实现新闻真实。

3. 新闻报道的三贴近

三贴近就是指贴近实际、贴近生活、贴近群众，是中国共产党宣传思想工作的重要原则，也是新闻工作必须长期坚持的基本方针。

（1）贴近实际：新闻工作要立足于社会主义初级阶段这个最大的实际，适应现阶段经济、政治、文化、社会发展的实际状况和要求，真实反映改革开放和社会主义现代化建设的实践。把反映和解决人民群众关心的重大问题，作为新闻工作的中心任务，从实际出发部署新闻工作，按实际需要推进新闻工作，以实际效果检验新闻工作，使新闻工作更加具体实在扎实深入。

（2）贴近生活：新闻工作者要深入到火热的现实生活中去，深入到社会经济政治文化生活和人民群众的日常生活中去，把新闻报道的视点对准火热的生活，关注朴素平凡的生活细节，从现实生活中挖掘生动事例，展示美好生活前景，把握社会主流，反映生活现实，使新闻工作更好地融入生活、服务生活、引导生活。

（3）贴近群众：新闻工作要深深扎根于群众之中，联系群众身边的事例，反映群众的切身感受，运用群众熟悉的语言，采用群众喜闻乐见的形式，体现群众意愿，满足群众需求，把握群众脉搏，说群众想说的话，讲群众能懂的话，为群众提供健康向上的精神文化产品，更好地代表最广大人民群众的根本利益。

总之，贴近实际、贴近生活、贴近群众，三者之间既有区别又互相联系，是一个完整的统一体，其核心和实质就是为人民服务，为社会主义服务，为党和国家的工作大局服务，永远同人民群众保持血肉联系。

4. 如何做到独家新闻，谈谈你的看法

独家新闻是媒体的核心竞争力，是指在事件发生的第一时间抢先报道的新闻。其他媒介对这一新闻只有转载的资格，其传播速度自然低于第一媒介。现在人们对独家新闻的认识已越来越多地从原来的时效性、独占性转向新闻报道本身所具有的深刻性和独特性，新闻的内在价值越来越成为独家新闻的重要

内涵。

（1）独家新闻源于独立思考，在采访中融入独立的思考，透视现象看到事件的本质。

（2）独家新闻源于独特视角，跳出采访团界定的框框，在采访中善于寻找独特的新闻点，比采访团组织者站得更高，要站在更高的视角上。

（3）独家新闻源于独到发现，在采访中提出自己的问题，带着问题采访。

（4）独家新闻要求记者要深入采访。只有深入采访，才能对事件有更深入的认识，才能抓到更有力度的新闻点，发现其他媒体发现不了的新闻。深入采访不仅要求记者注意保护自身的安全，更要求记者具有敏锐的思维能力和巨大的勇气。

（5）要重视新闻策划。新形势下在信息源趋同的情况下做“独家新闻”，必须找到可运用策划的选题。超前策划，发掘已知，预测未来。同时通过体验描写、现场报道、新闻图片等报道手段，增强可感性。再通过对新闻事件的深入挖掘，发现更多重要信息，满足受众对事件发生原因的诉求及对发展趋势的预测，做到“独家报道”。

（6）通过编辑手段再造独家新闻。比如通过对原稿的挖掘，发现记者未发现的重要信息。通过对稿件的配置，拓展广度、开发深度，以深度报道打造独家新闻。

（7）新闻要讲究接近性。这里的“接近”，包括地理接近、心理接近、情感接近和利益接近。不论是国际新闻还是国内新闻，都要与自己的受众发生联系。“中外结合”是把国际新闻做成独家新闻的一大法则。对国内新闻而言，就是外地发生的事，也应尽可能地与当地受众的工作生活发生联系。

总之，记者在集体采访中，只有把采访的环境当成一个新闻场，从中挖掘自己的新闻富矿，才能真正做出独家新闻。否则，事先头脑中先带着框框，只挑符合自己最初认定选题的东西采访，则不会有所突破，也不可能写出独家新闻。

5. 什么是“抢新闻”

（1）“抢新闻”的内涵

“抢新闻”是增强新闻报道时效性的有效手段。新闻的生命在于新，新闻的“新”，体现在采写工作中，是“抢新闻”的问题。新闻事实一旦发生，谁报道得快，谁就赢得受众，谁就赢得了广泛的社会效益。因此，在中外新闻史上，都十分注重“抢新闻”。新闻报道要做到快，记者首先要有吃苦的精神，不管是枪林弹雨，还是风口浪尖，记者都要闯进去。其次，记者要善于动脑筋，采取一些非常的手段。另外，记者还要有超人的洞察力。

（2）“抢新闻”在写作中的注意事项

①“抢新闻”要讲究时宜性。“抢”来的新闻要有利于社会正面效应值的提高，不可为快而快，这由中国新闻是一项宣传工作的性质决定。从新闻是宣传这一方面看，它的选择要受制于政策形势和阶级民族利益。一个特殊案件发生而没有定案，不宜去抢着报道；国家的一项秘密工程和一些数据还没到公布的时候，不能去抢着报道；党和国家的一项重大政策将要出台而尚未颁布，不要找“小路”去抢着提前公开。总之，涉及国家秘密、全局性、原则性的事件和敏感问题，要根据实际情况，权衡利弊，再决定早报道、缓报道或是不报道。

②“抢新闻”要注意事实的准确性，不可图快而主观臆造，这样反而会带来负面效果。

6. 灾难性新闻采访伦理原则

灾难性的新闻采访在新闻采访活动中发挥着很重要的作用，灾难性事件具有突发性、震撼性、负面性和社会性的特征，与平时采访报道不同，灾难性事件总是与人的生死密切关联。因此，灾难新闻的采访报道实际上对新闻机构及从业者提出了更高的要求。在保证新闻采访真实性、客观性的基础之上，还需更多地考虑新闻伦理问题。

（1）善的原则。任何采访活动中，新闻工作者都要以基本的道德观念和道德原则为前提，而且要保证善的原则贯穿全部的采访过程之中。善的原则在灾难性新闻采访中表现得更为直接。在灾难性新闻采访的伦理原则中，善的原则是最核心的原则，因为这关系到灾难性新闻采访伦理的存在与否。

（2）正当原则。正当原则是伦理学的基本概念。在灾难性新闻采访环境中，把握正当原则，很容易使现场记者产生一种使命感，这是一种天然的使命感，能够激发起记者义不容辞的采访愿望。

（3）秩序原则。秩序指的是在行为活动中，个体的行为要能够符合整体的规范。秩序在伦理中有着十分重要的作用。在灾难性新闻采访伦理中，秩序性是一种必须遵守的原则。灾难性新闻采访的秩序不同于常规的采访活动秩序，一些新闻信息要必须从秩序原则的角度判断能否进行采访。

（4）情感原则。新闻采访是一项职业性的交际活动，在采访过程中，要进行情感的交流，只有这样才有利于采访到有价值的新闻。这就是采访伦理的情感原则。情感原则可以让记者意识到情感适度的重要性，避免制造新的无谓牺牲。

总之，在灾难性的新闻采访活动中，只有遵循新闻采访的善的原则、正当原则、秩序原则和情感原则，才能够确保采访活动顺利进行。

7. 新闻线索的作用与搜寻方法

新闻线索，就是指新闻事件或新闻事实所表现出的可寻的路径和信号，是关于新闻事实的简要信息。新闻线索是新闻事实即将或已经发生的讯息或信号，是新闻敏感的捕捉对象，也是新闻记者进行采访活动的出发点。

新闻线索在新闻采访中发挥着重要的作用：

（1）尽管新闻线索不完整、不具体，但它也是一种信息，它可以触发记者的新闻敏感，帮助记者快速准确地判断其是否具有新闻价值。

（2）新闻线索可以为新闻记者指明方向，成为新闻采访的重要突破口。但是新闻线索不是完整的新闻，只是为新闻记者提供了方向，需要记者去作进一步地证实和了解。

因此，我们在发现新闻线索时，要学会辩证看待，先考究其真实性，再从微小线索去寻求进一步的发现。好好利用有效的新闻线索可以帮助新闻记者更好地获得信息，完成新闻报道。

搜寻方法：

作为记者，如果新闻线索源源不断，采访就会非常活跃；反之，则采访步履维艰。新闻线索往往是片断，不完整的，而且只是事实的梗概，不是很具体。因此，做生活的有心人，善于发现新闻线索就很重要。

（1）记者要眼观六路，耳听八方。每到一个地方都要留心观察自己周围的环境，观察人和事，发现其中与众不同之处，经过思考、分析，判断其新闻价值。

（2）记者要深入生活，挖掘新闻。我们生活中有许多有价值的信息，有些事情表面看来平淡无奇，深入调查就会发现里面隐藏着很有价值的新闻线索。

（3）记者要广泛阅读，探寻新闻。要经常关注电视和报纸上的信息，从中发现有价值的新闻线索。现如今进入网络社会，从网络中了解新闻时事已成为第一信息源，所以，网络空间也是记者获得新闻线索的重要通道之一。

很多新闻线索就藏在人们的生活中，只要我们对生活充满热情，对身边发生的事情都有浓厚的兴趣，不放过耳闻目睹的每一件新鲜事。在对比中发现新闻线索，在细节中发现新闻线索。从这个意义上说，新闻记者的第一技能不是写作而是发现。

8. 阐述记者和信源之间的关系？

记者和信源的关系一直是新闻生产研究中的经典命题，信源的地位影响着记者的地位。记者与信源的互动机制是一个由边缘向核心突破的过程，然而随着主要媒介的更替，不同的媒体时代下，记者和信源的主要关系也发生着变化。

（1）传统媒体时代，记者与信源的关系是单向的，不管面对什么类型的采访对象，记者要做的事情就是接受信息，发布信息。从这个角度来看，信源决定了记者报道的新闻是否具有价值。

（2）新媒体时代，记者与信源之间的关系开始走向合作互动。一方面记者与信源会在社交媒体平台建立长期的联系与互动；另一方面信源本身也开始成为传播者，与记者的报道活动相呼应。

二、采访的流程与技巧

1. 新闻采访前准备有哪些主要内容？

采访准备是记者在采访前通过查阅资料与询问别人，对报道的事物或采访对象进行提前了解和初步认识，又指采访前进行的必要的物质、技术与活动安排的准备。凡事预则立，不预则废，有计划地准备才能成功。新闻采访也是如此，因此，记者在正式采访前，应该做好充足的准备。

（1）在采访前对报道思想、报道主题应有明确的设定。采访是一个目的性很强的活动，在采访之前就要对目标事实作更为细化的报道思想和报道主题的策划。只有报道思想先确定下来，记者才知道采访时的目标是什么。

（2）对采访事件和采访对象要充足了解。阅读相关资料是一种必要的准备方法，对即将采访的对象的基本资料要有所了解，是采访前最重要的内容。

（3）拟定采访提纲。采访提纲是对将要进行的采访活动的一个大致规划。它可以规划采访程序，使记者保持清晰的思路，做到按计划进行采访、写搞，快捷地完成任务。

（4）记者要做好采访的心理准备。在采访前和采访过程中，记者自身要调整好心态，做好采访的心理准备。首先记者要有充足的自信心，自信心是记者在采访活动中应具备的最基本的心理因素；其次要有坚强的意志，记者在采访过程中，常常会遇到各种各样的、意想不到的困难，因此，心理上做好充足的准备是必要条件。

（5）创造良好的访问条件。在采访开始之前，记者要与被采访对象商定好适宜的访问时机，同时，记者要注意得体的仪表风度，讲究文明的言谈举止，注意形体语言的使用，学会调节融洽的访问气氛，为正式采访创造良好的氛围。

综上，只有在采访前将上述准备过程完善好，才能在采访过程中获得有用的信息，才能为新闻报道准备足够有效的资料。

2. 预发性新闻采访准备

预发性事件采访，是指记者对事件的发生事前已有所闻，在有准备的情况下所进行的采访。这类事件的出现有预告，记者事先可以从容不迫地制定相应的采访计划，从资料技术上做好必要的准备，同时其间不少事件的出现又是带有“循环性”的（如节日庆典活动等），或者是有着相对固定的“模式性”（如会议、选举、展览、演出等），这样往往容易造成报道上的雷同。这是这一采访的特点和难点所在，因此预发性事件采访应注意这样几点。

（1）不要停留在事件的程序性材料的采集与选用上，而应着力采集、选用事件中“含金量”高的新闻性材料。要善于“沙里淘金”，寻找事实材料的新闻价值。这是预发性新闻采访中必须掌握的基本方法与要求。

（2）不要囿于事件本身找新闻，而应拓宽视野和思路，多方位多角度地从事件的联系点上去发现新闻。

（3）不要局限于事件的“动态”性材料的采集与选用，而要注意事件的“静态”性材料即背景材料，并使其与事件的动态性材料完善地交融于一体，不仅能有助于记者更正确更深刻地认识和把握事件，而且也有助于扩大采访报道的信息量，增强报道的可受性。

（4）不要按部就班进行采访，而要抓紧时间超前工作。预发性新闻采访，因为有段相对充足的准备时间，这就要求记者在准备阶段，不仅要充分地占有，认真地钻研有关资料，制定出周密的采访计划，而且可以把采访中的一部分程序提前进行。比如提前与采访对象见面沟通，甚至可以就此写出初稿，到时再做修正。

3. 简述现场观察对报道的作用、注意事项

现场作为事件的第一发生地，对其进行仔细观察既能获得新鲜的事件资料，还能对从其他途径获取的信息的鉴别起到辅助作用，有利于鉴别信息的真伪，并且对于后期新闻稿撰写的深度和角度的创新起到促进作用。如果记者没有经过现场观察，只是通过获取的二手资料来进行新闻播报，会使新闻质量因缺乏准确性、真实性而降低，从而影响新闻传递信息的作用，更会使得社会大众对新闻媒体的信任度降低。

（1）现场观察能够增强新闻播放信息的真实性和可靠性。在事件发生地进行现场观察，由事件的当事人、目击者等进行讲述，并以同声进行传播，这样所实现的事件描述效果远远好于通过解说对事件的描述，这种现场观察的作用不仅仅在于能够使得事件完整地呈现在受众面前，更在于其能够增强受众的信任度，从而使得报道力度增强。

（2）现场观察能够增强报道内容的客观性和现场感。受众往往信赖于更具客观、公正的报道和采访，通过当事人、目击者或者相关权威人士对事件进行描述并阐述观点，能够很好地避免新闻信息的主观性和代入感。

（3）现场观察能够增强新闻报道的感染力和说服力。现场观察的同期声能够使得受众产生代入的感情色彩，从而身临其境地感受事件的发生，这在一定程度上增强了新闻报道的感染力，同时采用现场观察也起到了一定的监督作用，可以检验记者是否对事件的整体状况进行了真实、完整的报道，进而在一定程度上增强了新闻采访和报道的说服力。

（4）现场观察能够使得被采访者的形象更具鲜活属性。同期声的传递不仅让受众对事件的真实性予以关注，更为其了解被采访者提供了途径，进而拉近了新闻采访与受众之间的距离。

综上所述，现场观察在新闻采访报道中所起到的作用是至关重要的。因此，记者在进行新闻采访、新闻播报等活动中应当注重现场观察，以此来提供高质量的新闻内容。

现场观察强调记者必须深入新闻事件发生的现场，充分发挥视觉功能，对事物微观细查，用眼睛仔细捕捉那些瞬息万变却能感染受众的生动细节。记者只有在现场中学会观察，善于观察，不断发现更多的新闻事物，运用恰当的思维方式去挖掘事实所蕴含的更深的新闻价值，才会写出准确、鲜明、生动、形象的新闻作品。现场观察也有一些注意事项：

（1）进行现场观察时要注意观察的时机和角度的多样化。任何新闻事件的发生都具有一定的时间属性，即发生时机，记者在进行新闻观察时要注重对时机的把握，选择最为有利的时机开启现场观察。

（2）在进行现场观察时要注意留意细节和特征。细节往往能够反映出被采访者或者事件的真实情况，其一方面可以验证所获得整体信息的真实情况；另一方面也为记者对事件展开深层次的思考提供思路。

（3）在进行现场观察时要注意背景信息的把握。新闻事件的现场信息固然重要，但是在后期新闻稿件的撰写时不能只针对现场事件进行描述，还需要涉及其所反映的真实内涵，记者在进行此方面的思考时需要依赖于背景信息，背景信息往往能够为思考事件发生的根本原因和造成的影响提供指引。

在开展现场观察时记者不仅要对事件的背景、观察的时机、角度、细节和特征等加以把握，更要对受众群体、受访者的心理状态等予以关注，以此来获得更高质量的新闻信息，进而增强新闻采访的真实性和可靠性。

4. 新闻采访和一般实践调查的区别

一般实践调查指的是人们在日常生活以及工作的实践过程中针对客观实际情况所开展的一种调查了解以及分析研究，新闻采访是指新闻工作者出于新闻报道的目的，通过访问、观察等方法，收集资料、认识事物、发掘报道素材的活动。新闻采访的过程中必然涉及一般调查研究的过程，在某种程度上，新闻采访可以看成是一项更具有调查研究性质的活动。但是二者在某些方面确实存在区别。

（1）目的的差异性。新闻采访的目的是为了写出稿件、传播信息，以满足人们对新闻的需求；而一般实践调查却是目的各异的，不同性质的实践调查会因工作性质的不同而异。

（2）时间的限制性。各种形式的研究调查都存在一个时间性的问题，都希望尽快将事物真相弄清楚。但是新闻是"易碎品""易腐品"，所以新闻采访特别强调时效性，要求在一定时间内完成采访、写作、发稿的全过程。

（3）项目的突发性。新闻采访除了部分项目是事先有计划、有准备外，大部分项目都是带有突发性质的，记着常常在毫无准备的情况下遇到突发性事件，然后奔赴现场进行采访；而一般实践调查的许多项目准备周期长达几个月甚至几年，拟定过程、实施过程都会经过漫长的准备和讨论。

（4）需要的广泛性。在社会生活中，人人都需要获得新闻欲、信息欲的满足，但是每个人对新闻报道的内容和形式又有着不同的需求，这就要求新闻报道的题材、体裁等相应地具有多样性和广泛性；相比之下大众对于其他形式的调查研究就没有这么广泛的需求，往往只要满足一部分人的需求即可。

（5）知识的全面性。新闻采访学本身是一门综合性应用学科，加之新闻报道要适应人们多层次和广泛性的需求，这就要求记者的知识必须尽可能广博、全面；而其他社会学科或自然学科的调查研究人员对于知识的要求没有这么全面，只要求精确掌握某些专业知识。

（6）活动的艰辛性。综合上述特点，加上一般的调查研究因为项目和访问对象较集中、单一，所以其活动的艰辛性程度相对较低；而新闻采访因为项目是突然发生的，加上还要受到时间的限制，并且采访的项目每次不一，记者往往风里来雨里去，跋山涉水进行采访，所以新闻采访的艰辛程度相对较高。

综上所述，一般实践调查和新闻采访存在着一定的差异，但是正是因为存在这些差异，最终形成了新闻采访的特殊性。

5. 如何避免新闻调查的陷阱

新闻调查就是记者独立调查，揭露一种被某些人或组织故意掩盖的、损害公众利益的事实的过程。新闻调查需要记者深入调查，而这些案件往往涉及犯罪、政治腐败等丑闻，一不留神就会掉入陷阱，因此这就需要记者坚持新闻调查报道的独立品格，避免误入陷阱。

（1）明确调查报道的目标。进行采访的首要因素就是明确调查的目标是什么，这个因素也直接决定了相关的采访内容。

（2）拟好调查提纲并查阅相关的资料。记者在进行事件的调查前，要对与事件相关的历史背景或人物信息等资料进行充分地查阅，以此使调查的事件更真实，能及时做出正确的报道。

（3）保持中立的态度。记者在调查和报道的过程中要保持中立平衡的原则和态度，不能在言语表述方面表达出偏向哪一方当事人的意态，不能有站哪一方观点的话语出现。

（4）掌握好单刀直入法和步步深入法。单刀直入法就是记者对得到的线索进行初步的判断和分析后，直接去寻找当事人或事发地进行实际调查；步步深入法就是要对记者发现的线索一点一点地进行探索寻找，逐渐发布还原事件的真相。在实际过程中，记者要根据情况进行具体分析、合理运用。

（5）掌握好迂回运作法和心理靠近法。迂回运作法要在当事人或相关事件的知情人不配合调查或不愿意透露任何信息的情况下进行。在此基础上，再运用心理靠近法去解除被采访者的戒备心理，拉近距离，获得采访对象的信任，降低采访的难度。

新闻记者只有做好上面的内容，才能更好更完整地还原事件本身，在一些比较隐晦的事件中，也能保持理智，避免掉入陷阱。

6. 作为人际交往活动的新闻采访的特征

新闻采访是新闻记者为公开传播而进行的了解和掌握客观事实的专业活动，因此新闻采访外在表现为一种人际交往活动，它具有以下特征：

（1）交往对象的广泛性。这是由两个方面决定的，一是由新闻事实的广泛性决定；二是由受众需求的广泛性决定。

（2）交往双方角色的平等性。新闻采访的交往双方是记者和被采访对象，二者的关系不存在高低，是一种平等的关系。只有处于这种关系下，记者才能采访到更多实质性的内容。

（3）交往双方关系的自由性。新闻事件不局限于某一种类，作为杂家的记者在不同的新闻中可以接触到不一样的采访对象，这种关系是随着事件的性质而产生变化的。

记者在新闻采访中也应该牢记这些特点，将新闻采访看作是一种人际交往活动，在平等的交往中为新闻报道获取更多的信息。

7. 电视采访中记者倾听的重要性

在电视采访中如何让采访对象开口说话是一个很重要的问题，倾听，是记者争取采访对象配合采访的最好方式，倾听，也能让采访对象感受到被尊重，只有对方认为你对他的谈话感兴趣，他才会滔滔不绝地向你讲述、还原事件。

（1）倾听是记者与采访对象进行交流的基础，也是达到采访目的方式之一。电视采访的目的就是通过访谈活动解释疑问，而解决疑问的最好方法就是倾听。记者只有具备了高超的倾听水平，才能分辨出采访对象的讲话是否偏离了采访的最初意图，才能及时地对其进行引导。

（2）倾听可以使采访对象得到被尊重的感觉，取得采访对象的信任。在电视采访中，当记者在与采访对象交流时表现得心不在焉，采访对象就会有种不被重视的感觉，观众很难得到想知道的答案，同时，采访的目的也很难达到。

（3）倾听可以给记者留下思考的空间，有利于逐步深入。“倾听”不是被动地接受对方所说的每一句话，作为记者，对所听到的内容要进行快速地分析，提炼出有价值的内容在头脑中进行编辑。

因此，在记者与采访对象的交流中，提问与倾听之间有着非常密切的联系，只有通过倾听，掌握好访谈过程中的倾听艺术，才能让被采访对象信任记者，主动地敞开心扉，达到采集与核实事实的目的，更好地还原事件本身。

8. 采访中的提问方法有哪些?

（1）闭合式提问

闭合式提问是指在采访中所提出的内容比较具体、明确、范围较窄的提问，要求被采访者回答只能限于提问的具体内容。闭合式提问的特点是易于突破、问题具体、焦点集中、效果显著。常用于从某一点突破深入追问或查证、核实某些具体情况，以及转换话题，但往往比较敏感，要注意提问的角度和语气。

（2）开放式提问

开放式提问提出的问题比较概括、广泛、范围较大，对回答的内容限制不严格，能给对方以充分自由发挥的余地。这样的提问比较宽松，不唐突，也常得体。开放式提问常用于访谈的开头，可缩短双方心理、感情距离，但由于松散和自由，难以深挖。

（3）重点访问又称集中访问

它是集中于某一经验及其影响的访问。这个方法是由美国社会学家默顿等人创造的。他们在对大众传播媒介，如广播、电视、出版物等的社会及心理效果的研究中，多次使用这种方法。重点访问的特点是预先建立假设，根据假设确定访问的内容与要求，给被访者提供一个特殊的情景。

9. 结合实际案例分析开放式问题与闭合式问题各自的优劣

开放式的问题一般问的比较抽象、概括，问题的口子是敞开的，范围很大，使得采访对象回答有相当大的回旋余地。

其优点在于：

（1）自然缓和，利于创造融洽的谈话气氛；

（2）被采访者回答自由，容易谈出一些宏观性材料，可能露出一些有价值的“话头”；

（3）提问容易，如遇不太了解的，可以投石问路，也可以先救急，赢得思考时间。

其缺点在于：

（1）问题一般化，被采访者泛泛而谈或无从下手；

（2）焦点不集中，采访不深入。

闭合式问题问得比较具体、集中，其提问是指有特定指向的提问，问题的口子是封闭的，范围有严格限制，采访对象往往要做明确回答。

其优点在于：

（1）问题具体，易得到具体回答，能够获得有价值的资料信息；

（2）焦点集中，双方联系紧密，易说出心里话，采访对象和记者的交谈深入；

（3）访谈效果好，可以直达采访核心。

其缺点在于：

（1）有点单刀直入，甚至尖锐，掌握不好会影响气氛；

（2）问题选择不当或遗漏则会影响对事件的全面了解。

10. 采访中的非语言符号

非语言符号可以指代用以传播的语言符号之外的所有符号，其功用主要在于重复、补充、调整、代替或强调语言符号传递的信息。在新闻采访活动中，记者除了通过非语言符号传达信息，也要通过采访对象的非语言符号去捕捉相应的信息。

（1）引起关注，获得机会。传播学中首因效应的理论，强调了第一印象的重要性。在新闻采访实践中，恰当运用非语言符号可以使记者很快赢得采访对象的好感，从而获得接近并深入采访的机会。

（2）营造氛围，吐露心声。不是每个被采访对象在镜头前都能够镇定自若，有问必答，有些采访对象面对镜头就会语无伦次、手足无措。有些采访涉及私密内容，采访对象也不会畅所欲言。因此，记者需要利用非语言符号营造轻松氛围，促使对方情绪舒缓，进入能言、敢言的轻松状态。

（3）把握主线，控制局面。作为一种人际交往活动，新闻采访过程中存在许多情感和心理因素，很多采访流程并不会如记者想象的那么顺利，有些采访对象非常健谈，滔滔不绝；有些采访对象寻找托辞，敷衍了事；这都需要记者利用非语言符号突破这些采访瓶颈，掌控采访形式。

（4）捕捉线索，发掘新意。在新闻采访中，记者不仅要学会用非语言信息传达自己的信息，也要学会留意被采访者的非语言符号所传递的信息。非语言符号具有隐秘性，所以被采访者的非语言符号往往隐藏着深意，准确捕捉采访对象的非语言信息，往往会有意外收获。

因此，熟练掌握非语言符号的应用，并且也能够细心留意采访对象的非语言信息，就会使采访过程形成一个良性互感的交流过程，收到“此时无声胜有声”的感应效果，这才是采访的最佳状态。

11. 记者在采访中与被采访对象“搭桥”的技巧

“搭桥艺术”的核心是找到使采访对象感兴趣的相似点或接近点，选择合适话题，使记者和被采访对象从“生”到“熟”，目的是为了营造生动活泼的氛围。在采访过程中，记者首先要处理好“生”与“熟”的矛盾，也就是从陌生到熟悉的关系。如何在最短的时间内迅速接近被采访者，做最深入的采访，就成为记者的一项基本功。

（1）从心理上寻找接近点。我们与被采访对象之间是取与予的关系，我们希望对方提供更多的信息。但这种取与予的关系又可以是相互的，即一个同意接受采访的人，他们一般都有这样一种心理，那就是希望把自己的成功经验或奋斗历程报道出去。

（2）寻找情感上的接近点。采访对象面对记者时难免会有些拘谨，不愿意透露比较真实的情感，这时候可以从采访对象长期接触或具有很深感情的事物入手，提到这些事物，采访对象就会在心理上放松，表达出更多的情感。

（3）寻找地理上的接近点。俗话说，亲不亲，家乡人；美不美，故乡水。许多时候，他乡遇见同乡，几句乡音，就能产生一种特有的亲近感。这种作用对人们心理的微妙影响，能够缩短记者与采访对象在思想上的距离，使采访能够更加顺利地进行。

（4）寻求志趣上的接近点。美国詹姆森·阿伦森教授 1979 年在中国社会科学院新闻研究所讲课时说：“如果一进屋就觉察到采访对象有点害羞或紧张，你可以评论一下室内的摆设——墙上挂的一张有趣的画，茶几上摆着的一个某朝代的花瓶——帮助他放松下来。如果他感到你跟他一样也对黑白陶瓷器皿有兴趣，那就更好了，你就缓和了房间的紧张气氛。”这就是从共同兴趣和爱好中找到共同的话题。

新闻界有句行话，叫“七分采，三分写”。记者的专业技术更多地反映在采访技巧的纯熟方面。记者灵活应用提问技巧，是新闻采访获取成功的关键。值得注意的是，采访中，记者千万不要为寻觅“接近点”而没话找话地投其所好，这样反而会“弄巧成拙”，使采访对象认为你虚伪，不利于沟通彼此之间的感情。

三、采访的类型

1. 简述采访的种类和方法

新闻采访的种类繁多，方式各异。根据不同的事件，记者要采取相应的采访方式，各类采访有各类采访的规律，各种采访又有各种采访的特点和方法。掌握各种采访的方法和特点，是迅速进入采访角色、获得成功的前提。通常情况下，我们将采访分为以下四大类：

（1）直接采访。这是记者到现场即新闻事实发生地向现场及当事人采访的一种形式。它有别于间接采访，是获取第一手新闻材料的基本形式。直接采访，一般包括现场采访、当事人采访、视觉采访、街头采访和独家采访等。

（2）间接采访。这是指记者失去现场采访机会或无法进行现场采访的采访活动。这类采访包括目击者采访、知情人采访、委托人采访、电话采访、书信采访等，凡属现场采访之外的非当事人采访均属间接采访。

（3）隐性采访。这是指记者不宜以公开身份进行显性采访的相对举措。这种隐性采访必须是既不公开记者的身份，又不公开记者的姓名，它多用于检查、揭露性的采访活动，目的是为了防止对方订立攻守同盟，不吐真情，或者为了防止弄虚作假，欺上瞒下，或者为了防止坏人对记者造成危害，等等。但这种采访最好有两人以上，而且还应是两个不同新闻单位的记者在场的有证人的采访，以防对方事后改口或者完全拒认。

（4）根据任务的需要，既可能包括直接采访也可能包括间接采访，可能包括常规采访也可能包括热点采访，可能包括显性采访也可能包括隐性采访等等。但它主要是根据自身任务的需要和新闻事件的发展而进行连续采访、深度采访和跟踪采访。

采访种类繁多，在某种程度上意味着采访任务工作的复杂性，因此，记者在采访中要运用灵活多变的方法与技巧，才能如鱼得水、得心应手，创造出更多有影响力的新闻作品。

2. 中性采访

中性采访是指记者本着中立、客观、开放的态度进行的采访。记者没有预设观点来左右采访的环节，最终目的是获取信息。中性采访表现形式有以下三种：

（1）事实型采访，也可以理解为获取信息型采访，记者的任务是发现事实；采访的目的是为了获得更多、更深入、更广阔的信息和解释；

（2）求证型采访，目的是对某件事情进行求证、核实；

（3）平衡型采访，出于新闻公正、平衡报道的原则。有的报道会涉及有些人或机构的负面新闻。因此记者必须在发表前，采访被涉及的人或机构，给他们在新闻报道中为自己充分辩护的机会。

3. 常驻采访

常驻采访一般是指新闻单位派驻外地或外国记者的日常采访活动。这种采访是长时期的、多方面的，要有全局观念，从驻地的实际出发，着重采访具有本地特色又有普遍指导意义的新闻。常驻采访要求记者具有独立主动的社交能力和比较广博的知识面，还应掌握各种新闻报道的体裁和手法。

4. 交叉采访

交叉采访也称“多线索采访”或“复式采访”。指记者因工作需要，在一定时期内同时交叉采访两条及以上的新闻线索。这是记者充分、合理地利用和安排时间，多出稿件、快出稿件的有效方法。这种采访可以充分利用交通通讯和资料等有利条件，防止漏发或迟发重大新闻，并可节省重复找人的时间。具有时间紧凑、头绪复杂、发稿量大的特点，因此要求时限紧，要有迅速敏捷、当机立断的作风。适用于大型运动会、重要会议。

5. 体验式采访

体验式采访是指记者参与被报道者的生产实践和工作实践，亲身体验他们劳动的酸甜苦辣，并在体验中进一步采访的采访形式。体验式采访有以下几点优点：

（1）有助于记者尽快接近采访对象，密切记者和采访对象的关系，同采访对象在生活上打成一片，在思想上沟通；

（2）有助于记者获得真知，更深入地了解客观实际；

（3）有助于记者思想作风的锻炼和敬业精神的培养；

（4）有助于记者把报道写得真切感人，有血有肉；

（5）有助于记者积累生活经验、生产经验、工作经验。

从历史和现实的经验来看，要搞好体验式采访，必须注意以下几点：

（1）选好体验点；

（2）甘当小学生，老老实实向采访对象学生产技术，学劳动本领，学他们的好思想、好风格；

（3）不是为体验而体验，也不是只体验不采访，要把体验和采访有机地结合起来；

（4）体验式报道要有体验的特点，以区别一般报道。

6. 蹲点采访

蹲点是一种深入实际的调查研究方法，是一种采访时间较长的采访方式，蹲点采访一般有两种形式。

（1）新闻机构根据报道需要，派出记者到一个点里去，进行深入地调查，在调查研究的基础上写出有分量的新闻。

（2）新闻机构派记者参加党政机关统一组织的蹲点工作组，边工作、边采访，点搞完，经验出来了，记者的报道也完成了。

7. 突击采访

“突击”一词，比喻集中力量，加快速度，在短时间内完成某项工作。所谓突击式采访也是这个含义，即在报道任务紧急的情况下，在最短的时间内，必须集中全力，加快采访速度的一种采访活动方法。这种采访方法又称为“闪电”式采访。运用这种采访方法，一般有两种情况。

（1）报道任务尽管紧急，采访时间有限，但事前有可能进行必要的采访准备，而这种准备是否充分，直接影响到突击式采访能否顺利完成。

（2）新闻事件是突然发生的，事前毫无预料，又必须在短时间内完成采访任务，这时根本无法进行采访前的准备，只能“仓促上阵”，全靠记者平时积累的采访经验和临场发挥采访的主动性。

8. 直面采访的原则

直面采访，是指记者直接面对采访对象进行采访，或称面对面采访。其特点是，记者通过口头提问，用一问一答的形式，了解客观情况，搜集新闻素材。在采访方式发展的历史长河中，这是最早出现的一种采访方式，也是现在用得最多的一种采访方式。记者在直面采访时，要注意遵循以下原则。

（1）平等原则。上至国家元首，下至平民百姓，记者因职务需要，都可能接触。作为采访者，记者与被采访者之间，是平等关系，没有尊卑之分，也没有上下级之别。总之，就是要不卑不亢。

（2）因人而异原则。访问要从实际出发，不但要因人而异，还要因时、因地、因事而异，切忌用一个模式去套。

（3）主动权原则。所谓主动权，主要是指要紧紧把握采访意图，主动提问，因势利导，步步深入；遇到意想不到的情况，能沉着应战，机智处理；恰当地掌握时间等。

因此，在直面采访时，只有把握好以上三个原则，才能采访到有价值的信息，才能继续进行深入采访。

9. 体育新闻现场采访的意义

体育新闻现场采访指的是出镜记者在体育事件发生的现场，面对摄像头（观众），向体育事件的当事人提出问题，旨在了解与该体育事件相关的客观事实的专业活动。体育新闻现场采访可以分为两类，一是电视体育赛事报道现场采访；二是非赛事体育报道现场采访。体育新闻现场采访作为具有特定属性的客体，一定存在着有特定需要的主体，而体育新闻现场采访可以在一定程度上满足这个主体的需要，进而对主体产生价值，体育新闻现场采访的意义也就应运而生。

（1）满足体育新闻观众获取信息的需求，体育新闻现场采访迎合了体育新闻受众的心理需求。体育新闻受众有别于其他受众，首先，体育新闻的受众构成以高学历年轻男性为主；其次，体育新闻受众表现出高度的情感卷入，体育受众有比较顽固的触媒习惯；受众在接受体育新闻时专注程度较高等。现场采访可以被看作是体育比赛的延展，可以给观众提供重要的信息，可以增强节目的吸引力并引导观众的情绪。根据体育新闻观众情感投入和专注程度高等特点，体育新闻现场采访是满足观众心理需求的重要手段。

（2）体育新闻现场采访是体育新闻节目质量的体现。对于体育新闻来说，现场采访丰富了报道的内容和形式。尤其是一场体育比赛的转播，如果不作现场采访，呈现给观众的只有比赛的过程和场外解说内容，那么运动员和教练等人的心理活动就无从得知。因此，现场采访是比赛信息的延伸，记者通过对运动员、教练等人的现场采访，能够展示他们的心理活动、观点和评论，因而深化了体育节目的报道内容，并且提高了体育新闻节目的质量。

（3）体育新闻报道现场采访是体育记者素养的体现。记者在体育新闻现场采访中虽然不是主角，但却起到了抛砖引玉的重要作用。衡量现场报道的成功与否，不仅取决于采访对象的回答，记者的问题和现场表现也是重要的评价标准。记者的现场报道几乎不经过任何剪辑处理，直接作为节目终端呈现，因此非常考验记者的现场把握能力。在短短几分钟的现场采访之内，记者所表现出的素养绝不是一日之功，而是记者的知识结构、语言能力、心理素质、应变能力等综合素养的集中体现。

（4）体育新闻现场采访是报道团队协作能力的体现。从体育节目整体编排的角度来看，现场采访是其中的一个报道环节。现场报道得以顺利进行，是前方报道组、演播室、播出导演系统、后勤保障等多方面互相配合和协调的结果。CCTV5 在进行北京奥运会的现场报道时，以“单边报道、多边努力”八个字作为准则，前后方相互关联、默契协作保障了现场报道的质量。因此，体育新闻现场采访是整个报道团队协作能力的体现。

（5）体育新闻现场采访影响大众传媒品牌的形象。为了现场效果的最大化，媒体机构都竭尽所能地派记者前往新闻现场，在新闻现场捕捉第一手的新闻素材，“我在现场”成了传媒领域非常流行的口号。对于体育比赛来说，赛后现场报道是体现“我在现场”的重要手段，因此，体育新闻现场采访在很大程度上影响着电视台品牌的口碑和形象。

10. 经济新闻的采访中如何解决难写、难改、难懂的问题

长期以来，经济报道存在三难，即记者难写、编辑难改、受众难懂。要解决这三难，关键在于采访，

在于记者从业务技术堆里跳出来。

（1）抓问题。经济新闻必须联系生产实际，这是我们组织经济报道的出发点，但如果仅限于对业务观点的报道，肯定是不够的。因此，在报道中，涉及指导生产、推动建设、发展市场经济等内容，就必须依靠不断总结新时期经济运行中的新经验，提出具有普遍性、方向性的新问题，这样经济报道才能上品位、上台阶，内行愿意看，外行看得懂。

（2）抓事实。问题抓准后，紧接着就是要选择有典型意义的事实来回答、说明问题，因为受众最相信事实，并且经济报道说到底是成果报道，因此要摆明事实，只有事实叙述清楚了，业务技术等程序性、术语性之类的难点也就避开了。

（3）选角度。经济报道的角度十分重要，若是选择得好，主题往往就能得到新意、生动地体现，一些业务技术方面的问题也不至于太枯燥。

（4）抓趣味。经济报道要写得有趣味，要像吸铁石一样能够吸引读者。实践证明，只有经济新闻的趣味性突出了，才能吸引受众，而经济新闻能不能吸引受众，关键不在于写作，而在于采访，在于记者能否采集到有趣的事实和细节。

（5）抓通俗。经济报道采访写作中的一个集中难点是技术性术语多、数字多、专业性问题多，统称“三多”，但是经济报道离不开这“三多”，党的方针政策的贯彻实行，经济建设的发展与成就及其重大经济意义、政治意义又必须通过“三多”来体现，因此，记者在采访过程中，要多进行形象比喻、多进行解释说明、多采用数字化算法、多穿插人物活动与具体场景。

如果记者在经济新闻的采访中能够把握以上五点，记者难写、编辑难改、受众难懂的问题就会得到缓解，才能更好地向受众进行报道。

11. 灾害新闻的采访要求

所谓灾害新闻，是指对旱、涝、虫、雹、火、战争及各种人为事故所造成的灾害的报道，灾害新闻具有突发性及与读者的生活密切相关等特点，是读者关心的热点，也是我国新闻界十分关注的问题。因此，记者在灾害新闻的采访过程中也要更加留心和注意。

（1）紧紧抓住灾害报道的突发性特点，使新闻报道迅速、准确、及时。灾害事件发生之后，民众最想看到的信息就是关于灾害的新闻。记者在纷乱复杂的新闻事实面前，如何找好新闻采访的切入点，也是保证报道及时、准确的重要条件。

（2）关注人，才能写出灾害新闻的深度与广度。任何灾难都是针对人而言的，没有人也就无所谓灾难，所以在灾害新闻采访中首先要关注人，更要凸显记者的人文情怀。

（3）灾害新闻牵扯面广，新闻媒介不仅要有快速反应的能力，还要具有报道策划的能力和组织调动的能力。可以说，灾害事件的发生，不仅是对记者综合业务素质的考验，也是对一次完整报道的考验。

所以，如何全面、准确地报道灾害新闻，是目前我国新闻界十分关注的问题，灾害事件报道好了更能够突出全国人民万众一心、众志成城的主旋律，也能为新闻界如何搞好灾害新闻报道积累经验。

12. 网络采访的种类及特点，以及需要注意的问题

网络采访主要是以互联网作为新闻采集的环境，用搜索、采访、下载和编辑加工等多种方式采集新闻信息及相关资源的新闻传播活动。按照互联网的应用分类，网络采访的方式可分为电子邮件、搜索引擎和网络数据库、即时通信工具、网络社区等。随着互联网新的应用出现和互联网 WEB2.0 概念的提出，网络采访类型又有了多种选择，比如 RSS 等。

（1）电子邮件。这种方式比较适合对新闻事件当事人和相关人员进行采访，对新闻事件相关信息进

行核实等。通过电子邮件进行采访，记者无法和受访人进行接触。记者需要做的就是把自己的问题提交给受访人，然后就是等待其回复。

（2）搜索引擎和网络数据库。搜索引擎是对互联网上的信息资源进行搜集整理，然后供用户查询的系统。利用搜索引擎进行信息的查询，其优势是明显的。互联网拥有海量的信息，记者可以随时随地对自己所需要的信息进行查询，省时省力，没有时空限制。但当记者不具备良好的网络应用和信息搜索能力时，面对互联网海量信息，最终会迷失于信息的海洋而不知所措。

（3）即时通信工具。即时通信是一种可以让使用者在网络上建立某种私人聊天室的实时通信服务。通过即时通信工具，我们可以进行文字、图片和文件的传输等，实现信息的实时交互。

（4）网络社区。网络社区是指包括 BBS/ 论坛、公告栏、群组讨论、在线聊天、交友、个人空间、无线增值服务等形式在内的网上交流空间。网络社区的信息发布者以个人为主，虽然其信息的权威性和客观性等都值得怀疑，但作为一名眼光敏锐的记者，浏览网络社区无疑是寻找新闻线索或了解相关人员观点的好途径。

（5）社交媒体。随着移动终端的普及，社交媒体已经成了日常生活中我们与他人沟通必不可少的一项工具，利用社交媒体进行采访也是最快最便捷的一种方式。微博、微信等社会化媒体能够帮助记者更加迅速地找到对象进行采访，获得信息，记者利用好社交媒体也能为采访节省很多时间。

如前论述，通过网络开展采访活动已经成为一种趋势和必然，但是网络是一把双刃剑，网络种种优势也给网络采访带来一些不足和隐患。

（1）难以对新闻事件的现场进行采访。网络采访所提供的环境都是虚拟的，我们与对方的沟通也都建立在网络工具上，记者难以察觉到对方的感情和心境，难以对事件进行全面地观察和理解。

（2）客观性、真实性、准确性难以保证。网络上到底什么是真的？什么是假的？很多时候我们无法辨别。网络时代，虚假新闻时常发生。网络的虚拟性、匿名性要求新闻记者在进行网络采访时注意辨别信息的真伪，不仅仅要求信息是真实的，而且要求记者所采集的信息是准确的。

（3）对记者和受访人提出了更高的要求。网络的发展、计算机技术的发展、软件功能的日益强大，要求记者能熟练掌握各种数字化的设备，要求记者具备良好的网络应用能力和信息搜集、分析、处理、输出的能力。

（4）网民素质低下，网络生态环境恶劣。网络的匿名性给了网民绝对的自由，在网络上自由发言，网络暴力事件时常发生，这会在某种程度上阻碍采访的进行，搜集到的信息也包括一些没有意义的发言。

采访是新闻出炉过程的第一步，也是最关键的一个环节。网络采访方式有其优势和不足，在新媒体环境下，网络采访要和传统媒体采访相结合，根据事件性质的不同选择最适合的采访方式。

第二部分　新闻写作学

一、新闻写作的基本观念

1. 论新闻写作的基本要求

新闻写作有区别于其他文字写作的一些特殊要求。这些要求来自新闻报道自身的特点。其中起决定作用的是，新闻报道作为大众传播产品，需要满足大量、广泛传播信息的需要，同时这种传播是在与受众之间通过快速交流实现的。在相当大的程度上，传播产品与读者观念、组合产品与版面观念决定新闻写作的基本要求。新闻写作的基本要求包括如下方面。

（1）坚持真实性

真实是新闻的第一生命。如果新闻不能坚持真实性，则失去了它存在的价值。新闻真实性的具体要求：构成新闻的基本要素要准确无误；新闻反映的事实的环境条件、过程和细节，人物的语言甚至动作都必须真实；新闻中引用的各种材料，如数字、史料、背景材料等，都必须准确，新闻中涉及人物的思想认识和心理活动等，都必须是当事人所述。坚持新闻真实性，应注意以下方面。

①注意微观真实与宏观真实的辩证结合。整体不是个体的简单相加，宏观也并非微观的简单放大。在很多情况下，单就某一事实而言是绝对真实的，但把它放到全局、大背景下进行考察，则失去原来意义上的真实性。以点代面、用一个侧面否定另一个侧面、片面性、绝对化等都会造成新闻的“总体失实”。

②加强作风建设，消除“客里空”影响。“客里空”是苏联剧作家考涅楚克的剧作《前线》中一个惯于捕风捉影、弄虚作假的前线记者的名字。后来成为记者浮夸作风的代名词。具体表现在：为追求生动感人，“合理想象”增加许多不真实的细节；“合理预言”，加大提前量；夸大其词，胡编乱造；见风使舵，强扭角度。

③提高记者素质，增强辨别能力。有时记者本意并不想造假，但由于素质上的欠缺，或粗枝大叶，或真假不辨也会造成失实。

（2）坚持时效性

新闻报道是时间性极强的文字作品。有些新闻迟发一步，就可能成为没有价值的旧闻。这由新闻自身的“一次性消费”特点决定。

在市场经济的环境里，时效的重要性更加明显，它既是传媒的资源优势，又是资本优势。拥有第一时效的新闻不仅产生社会效应，而且产生相应的经济效益。新闻姓“新”，时间性是新闻的本质特征之一。记者采访必须雷厉风行，随时处于待机状态，争取在“第一时间”赶到现场。

在新闻写作中体现时效性的方法如下：

①新鲜。要加强今日新闻的采写；学会在报道中把最新鲜、最精彩的信息或内容“拎”出来，用最明显的形式摆在读者的面前；寻找新闻的最近点，尽可能找出某件新闻事实“在今天”的依据。“最近点”包括两方面的内容：

a.“一点”，即新闻所报道的“何时”要素，是指新闻事件发展过程中的一点而不是指整段过程；

b. “最近”，即新闻所选择的那一点时间应该尽可能是距离报道事件最近的，是事件发展过程的末端而不是前端。

②快速。记者要学会快速写作，最迅速的应该是“倚马可待”。在消息的电头里，抢发新闻的时间“单位”正在变小。

③简短。把新闻报道，无论消息还是通讯都写得短些、精粹些，对提高时效性有重大的意义。篇幅短了，在有限的版面和时间里，可以多发新闻报道，传递更多的信息。简短有助于突出新鲜的内容；简短还有助于快，新闻报道写得越长，所花费的时间也就越多，发稿自然不会快。

（3）坚持可读性

可读性，是指要把新闻报道写得让读者愿意读、喜欢读、读得下去。要把新闻写得“好看”。落实到新闻写作的行文中，可读性主要体现在要使整个新闻传播的过程做到通畅，没有障碍，要使新闻报道尽量消除自身的不确定性与模糊性，增强其透明度，便于同读者快速交流，使得他们容易接受。坚持可读性，包括具体、生动、通俗三方面。

（4）坚持针对性

新闻写作的针对性有两个特点。

①这是一个灵活的概念，它的精髓在于“具体问题具体分析”。我国的报业市场已经进入多元化的时代。一张报纸与所有读者全方位对接，满足所有读者的需要已经不可能。其原因在于读者人群，换言之，“大众”发生了“裂变”。报纸定位多元化，读者分层明确，自然要求不同报纸的记者要根据本报所面对的读者群的需要，根据本报的舆论引导方向，坚持“具体问题具体分析”的原则，研究和解决各自新闻报道领域中的针对性问题。

②新闻写作的针对性又是一个动态的概念，它不是一成不变的。在一个日益开放的环境里，尤其是像我国正处于社会的转型期，一切都在快速地变化中，不断有新问题、新现象、新矛盾、新事物出现，读者的心理也在随之变化。因此新闻写作的针对性又是一个动态的概念，它要随时跟踪、随时调整。敏锐地追上新现象，对新问题、新趋势所进行的报道，才具有针对性，才能满足受众的需要。

2. 新闻真实与文学真实有何区别?

在实践中，人们常常把新闻与文学误认为一家。初学者更容易把两者混为一谈。划清两者之间的界限，有助于认识与掌握新闻写作的规律和特点。

新闻和文学在写作方式上一样，属于记叙文，新闻主要是通过记叙（叙述和描写）的方式，描述某个新闻事实，使公众的知情权得到满足。但新闻不只是具备记叙文的一般写作规律，新闻真实要求采用新闻文体特有的非虚构记叙方式。

《人民日报》副总编辑梁衡认为新闻与文学“在本质上有严格的区别，简直就是截然不同的两件事”。他曾经撰文提出两者在本质、功能、选材构思、作品的形式与内容、结构与修辞等十二个方面的不同。“本质上，新闻是信息；文学是艺术”。“在功能上，新闻是传播信息，满足人们对信息的需求；文学是提供审美，满足人们对美的追求”。“在选材上新闻以事为主，文学以人为主；有人无事不成新闻，有事无人不成文学”。“在写作过程中，新闻重采访，文学重写作”。梁衡指出：“对新闻来说，采访到了一个好题材，稿件就成功了一多半；对文学来说，作品主要靠加工，包括素材的重构。”

新闻真实与文学真实最主要的区别如下。

（1）新闻记叙的内容应是真实、刚发生的，确有其人其事。而文学写作中的记叙，则是什么内容都可以写，已经发生、还未发生的，真实、虚构的，有很大的选择自由。文学中也有的是写真人真事，也要求真实，但它可以充分发挥想象，写出作者的主观感受，不必太拘泥于事实的每一个细节，不必不差累黍。比较而言，非虚构叙述的话语权比较小，它被限制在确有的事实这样一个范围内。

（2）新闻真实不仅要求基本事实真实，而且涉及这个事实的以及与它有关的每一个细节、每一个数字、每一个材料都不得有误，不能有半点虚假。自由想象的空间在新闻真实性的要求下显得非常狭小。它在内容和语言上显得很是谨小慎微，选词择句，要非常注意它的准确性、质朴性，不敢有任何稍有过分的矫饰、夸张。

3. 为什么新闻写作不能合理想象?

新闻写作要求完全真实，新闻最基本的特点是真实和新鲜，由此延伸出新闻报道的要求：迅速及时。这也是新闻最基本最核心的规律。

（1）从新闻真实性原则来看，合理想象的内容与现实可能产生差距，不符合新闻对于真实性的要求，违背了新闻真实性原则。

（2）从新闻来源来看，新闻的来源只能够来自记者采访他人；记者在现场亲眼目睹；查阅有关资料或他人来信。而合理想象不符合其中的任一来源，会影响媒体的权威性。因此，新闻写作不能进行合理想象。

（3）从新闻客观性来看，新闻客观性的具体内涵包括：诚实；超脱、平衡、公正地对待事物；不抱成见或偏见；不牵扯个人利益，只相信事实且怀疑他人出于价值观的判断。而合理想象是通过新闻编辑记者的个人判断进行的想象，不符合新闻客观性原则。

4. 如何理解新闻写作是一种受限制的写作

新闻写作承担着制作和传播新闻信息产品的任务。它是一种特殊的行为，是新闻报道成品的制作过程，决定着新闻信息能否传播出去，直接影响新闻信息的传播效果。因此新闻写作有着必须遵守的要求，也可以称之为“受限制的写作”。新闻写作的基本要求如下。

（1）时效性要求

新闻报道是时间性极强的文字作品，要体现新闻的时效性，就应该注意保持新闻的新鲜、快速、简短。

①新鲜。要加强今日新闻的采写；学会在报道中把最新鲜、最精彩的信息或内容“拎”出来，用最明显的形式摆在读者的面前，即保持导语的新鲜度。寻找新闻最近的点，找出某件新闻事实“在今天”的依据。

②快速。学会集中精力，不受外界干扰，在不同的工作条件下都能迅速投入写作；学会和养成打腹稿的习惯；熟练掌握新闻各种文体的写作要领，特别要得心应手地运用消息写作的技巧和方法等。

③简短。坚持一事一报。要注意把主题作小，把角度选小，把架子搭小，突出最有新闻价值的事实；化整为零，可以多一些滚动报道、组合报道或连续报道。

（2）可读性要求

①具体。选题角度、报道内容要具体；新闻报道的叙述以及情节、细节也要具体。

②生动。新闻报道一定要“见人”，这是让稿件“活”起来的一个关键；新闻报道能否生动，与结构也有很大的关系。

③通俗。解决“新闻官腔”的问题；要学会“第二种翻译”，用浅显的文字、生动的比喻或者老百姓熟悉的语言来讲述、表达或说明新闻报道中的内容；巧妙地处理新闻报道中的数字。

（3）针对性要求

了解传播对象，明确传播目的。

①加大信息量。学会多侧面地进行报道，或称作写“立体化新闻”；学会使用新闻背景；用尽可能少

的信息符号传递尽可能多的新闻信息。

②加大知识含量。加大新闻报道中的知识含量，即是要讲究科学性，要注意挖掘和展示信息背后的某种客观规律。

③挖掘思想深度。思想深度决定新闻报道的影响力。

5. 请简述“标题党”现象及其对新闻写作的影响

“标题党”是互联网上利用一些具有创意或独特的标题吸引网友眼球的信息发布者转发者的总称。

目前，更多地指的是在各种媒介的传播过程中，尤其是在网络媒体和娱乐报刊上，用夸张、歪曲等手段加工制作耸人听闻的、与实际内容并不相符甚至截然相反的标题，以吸引受众或阅读者的关注的信息发布者。“标题党”制作耸人听闻的标题本质不是为传播信息本身，而是为了引起受众、用户的关注，获取他们的注意力，从而得到更多的经济利益。以市场、商业的方式运作新闻，损害事实和信息本身，进而会伤害媒体公信力。

（1）损害媒体公信力，败坏社会风气

越来越多的“标题党”在标题上大做文章，这些不实的新闻标题如同“癌细胞”一样，蚕食着媒体的公信力和社会形象。“标题党”的蔓延，严重背弃了新闻理论和社会道德。而且，随着受众年龄逐渐低龄化，“标题党”的错误做法很可能会被迅速传播、效仿，会给广大受众价值观的形成和社会风气造成极大的冲击、污染。

（2）误导社会公众对新闻事件的正确判断

“标题党”扮演了一个严重偏离真相的推手角色，对原本新闻事实进行肆意篡改，甚至凭空捏造，这样的新闻误导了受众，使受众对新闻事件产生了错误的价值判断。

（3）扰乱媒体秩序，拉低了公众媒介素养的底线

“标题党”的出现一次次地挑战和考验整个社会的道德标准。网络媒体如此放任和助长“标题党”，也必将拉低其本身的素养，损害自身的社会形象。

（4）对新闻当事人造成极大伤害

在速读时代，人们往往只阅读新闻标题，或者被新闻标题吸引而并未仔细阅读新闻内容，这样曲解原意的标题必然招致网友对报道的错误解读，并引发广大网民不理性评论和跟帖，进而引发网络暴力。这对新闻当事人的声誉和心理都造成了严重伤害。

（5）“标题党”的蔓延会造成恶劣的政治影响

现在，有些“标题党”利用官方媒体的权威性和公信力，肆意给新闻事件扣官方媒体的帽子，这不仅进一步激化了社会矛盾，更损害了政府公信力，损害了党群、干群关系，甚至可能在国内外都造成恶劣的政治影响。

二、新闻写作的技巧

1. 写作过程中如何才能增强新闻的可读性？

可读性是指要把新闻报道写得让读者愿意读、喜欢读、读得下去，简言之，把新闻写得“好看”。“好看”的新闻报道，一般要求做到以下几点。

（1）具体

具体主要是指新闻报道要用事实说话，而且多用形象的可感性事实说话。读者对这样的事实容易产生兴趣，接受与理解得也快。要做到选题角度、报道内容要具体；新闻报道的叙述以及情节、细节也要

具体。

（2）生动

写得生动，通常是指把新闻写“活”，即要求新闻报道富有感染力。

①在某些方面“生动”与“具体”是联系在一起的，一般而言，越是写得“具体”就越容易生动。

②新闻报道一定要“见人”。这是让稿件“活”起来的一个关键。在绝大多数新闻事件中，人是最活跃的因素，或者说，人是构成新闻事件的主体。新闻报道是报道人在社会生活中的各种表现，人与自然、人与社会、人与人之间的各种关系的变化。因此，在写新闻报道时若是抓住了这个最活跃的因素，稿件便生动，便“活”。反之，若是失去了这个最活跃的因素，稿件就容易死板、干瘪。

③新闻报道能否生动，与结构也有很大的关系。无论消息还是通讯写作，都要注意谋篇布局，注意新闻事件的戏剧性和冲突性。生活中存在许多错综复杂的矛盾，如果记者善于抓住矛盾，又善于运用文章的结构把其戏剧性或者冲突性体现出来，那么写出来的报道则波澜起伏，而曲折起伏本身就是一种生动。

（3）通俗

通俗，是要把新闻报道写得深入浅出，明白如话。传播产品应该是普及性的，如果文字艰涩难懂，将造成受众阅读的障碍，直接影响传播效果。因此记者必须学会把新闻报道写得通俗浅白，也就是说要尽量提高传播产品的清晰度，以减少传播阻力。

①解决“新闻官腔”的问题。不能把来自某些权力机关的新闻发布、领导讲话稿、工作简报之类的材料拿过来，不经采访，也不经任何文字消化加工与改写，就当作新闻报道原文照登。

②要学会“第二种翻译”。“第二种翻译”是指用浅显的文字、生动的比喻或者老百姓熟悉的语言来讲述、表达或说明新闻报道中的内容。每个行业都有一些圈外人不懂或不太懂的“行话”，记者在新闻写作中要注意对此进行解释与说明。要用所有读者都能充分理解的语言进行报道，在稿件中尽量删除一切技术词汇和含混不清的行话。

③巧妙地处理新闻报道中的数字。数字是很重要的事实材料。新闻报道离不开数字，尤其经济新闻更离不开数字。全局性、易懂易记的数字能加强传播的力量，但堆砌大量数字却肯定会削弱传播的清晰度，因此要巧妙地处理好数字，使其内容通俗易懂。

2. 简述在新闻写作与呈现方式上引起阅读兴趣的策略

（1）标题需要有新意

新闻标题是新闻内容的高度概括，是新闻不可缺少的重要组成部分。在当今社会，信息量日益增大。人们在阅读新闻时具有明显的选择性，而标题犹如新闻的门面和眉目，是读者先于内容看到的。编辑是否采用某一篇新闻，读者是否决定阅读某一篇新闻，往往取决于新闻的标题是否具有吸引力。而那些具有某些特色的标题，往往会引起读者的阅读兴趣，从而引导读者进一步阅读新闻内容。因此，拟定出具有特色的标题，是新闻写作的首要问题，也是新闻工作者不断探讨研究的问题。

（2）导语概括出最重要事实

新闻导语即消息的开头，它以极其简洁的文字，写出消息中最重要、最精彩的事实，提纲挈领，牵引全文，吸引读者。

（3）采取倒金字塔形式

倒金字塔结构是按照新闻价值的大小，即新闻事实的重要程度、新鲜程度，以及读者感兴趣的程度等，依次将新闻事实写出的一种结构形式。采取倒金字塔结构能够更好的突出新闻中的重点信息，引发读者的阅读兴趣。

3. 新闻报道怎样做到较好地用事实说话？

新闻写作的基本方法离不开两个要素："事实"和"观点"（即说话），它的特点在于两者结合的方式。从形式上看，新闻报道，尤其是动态消息，并不直接论述对事实的观点，即不发表有形的意见，而是叙述和再现事实，运用事实本身的逻辑反映现实，采取"寓论断于叙事之中"的方法，即发表无形的意见，这是新闻报道特殊的价值和独特的作用。

用事实说话是新闻写作的基本规律。总之，新闻写作最基本的内容是事实；新闻写作最基本的素材是事实；新闻写作成败最具决定性的因素是事实。没有过硬的事实，有再过硬的笔头也是做无用功。新闻写作最基本的手段是如何运用事实。用事实说话的典型手法：

（1）选择典型事实说话。典型事实应具有以下特点：

①它必须是鲜活的读者所未知的事实；

②它必须具有重要性而且是具体的事实；

③接近性可以强化典型事实；

④有的放矢也是选择典型事实的一个标准。

（2）通过再现场景说话

"再现场景"是指把新闻事实的某些现场情景具体地描述出来。"场景再现"在有关新闻写作的一些论述中还被称为"以氛围逼真"，即"让受众犹如身历其境地感受新闻的存在和发展"。这种再现的写作方式虽然难度比较大，但它所增强的可感性显著，对读者说服的效果相应地也显著。

第一人称再现法，是由记者直接把读者带入现场，也是"再现场景"常用的一种手法，它具有特殊的真实魅力，使得读者在"请看事实"的过程中，接受与领会记者传达的信息、想说的话。应该注意以下几点：

（3）运用背景材料说话

背景材料在新闻报道中有许多作用，其中一个不可忽视的作用，是通过灵活地使用背景材料，巧妙地表达记者的观点。运用背景材料说话，通过背景材料表达记者的倾向，是客观报道的主要手法之一。

运用背景材料说话：

①善于联想。这是一种通过把所报道的新闻事实，与其他一件或几件事实关联起来陈述的方法，暗示与引导读者进行联想，从而得出结论。

②善于对比。这是指通过背景材料进行对比与衬托。

③不同的背景材料表现不同的观点。新闻事件是复杂多样的，每个新闻事件经常可以找到多方面的相关背景。报道同一件新闻事实，由于选择和运用不同的背最材料，从阅读的效果分析，会对读者的判断产生不同的影响。从用事实说话的写作方法分析，记者可以表现不同的倾向性和观点。

4. 结合相关案例，论述如何正确使用新闻语言

新闻语言指"新闻作品的语言"。一篇好的新闻作品，不但要选好主题、体裁，有一个清晰、完整的思路和充实的内容，正确地运用新闻语言更是至关重要。

判断新闻作品使用语言文字是否正确，是否恰当，主要看文字的运用是否符合新闻写作的要求。经过长期新闻写作的实践，新闻作品所使用的语言，已经形成区别于文学、科技、军事、经济、理论等其他作品的一些特点，它有自己特殊的概念、特殊的语言表现方法、特殊的语言结构方式。

新闻语言是从新闻的角度对全社会进行"选择"和反映时所用的工具，它的本质是信息传播的语言、

报道事实的语言、解释问题的语言、快速交流的语言。新闻语言是新闻传播最基本的工具，它可以形象地揭示新闻内容，表达作品思想的准确性和深度。

（1）新闻语言要具体准确，忌抽象含糊

具体不是空洞，不是概括，更不是抽象。具体是指原原本本地说出或写出事物的具体情况。新闻要实事求是地反映客观事实，事实是具体的、真实的，不是抽象的、虚假的。因此，记者在写稿时要对新闻的要素，如时间、地点、人物、事件经过、事件原因、事件结果等，叙述、描写必须准确、恰当，能具体的要尽量具体，切忌抽象、含糊。

有的报道失实，是由于记者对相关用语理解不透造成的。如某报刊登严厉打击偷税抗税活动的稿件，标题是《一无照个体户偷税 36 万被依法逮捕》。其中“无照个体户”用语不准确，按照有关规定，依法核准登记才为个体户，即凡个体户应有营业执照。这位偷税者“无照”，则不是“个体户”，应该称为“无照经营的商贩”。

报纸上的文字一定要表述清楚准确，否则往往会引起误解。如某报刊登的宣传当地驻军的新闻，内容是：“在驻我国三亚市境内的某海军四连菜园里，官兵们经过半年多时间培植出一株首次结果竟达 216 枚的木瓜树”。其中“驻我国”和“某海军”在表述上就有问题。“驻”意思是军队停留在某地或机构设立在某地，特指为军事目的或执行公务而驻扎、留驻，意思是一个地域的机构或个人因执行公务住在另一地域。例如“哈尔滨市人民政府驻上海办事处”“中华人民共和国驻美国大使”“路透社驻北京记者”等，都是从原来的地方到另一个地方常住工作。用“驻”有一必要条件，是必须易地。海军是中国军队，所以用“驻我国”不合适。具体、准确虽只有四个字，但这是一个很高的要求，需要编辑、记者下大力气才能做到。

（2）新闻语言要简洁明快，新鲜活泼

新闻要新是指要快，它所使用的语言必须简洁明快，开门见山，切忌啰唆拖沓。新闻的内容是新鲜的，表达新闻内容的语言也应新鲜活泼。生活丰富多彩，新闻也应多彩，新闻语言也不应色调单一，枯燥无味。活泼的新闻语言往往能够起到吸引受众眼球的功能。

一般而言，任何文字作品的语言都要简练，惜墨如金，力戒大话空话，以便能达到言简意赅。正像任何人都愿意听格言、警句式的语言，而不愿意听“车轱辘话”一样，新闻作品的语言尤其应该崇尚“以一当十”，不要空话、废话，要尽可能短小精悍，使人一目了然。要用最恰当的词汇和最精当的语言结构把新闻事实如实地表述出来，否则读者是没有耐心读下去的。鲁迅在介绍自己的写作经验时指出：“写完后至少看两遍，竭力将可有可无的字、句、段删去，毫不可惜。”从新闻宣传的效果来看，许多短的、谮言简练的作品都能够给人留下深刻的印象，产生好的反响。

写新闻，是记录这个时代发生的事情，在一定意义上看是写历史。因此，写新闻运用的语言，也应该是时代的语言，使这个时代的人都能明白。时代是变化的、前进的，新闻语言也应该随之变化、前进，随着国际、国社会环境的变化而随之变换。近几年来，随着改革开放的不断深入，世界科学技术日新月异的发展和人们生活的日趋丰富多彩，人们的生活习惯和思想观念都发生了深刻的变化。这些变化反映在语言中就是大量的新鲜词语、新概念，尤其是自然科学领域里的一些概念、经济生活领域中的一些概念、互联网络中的一些语言，被引入到新闻作品中，使新闻作品的时代气息更加浓郁，也为新闻写作开辟一条新径。

语言生动、形象，并不在于使用多少华丽的词藻或形容词之类。把事实如实加以记录，常常比堆砌形容词更为生动。鲁迅曾指出，“有真意，去粉饰，少做作，勿卖弄而已。”郭沫若也曾指出，“要使文章生动，我想，少用形容词是一个秘诀。”

（3）新闻语言要浅显明白，朴实通俗

新闻是新近发生的事实的报道，它为人们所普遍关心，有广泛的群众性。一篇新闻本身价值的实现，最后要通过读者来体现，而读者受教育程度、文化素养千差万别，高低不一，做到新闻语言通俗化，才能吸引和服务尽可能多的受众，才有媒体存在的基础。文章晦涩难懂，编辑、记者自以为高深渊博，见多识广，实际上读者不看，或者看不懂，新闻本身价值的实现就会受到影响。而新闻作品同文学作品、学术论文又不同，一般不需要细细咀嚼，不必慢慢欣赏。从新闻传播对象的广泛性来考虑，新闻语言要求通俗易懂、浅显明白，切忌古调洋腔，尽量避免使用生僻字词，少用难以理解的土语方言。某些新闻如果不用专业技术名词会影响表述的准确性，但也只能在非用不可的地方少用一些，并尽可能做一些必要的通俗解释。

新闻语言是传播的语言，传播是面向广大群众、广大读者的。如果不通俗，怎么为广大的受众接受呢？当然通俗也应该包括生动的内容。因为生动的东西往往可以被更多的人所接受，于是便有了群众性。因此，要尽量使用通行的、朴实通俗的语言来写文章。

5. 简述选择新闻角度的几种方法

（1）以旧见新找角度：以旧见新要求记者在报道老题材、老话题时，要善于将过去的报道与今天的现实联系起来，从旧闻中发现新闻，推陈出新。

（2）以小见大找角度：这是指表现大主题可以选择小角度，即“寓大于小”，大处着眼，小处着手。从某种意义上看，以小见大由新闻的特点决定。任何新闻都不可能面面俱到，它是经过选择的事实的一个“剖面”，一个“片段”。具体到这个“剖面”，还有报道的角度问题。若摆开架势，把角度放得很大，只能蜻蜓点水，不利于主题的深化。而选好一个小角度，像钉子一样，入口小、钻得深，容易把握，并能够写得具体。

（3）虚中觅实找角度：虚中觅实主要指对一些抽象性、概念性强的事实材料要尽量寻找其中所包含的实在而具体的内容，从这个角度入手表现整个事实的新闻价值。

（4）逆向思维找角度：逆向思维，是指遇到有些事，可倒过来想，在这种类似“反思”的过程中寻找新闻角度。逆向思维可以帮助我们摆脱困境，突破老一套的模式。

（5）发散思维找角度：发散式思维，运用在新闻写作中，即要求以一个新闻目标（或一个新闻事物）为中心，把思路向四面扩散，沿着不同的方向、不同的角度思考问题，从多方面寻找解决问题的答案。在思考时，思路要具有流畅性、变通性、独特性。这种思维方式符合绝大多数事物的多因多果的客观实际。运用发散式思维可帮助发现和挖掘事物更多的角度与侧面。

（6）统摄思维找角度：统摄思维又称聚拢思维，与发散思维相反，这种思维的态势是向心的，思维的方向是向着一个点或几个点集中，以求得对新闻事实更深刻的认识。一般而言，这种统摄首先要把采访所得的具体新闻素材和具体观点聚拢，然后把这些事实与事实的意义向一个点或几个点集中，并进行深度挖掘以接近事实的新闻内核，聚焦点越来越小，越来越集中，最后就可能找出一个最佳聚拢点，这是报道这件事实的新闻角度。

（7）全局高度找角度：全局高度，是指宏观高度和大局意识。如果一个记者能够以全国的形势、情况、问题、动向以及经验作为社会大背景，具有宏观与全局的眼光，那么他在选择、掂量某一件具体的新闻事实时，会找到把握时代脉搏的最佳角度。而一些地方新闻要想提升其新闻价值，也首先要“吃透上头”，即明确中央的精神，把本地新闻与具有全国意义的普遍问题联系起来，其新闻价值自然升值，针对性大大提高。

6. 怎样认识非事件性新闻的特殊价值？

非事件性新闻报道的是社会问题、社会现象，或者某些可供参考的信息、方法。它们往往没有明确的行为主体，没有事件所具备的明晰的时空界限，缺少具体的发生、发展过程。非事件性新闻的日益增多在于其特殊的传播价值。

（1）以消息体裁报道非事件性事物，可以进一步拓宽新闻的报道面。教育的普及使人们对“大世界”更为关心，“信息欲”也更为强烈，单纯报道事件已不能满足读者的需要，媒体肩负着提供更加丰富多彩信息的重任。非事件性消息报道内容的无限性拓展了新闻报道领域和范围，适应时代和读者的需要。

（2）非事件性消息有助于发挥媒体的“主体意识”。“主体意识”是指记者不但要对事件进行分析，而且要改变只关注已知事件、被动采访的做法，促使记者主动去采写尚未构成事件的社会问题。非事件性新闻的报道，促使记者主动寻找报道题材，在更广阔的领域发现和提出问题，从而发挥新闻报道的舆论监督和舆论引导作用。

（3）一些非事件性新闻具有“读物”的性质，有欣赏价值和“抚慰”作用。趣味性、情趣是“读物”的主要特色，一部分富有人情味、知识性、趣味性的非事件性新闻，可以给读者带来精神的愉悦。

（4）非事件性消息可以为媒体采制独家新闻创造条件。由于独家新闻采访范围的限制，大量的非事件性报道，因其多是建立在尊重事实和调查研究基础上的策划上，便于智取，所以就成了媒体推陈出新，超越对手的有效武器。

7. 结合实例分析新闻跳笔的特点和手法

定义：新闻跳笔是一种重要的新闻写作笔法，是指在新闻写作中，对新闻事件的叙述和描写不是按照事件发生的先后次序和逻辑次序对事件进行详尽、面面俱到地叙述和描写，而是把不太重要的情节、片段、段落省略掉，简练概括地勾勒出新闻事件，从而达到特定的艺术效果。

特点：新闻跳笔的特点是在文章结构上呈现多段体。与一般新闻作品要求的上下文衔接、连贯、讲究起承转合等不同，它主张“跳”，在句子与句子之间、段落与段落之间可以有，甚至必须有较大的跳跃。

（1）短段落，多分段

段落是区分内容和层次的手段。跳笔在提行分段上的一个特点，或者说它的核心就是多分自然段，并且每段都不长，用短段落来划分内容与层次。

（2）断裂行文

新闻跳笔所要求的“断裂行文”，是指段落之间不按照时间的顺序，或者事实的原始过程从头排列，不面面俱到，不平铺直叙，不必顾及程序、顺序或者层层推理的逻辑，而是打破时间与空间的限制，只着力突出读者最感兴趣的新闻事实，把它们之间用跳跃的方式组织起来。

（3）借用电影的“蒙太奇”结构

把通讯中的某些情节、场面、细节写成镜头感很强的段落，然后在这样一些段落之间，运用跳笔省略过程的叙述，突出事物的主要特征，类似电影镜头推拉摇移，把它们连接起来。

（4）加大句与句之间的跨度

事实主体之间的变化与跨越；在描述与议论之间的变化与跨越；现场与背景之间的变化与跨越；由远到近或者由近到远的时间与空间跨越；由概述到细节的粗与细、简与繁的跨越；还有各种笔法，例如倒叙、插叙、比喻、排比等之间的跨越，等等。

8. 新闻标题写作基本原则

（1）要坚持正确的舆论导向

在制作新闻标题时要坚持以正面宣传为主，在坚持正确舆论导向的工作实践中处理好主旋律与多样化的关系，充分发挥新闻的正面引导作用，积极营造良好的舆论环境和氛围。

（2）要清晰准确地说明新闻事实

新闻事实的概括要准确，做到题文一致，新闻事件的评述要掌握分寸和度，多用名词和动词，少用形容词和副词，简单明了地将事物的发展动态说清楚，并且保证事实传递的准确性。

（3）要简洁凝练，尽量概括新闻要点

要基本涵盖新闻的主要内容，或体现报道观点，或概括一个深刻主题，都要做到“标题即新闻”，充分发挥导读作用。

（4）要突出重点和亮点

标题应以“何人”和“何事”为主，尤其以“何事”为中心。突出新闻中最新鲜的事实、最重要的事实、最有特点的事实、最本质的事实，最具有冲突性的内容、最显著的内容和最有趣的内容。比如说，会议新闻的标题拟定要力求挖掘会议主旨，突出会议亮点，尽量避免以会议的名称来拟定。

（5）要贴近受众，增强新闻吸引力

新闻标题拟定要充分考虑受众阅读需要，要有吸引力。从词语方面看，就是使语言更贴切；从修辞方面看，就是使语言生动活泼，可考虑使用恰当的修辞手法；从句式方面看，就是尽可能使用主谓结构或动宾结构的句式，多使用对偶、排比句式，呈现出严谨、整齐、凝练、鲜明的印象；从语态和时态角度看，就是多使用主动语态，以便于正面直接表达，形成简明、生动、有力的效果，尽可能使用现在时和将来时，而不采用过去时，等等。

9. 简述网络新闻标题的制作要点

在传统媒体中，标题是新闻的眼睛，它同样也适用于网络媒体，甚至更加重要。网络新闻标题具有提示内容、评价新闻、吸引受众、信息索引、美化版面等作用。可以说标题对网络媒体的重要程度远远超过报纸、广播和电视。制作网络新闻标题时要注意以下几点。

（1）题文一致

题文一致主要是指标题与新闻内容的一致性。编辑在制作标题时不能刻意强调新闻的一个方面而忽略了另一个方面。现在许多网站为了吸引网民的眼球，增加点击率，在标题中对网络新闻进行曲解，增加一些噱头在其中。这可能会在短期内增加新闻的点击率，但是长此下去，对网站的声誉和健康发展会造成极大的损害。

（2）重点突出

新闻信息的重点要在标题中得以体现，很多网民在浏览新闻网页时可能只是浏览新闻标题，因此网络编辑要把最具有新闻价值的部分突显出来，可以从以下几个方面入手：突出最新鲜的事实、突出最重要的新闻要素、突出最具趣味性的内容、突出最具冲突性的内容，只有重点突出的新闻标题才会受到受众的关注。

（3）简洁凝练

网站的页面空间是有限的，网民的时间和阅读习惯也决定了在一个页面上不能放置过多的标题。因此，网络新闻标题务求简洁，用最少的字数把最重点的内容表达出来。

（4）新颖生动

编辑在制作网络新闻标题时要注意标题的新颖性，运用多种手法对标题进行改变，让受众看到眼前一亮的标题。可以采用新的角度，做出独树一帜的标题，也可以用新名词或者是流行语来组织标题，吸引受众。另外，要运用多种表现手法，增强新闻标题的生动性。

（5）易读易懂

网络新闻标题是把信息呈现给最广大的网民，编辑在制作网络新闻标题时，要注意标题的大众化，做到易读易懂。用大众熟悉的语言与大众习惯的手法制作标题，让大家一看就能明白新闻内容与新闻重点。特别是在遇到一些涉及专业名词的新闻时，网络编辑要巧妙地转变，让普通大众都能接受。当然，大众化不等于媚俗化，编辑在制作标题时要注意把握度的问题。

10. 举例评析新闻标题制作与走向

标题是新闻的一个不可分割的组成部分。对传统纸媒而言，标题是新闻的眼睛，因为读者翻开报纸版面，首先吸引他们注意力的就是标题。而题文分离、屏幕视野、受众新阅读习惯与心理等因素致使新媒体新闻标题极其重要，可以说是一条新闻的半个生命。新闻标题的制作与走向也发生了翻天覆地的变化。

（1）新闻标题的制作与走向

目前大多数新媒体新闻标题多采用实题，比如以下标题都是典型的高度凝练新闻内容的实题：《中方：反对在联合国经费分摊问题上被区别对待》（2015 年 10 月 10 日）；《河南在建房屋坍塌 29 人被埋已致 3 死》（2015 年 10 月 30 日）。如果网络新闻标题采用抽象化与说理性的语言，可能让读者糊涂从而望而却步，不愿意再往下继续读新闻，导致新闻内容的失效。之所以采用实题，就是要求标题以表达叙事新闻内容为主，重点叙述新闻中的具体人物、事件与行为，要高效地传播新闻素材。一条新闻标题就要成为一则微型新闻（mini-story）。

新媒体新闻标题要高度揭示新闻事件的内容，做到言之有物，以最精炼的文字提供尽可能多的信息，力戒华而不实、内容空洞的标题，要能做到用简短的标题把新闻的核心价值说出来并说清楚、明白。

（2）设置悬念来提高吸引力已成常态

面对巨大的新媒体新闻受众市场，几乎每家媒体都开设了“两微一端”，门户网站都有手机新闻浏览器，甚至连视频平台、社交软件、电商等也开始涉足新闻资讯类应用。然而，全球化与市场化使媒体竞争越来越呈现出极致化寡头独占或“赢者通吃”的态势。为了能在竞争中吸引更多的受众，立于不败之地，新媒体多在标题中设置悬念来吸引受众。

（3）存在的问题：“标题党”现象严重

提高新媒体新闻的点击率与传播力，制作有吸引力的新闻标题只是重要的一步。追求新闻标题的吸引力不能过度，如果肆意而为之，恐怕要沦为我们通常所讲的“标题党”，后果与影响也将非常严重。“标题党”首先损害的就是新闻的本质与媒体的公信力。从长远看，“标题党”不但不会起到吸引受众的作用，反而会丧失受众。

标题是新闻的重要组成部分，所以新媒体新闻标题首先要遵从新闻的客观、准确、真实的要求。如果新媒体新闻标题制作不遵从新闻专业主义原则，一味过度追求吸引力，则必然导致文题不符、辞藻浮夸、华而不实的“标题党”现象泛滥。然而，未来新媒体新闻标题发展趋势是媒体、社会与受众共同作用的结果，其背后是商业利益与社会责任的较量。新媒体新闻标题只有把媒介对空间的偏向与对时间的偏向有机有度合理地结合起来才是未来媒体发展的“王道”。

11. 简述网络新闻标题的特点

（1）简洁明了

用最简洁的语言、最直接地把主要新闻事实说出来，而不必像传统报纸那样，讲究各种修辞表达方式，讲究生动形象、对称有韵味等。因为对于众多网络新闻消费者来说，短时间内尽快获知重要新闻才是最主要的目的。

（2）一行实题

这是由网络新闻海量、可存储的特点所决定的。面对互联网络浩如烟海的新闻信息，受众要找到自己需要的信息，新闻标题必须具体实在。一是避免网民因标题太长而分散注意力。二是由于网络新闻在主页上只有标题列表，如果出现虚题，网民可能会不知所云。

（3）求新求活

标题要富有内涵，要求新求活，努力把一行实题做出报纸多行标题的韵味。尽管网络的特性决定了网络新闻标题必须简练，但它作为吸引网民进一步阅读新闻的门径，必须做到新颖、活泼，充分反映内容来吸引“眼球”。

（4）特殊处理当日最重要的新闻标题

在报纸上，最重要的新闻一般都放在头版头条的位置并加以强势处理。网络新闻主页不具有报纸版次、版位、加框加线等版面编辑语言，但突出强调同样可达到先声夺人的效果。比如，配发新闻照片，辅以大字号加大加粗处理的标题等，使每日新闻都有“焦点”，成为与其他新闻网站竞争的“招牌”。

（5）一文多题

由于网络媒体有二级或三级页面的设置，主页标题一般简洁直接，网页内的文章标题相应地就要提供更多更完整的信息，似乎更接近于传统报纸的标题。从主页醒目简练的标题到网页内更具体明确的标题，到新闻报道的全文，再到相关背景资料和深入分析以及相关链接，层层递进，向读者提供全方位详尽的报道。

（6）避免煽情化

网络煽情新闻的标题往往是卖点所在。因为在网络新闻的发布中，由于信息容量极大，而且网络新闻的非线性传播模式又不同于平面媒体，新闻在网页中往往是以标题的样式出现，只有受众对此标题感兴趣，才会点击观看详细内容，浏览相关的内容，所以网络新闻的标题就显得格外重要。因此，不少媒体在编辑制作标题时，就加入了刺激受众“眼球”的信息，以增强新闻的吸引力。这种挂羊头卖狗肉式的标题无疑会破坏读者再次阅读的热情，因此应该尽量避免煽情化。

12. 导语的产生和变革

新闻导语最早产生于 19 世纪 60 年代，是随着电报在新闻传递中的应用而产生的。它开始于南北战争期间的美国，以后逐步推广到欧洲和日本。在 20 世纪初，我国新闻界也开始使用新闻导语，由我国新闻理论的开拓者涂宝瑛、戈公振、邵飘萍、任白涛等人从欧美把它引进来，我国报纸上的消息开始也有了这样的导语。最早的导语被称为第一代导语，随着新闻事业的发展，经过一个多世纪的演变和创新，已经发展为第二代、第三代导语。

第一代导语，最早产生于 19 世纪 60 年代。1861 年，美国南北战争爆发，美国的大通讯社以及一些大报馆纷纷派出记者前往前线采访。这些记者开始采用莫尔斯发明的电报发稿。由于电讯技术还很不完善，加上战时电报机械和线路经常发生故障。有时记者写的以前形式的消息，发了开头或一半就中断了，编辑部收到的文字缺乏新闻要素，往往编不成一条消息。在这种情况下，编辑部想出一个急救的办法，要求前线采访的记者在写消息时，先将报道的事件发生的时间、地点、人物、事物和原因等读者最关心的要素统统写入消息开头的第一段，细节放在以后再说。这样写出的稿件即使发报过程中因出故障而中断，只要编辑部收到具有上述要素的第一段，也可成为一条消息。

第二代导语，产生于20世纪30年代以后，随着电讯事业的发展，当信息传播的技术障碍消除后，记者不必担心线路突然中断等故障而影响消息的传送，六要素俱全的导语就不再成为必须遵循的原则。特别是广播媒体出现后，为了与报纸竞争，就不得不改革新闻报道的方式。因此，一些记者主张，应根据每则新闻的特点，从新闻要素中挑选一两个最重要、最有感染力的要素，突出地写入导语之中，以突出最有价值的新闻事实，而将其余的要素放到后面的段落中加以叙述。这种以最少的“W”突出新闻事实中的“部分要素”，表达新闻精华的导语，便是第二代导语。第二代导语，也称“部分要素”导语，即指导语中只包含“六要素”中的部分要素。只把五个“W”中的最重要的因素置于导语中，只有两个或三个“W”。该类导语通常突出“六要素”中最能激发人们兴趣的，或者内容最重要的。

第三代导语，产生于20世纪60年代，当时新闻界的竞争愈加激烈，高科技的通信设备又使新闻记者如鱼得水，读者的阅读水平日益提高，对新闻报道的要求日益提高。在这样的背景下，第三代导语产生了。第三代导语，也称丰富型导语。在“第二代导语”突出部分要素的基础上，“第三代导语”与之一脉相传，把落脚点放在了“如何去突出这些部分要素”上。第三代导语既是对第二代导语写作的继承与发展，同时又是对第二代导语写作的重大突破。这种导语的特点是在保持新闻报道特色的前提下，更多地运用一些文学笔法，写法上不拘一格，追求新颖的构思、精美的语言、灵活的表现手法，强调导语的自由和吸引力；导语写得丰富多彩，生动活泼。

13. 导语写作的基本要求有哪些？提出这一要求的理由是什么？

（1）导语写作的基本要求

①导语必须有实质性内容，不能虚晃一枪、空泛无物。实质性内容是指新闻事实，或者事实中的要点，如某人讲话中特别值得关注的部分等。既然导语的任务是开门见山，报告新闻事实、吸引读者，它就不能不按照这个要求来写，否则，读者从导语中一无所获，甚至感到莫名其妙，便会对整篇消息失去兴趣。

②将最具新闻价值、最有吸引力的事实写进导语。导语写作仅有明确、具体的事实还不够，记者必须将新闻事实中的精华挑选出来，写入导语。有三类材料应在首选之列：

a. 选用最新鲜的材料；

b. 选择最重要、最具影响力的材料；

c. 选用最有趣、最富戏剧性和人情味的材料。

③炼字炼句，力求简短。导语不可太长，字数过多，一会淹没“亮点”、冲淡趣味性；二会导致沉重，令读者失去耐心。为了保证导语的鲜明性和可读性，要尽可能把字数限制在30~50个（英文）字以内。长导语占的报纸栏目太多，往往行不通。

④力求优美生动。导语应给人以美感，这是导语吸引读者的又一手段，也是导语写作的更高追求。导语的美，来源于两个方面：一是开掘、反映出新闻事实内在的美；二是讲究文采，做到语言美。

（2）提出导语写作基本要求的理由

对导语写作提出上述基本要求，是由导语在消息中的地位和任务所决定。

①导语是消息的生命所在。导语位于消息的开头，是新闻的结果、提要和高潮，提示新闻精华，发挥着导读作用。

②导语的任务举足轻重。人们之所以重视消息的导语，是因为导语肩负着十分重要的任务，起着举足轻重的作用。导语的任务主要有以下几项：

a. 导语开门见山，尽快地报告新闻事实，传递最新信息，使人“一眼便知”；

b. 吸引读者，使人“一见钟情”，导语的首要目的就是吸引读者；

c. 导语为全篇定音，导语确定了写作重点，明确了主题，决定了消息的基调。

14. 新闻背景材料运用时的注意事项是什么？

新闻背景材料若运用得好，可以解释、烘托和深化报道主题，使新闻所包含的内涵更为明白显豁；有助于突出新闻的特点，提高新闻的价值；能代替作者的议论从而使新闻显得客观；还可以传播知识，为新闻报道增添情趣，增强新闻报道的可读性。

从某种意义上看，新闻背景材料与主要新闻事实的关系，就好比是绿叶和红花的关系。“红花虽好，尚需绿叶扶持”。有了新闻背景的衬托，新闻事实中所蕴含的精彩内容才能格外清楚地展现在读者面前。但是凡事都有一个限度，“绿叶”太多了，就会把红花掩盖掉。所以在运用新闻背景材料的时候，一定要注意以下几点。

（1）新闻背景一定要紧扣报道主题或主要新闻事实，要尽可能少而精，防止喧宾夺主。凡是与报道主题关系不太紧密的背景材料，一定要坚决删除，不能东拉西扯、枝蔓横生，令读者舍本逐末。有些尽人皆知的背景知识就不必再写入新闻稿中了。

（2）运用背景材料要有明确的针对性，回答读者关心的问题。写新闻报道要研究读者对象，懂得读者心理。不同的报纸有不同的读者对象，他们的接受能力、对外界的关心程度和了解程度往往有较大的差异，因而在为不同的报刊写稿时，对于新闻背景的详略情况是有不同的要求的。同样一条科技新闻，发给科技报的稿子中有关的背景材料可以简略一点，发给晚报的稿子则应该更通俗、周详一点。写作时，无论如何都要设身处地地为广大读者想一想，看看他们想知道什么，还有什么不清楚、不理解的地方，需要利用背景材料作出说明、注释或解释。

（3）灵活穿插新闻背景材料。新闻背景材料在消息中的位置是灵活的，它是新闻的从属部分，可以独立成段，也可以灵活穿插在新闻导语、新闻躯干或结尾之中。如何安排和穿插，完全根据此消息的内容和结构布局的需要而定。一般而言，穿插在导语中的往往是对比性材料；穿插在新闻躯干和结尾中的，往往是注释说明性材料或分析解释性材料。凡是用于穿插的背景材料，一般只是一两句话，有时甚至只是一些简单的句子成分。

15. 倒金字塔结构及其利弊

倒金字塔结构是一种传统的消息结构形式，产生于19世纪60年代美国南北战争时期。倒金字塔结构是按照新闻价值的大小，即新闻事实的重要程度、新鲜程度，以及读者感兴趣的程度等，依次将新闻事实写出的一种结构形式。

优势：可以快速写作，不为结构苦思；可以快编快删，删去最后段落，不会影响全文；可以快速阅读，无需从头读到尾，这样的长处符合新闻“快”的特点，因此在战后，倒金字塔结构继续保留下来，并得到推广。

不足：缺少文采，没有生气，不能体现个性，结语不是铿锵有力而是有气无力。

16. 华尔街日报结构

华尔街日报体结构的文章开篇使用软导语，将焦点放在一个人物场景或事件上面。在开头选用特殊的人物和场景，这些都是受到核心段所阐释的问题影响最多的人或事物之一，然后是关于这个新闻事件的叙述，包括支持导语和核心段的各种材料，接着是关于此事件的原因探查及评析。

华尔街日报体结构具有以下特性：

（1）故事化

“华尔街日报体”借鉴了文学写作中的故事描绘手法，能把枯燥、干瘪、索然无味的硬新闻变得生动活泼、通俗有趣。故事性增强了新闻的趣味性、可读性。

（2）人文关怀

“华尔街日报体”叙述路径客观上要求寻找一个极具代表性的人物个案，强调人物故事、个案命运的重要性。任何一则报道，总要涉及和影响或将影响一些人。人是构成新闻事件的主体，新闻报道说到底，是报道人在社会生活中的各种表现，人与自然、人与社会、人与人之间的各种关系的变化。

（3）贴近性

新闻价值学说中的“接近性原理”，是指要寻找所报道的事实与读者在时间、地点、心理或者利益上的接近点。接近的因素越强，读者阅读的愿望也就越大。从读者关切点上找角度，回答读者普遍关心的问题，解答读者想知而未知的问题，这就是最佳的新闻角度。

（4）强大的信息释放功能

“华尔街日报体”个性化的故事化开头可以为记者节省大量笔墨，同时受众可以在轻松的阅读状态中获得丰富的信息。

17. 悬念式新闻结构

悬念式结构是指在消息写作中设置悬念及剖解悬念组合材料与段落的一种消息结构形式。旨在避开倒金字塔结构和时间顺序结构的短处，将两者的长处艺术地组合在一起。精心在导语部分设置悬念，令受众一开始就产生较强的接受欲望，然后通过按事件发生的时间顺序所作的段落安排，又令受众感到新闻报道条理清晰，易于接受。因其材料的趣味性从导语至结尾递增，故又名积累兴趣式结构。该结构强调将最精彩的、出人意料的材料置于消息结尾。

18. 自由式结构的写作特点

自由式结构，又称散文式结构，是一种比较轻松、自由的新闻报道结构形式。这种结构完全打破了消息的原有结构形式，在层次段落的安排上，用一种自由灵活、不受约束的手法来安排材料，结构富于变化，没有框框，浑然天成，形散而神不散，让受众能自由自在地接受信息。它不仅仅是追求结构上的“随意”，同时还追求表现手法上的生动、形象，给人一种艺术感。自由式结构具有以下这些特点。

（1）结构没有定式

根据具体事实的不同特点选取相适应的形式，可以用新闻故事式、感受随笔式、分析辩论式、提问解答式、见闻实录式、心得体会式，或者可以用自己独创的某种形式。正所谓不拘一格，什么样的形式能够生动而逼真地反映事实，就用什么样的形式。

（2）表现手法多样

可叙述、可议论、可描写、可抒情，而更多的是采用文学的手法，通过描写和抒情更形象地反映事实，更直接地表达记者的真实感受，从而使新闻报道更有感染力。

（3）现场感强

因为这种形式的报道运用多种手法，尤其注重现场描写和细节运用，使报道如同文学作品一样形成一种意境，表现具体生动，让人如临其境。

（4）语言生动

“自由式”报道突破了倒金字塔那种以抽象的陈述为主的套路，多用散文化的语言来表现事实。

19. 新闻叙事

所谓新闻叙事是为了向大众客观地陈述事实或完整地再现事件过程、表达记者的判断，用适当的语言，对客观事件的细节所做的准确叙述。叙述是产生话语的行为或者过程中，隐藏在叙述话语中的独特的叙述者、叙述角度、叙述方式等创造性动作，故事、话语、叙述三个层次共同构成了新闻叙事的框架。

新闻叙事的最早提出应是区别于文学叙事。新闻叙事同文学叙事相似，也是一种对事件的叙述，但两者有区别。新闻叙事是具体真实的叙事，再现的是实际存在的事件及其细节，叙事的全部内容必须出现在社会生活中。虚构的事件过程是带有作者个人主观色彩的文学叙事，道听途说的事件只是没有根据的传闻，这些都不能算是新闻叙事。从宏观上看，具体、真实的新闻叙事，又是对社会整体真实的陈述过程。

（1）新闻叙事的特征

从总体上来看有两个：新闻性和叙事性。新闻性的基本特征包括具体性、真实性、新鲜性、重要性、传播性以及5W要素的特点。这是所有新闻报道都必须具备的要素。叙事性的基本特征包括连贯性、合理性、逻辑性、准确性。新闻叙事就由新闻性和叙事性这两个方面的基本特征有机构成，但并不是二者的简单相加，而是一个特殊的新闻体式里含有二者的基因或血脉。每一条新闻报道里，我们都可以找到新闻叙事的特征。

（2）新闻叙事的写作要求

新闻叙事由于自身鲜明的特点，在写作上也有其独特的要求。在选择材料和提炼主题上要遵循新闻原则，而在写作手法、技巧上则要按照叙事的一般规律进行。

①要坚持选材的真实性。社会生活中的任何事实都可能成为新闻报道的信息源，但是不能成为真正的新闻材料。只有客观真实的，具有指导人们思想和言行的意义，符合新闻政策，又新颖、生动、有特色的材料，才能被选择为新闻写作材料。新闻叙事是以叙述真实的新闻事实为基础的，这就要求新闻的时间、地点、人物、事件、结果、原因这六个基本要素环节必须真实可靠。

②要坚持主题的思想性。新闻叙事的主题鲜明，即指新闻宣传报道的思想政治倾向，必须坚持马克思主义新闻观，做到及时、准确、广泛地反映和提供人民群众需要的新闻信息，抓住党的方针政策贯彻执行中迫切需要解决的问题，抓住广大群众普遍关心的问题，坚定不移地站在大多数人民的立场上，自觉维护人民的根本利益，敢于去批评、揭露社会生活中的错误言行和消极腐败现象，发挥新闻媒体的舆论监督作用，为建设中国特色社会主义的伟大事业“鼓”与“呼”。

③要坚持叙事的逻辑性。一篇好新闻的篇章结构条理分明、事件叙述逻辑清晰、情节和细节都合情合理，形“散”而“神”聚，既体现了新闻当事人与读者交流与对话的权利，又让读者感受到了叙事逻辑的真实，充分体现了新闻叙事的灵活性、生动性和创造性。

④要坚持语言的通俗性。叙述的语言不能用生僻的字词，不能用公文的语言，慎用古汉语，要简洁、朴实、鲜活、生动，符合大众传播的特点，切忌空话、套话、废话和缺乏根据的话。尤其是广播电视新闻叙事的语言，要以具体形象的事实说话，短小精悍，简洁流畅，就会增强新闻报道的力度、信度，提高现代传媒的宣传质量。

第三部分　新闻评论学

一、新闻评论的基本观念

1. 简述消息和评论的异同

相同点：二者都以新闻事实为基础，都具有新闻性。

不同点：消息只揭露新闻事件的表层事实，评论则由浅入深揭示事件背后的本质；消息要求作者客观中立，但评论可体现作者的观点，并且需要作者的观点表达要一针见血，直接明确；消息写作能够消除对信息的不确定性，而评论写作主要为了引发公众思考，引导社会舆论；消息以新闻六要素为表现形式，而评论则以论点、论据、论证为主要架构。

2. 简述评论的特点

（1）论题具有强烈的新闻性。新闻评论要起到影响人们思想、引导社会舆论、促进社会发展的作用，必须有强烈的新闻性。

（2）论题具有鲜明的思想性。针对现实和实际生活中的某一个热点问题或思想倾向进行评论，新闻评论贵在说理、怎样说理、说什么道理，无论描述、引用都为说理服务。

（3）论说具有广泛的公众性。从内容到形式，从论题到伦理，从语言到文风，都要面向最大多数的公众，具有广泛的公众性和群众性。

3. 新闻评论的属性

（1）新闻评论事实的新闻性

新闻评论的根本属性：先有事实、后有评论。选择典型意义的新闻事实做评论，是写好一篇评论文章的基本前提。

（2）新闻评论传播的时效性

一是新闻事实与新闻评论生产之间的时间最短；二是新闻评论生产与传播之间的时间最短。

（3）新闻评论论说的理论性

新闻评论的论说要有科学性和理论根据。新闻评论的重要，其根本原因在于它是根据现实中反映的问题，运用一定的理论知识，采取论理、分析的方法来反映作者的有形意见，达到明辨是非，解疑释惑，相互交流，为受众服务的目的。

（4）新闻评论内涵的思想性

新闻评论所传递的内容需要具有深刻的思想性，能引人深思，给人启迪。

（5）新闻评论传播知识的有益性

新闻评论要选择有益于社会、大众的知识作为自己的论据，精心选择，有效使用。

4. 新闻评论的社会功能

（1）宣传教育

新闻评论能宣传党的方针政策，教育受众，以求在全社会范围内达到思想和行动的一致，这是新闻评论的首要功能。

（2）分析问题，解决疑难

社会发展中经常会出现一些新现象、新问题，新闻评论要分析他们的本质，向广大受众释疑解惑。

（3）惩恶扬善，维护主流价值观

新闻媒体除了向受众报道新近发生的事实以外，还应担负起惩恶扬善、激浊扬清的社会责任，这主要是由新闻评论来完成的。

5. 谈谈新闻评论如何增强现实针对性?

新闻评论，是指媒体编辑部或作者对最新发生的有价值的新闻事件和有普遍意义的社会现象、热门话题，运用分析和综合的方法，就事论理，就实论虚，有着鲜明针对性和思想启迪性的一种新闻文体。简言之，新闻评论是就有价值的新闻事实和社会现象发表意见以指导实践的一种文体。新闻评论具有强烈的针对性和时效性，从选题，立论方面可以增强新闻评论的现实针对性。

（1）选题触及现实，富有新意

新闻评论所涉及的问题，一般都是党和群众所关心的迫切需要解决的现实问题，评论旨在向广大群众及时明确提出如何用正确的立场、观点和方法去对待和处理当前的一些重大问题。时效性决定它一定要以现实生活中的新人物、新事物、新风尚、新问题、新动向作为主要评述对象，即时发言，给人新的启迪。

（2）立论面向全局，准而有当

评论所评述的问题应体现着特定时期的主要倾向，应为当时广大人民群众所关注并与他们的利益直接相关。评论应面向最广大的受众，力求具有普遍的指导意义。立论要准而有当，须通过理性思考，掌握事物的内部联系，了解此事物不同于另一事物的质的规定性，从而达到恰到好处的目标。

（3）大中取小，以小见大

选题要从大处着眼，从小处着手，即从大问题的某一个侧面选定论题，选取最贴近生活情感，最体现时代精神的论题。论题要具体集中，有鲜明的针对性。同时，也要学会管中窥豹，善于从一个看似极普通的事件中，找出其背后存在的具有普遍意义的大问题，写出大主题，在社会上引起一定的反响。

6. 网络新闻评论的作用和特点

网络新闻评论，即时评、争论，是网民借助网站搭建的信息传播平台，就当前某个重要新闻或某个新闻事件进行议论和评述的文章。

（1）作用

①能配合党和政府的工作中心、重大部署，开展正面引导；

②能围绕网上热门话题，组织有深度、有说服力的文章，释疑解惑，坚持导向；

③能针对敌对势力的造谣、歪曲和攻击，开展有针对性的舆论斗争，澄清是非，掌握主动；

④能在各种重大突发事件发生后，尽快披露事实真相，以正视听，把谣言传播的空间压缩到最低程度；

⑤能把网上舆情跟踪、引导和有害信息的处理紧密结合。

（2）特点

①快速反应，网上热评。网络新闻评论能凭借网络的即时性对新闻事件快速反应，做出评论。

②公众参与，各抒己见。网络新闻评论具有较强的交互性，能允许公众进行评论，抒发自己的见解。

③由小见大，点到即止。网络新闻评论不受到版面、时间的限制，因此能够将一些较小的事件作为评论的对象，但又能把握好评论的尺度，点到即止。

二、新闻评论的写作

1. 结合实例谈谈新闻评论写作如何选择运用新闻事实？

新闻事实（事例）在新闻评论中发挥着越来越多的作用，除了作为“由头”出现之外，其在一篇新闻评论中还经常发挥着这样一些“功用”，比如作为“论据”，作为“背景”，以及作为“软化剂”，让一篇新闻评论的“硬度”降下来。可以说，新闻事实在新闻评论中的作用越来越不可或缺。

（1）作为“背景”

2019 年 2 月 25 日，《新京报》的《“食品安全”纳入干部考核，权责匹配才称得上“最严”》一文，第二段共引述了三个新闻事实，这三个新闻事实是作为“背景”出现的。其“功效”是，有利于读者更系统地了解近年来我国政府在保障食品安全工作中所做工作的变化。

（2）作为“论据”

在新闻评论中，可以作为“论据”出现的既可以是相关观点，也可以是相关新闻事实。因此，新闻事实作为“论据”出现在新闻评论中也就比较常见。比如，2019 年 2 月 3 日《新京报》社论《保留绿皮车，让铁路出行兼顾效率公平》一文。该文第四段引述的事实是作为论据出现的，其作用是为了反对段首的“几乎每一次列车运行图调整都会减少绿皮车，甚至出现了一些‘绿皮车终将退出历史舞台’的言论”——证明这样的做法和言论是错误的。当然，新闻事实作为“论据”，也可以正面论证某种观点。

（3）拓宽视野

有些新闻评论，如果没有对比，就难以让观点的说服力体现出来。而这个时候，我们需要引述的新闻事实就尤为重要。换个角度来说，新闻事实在这个时候也能起到拓宽视野，“拔高”文章层次的作用。比如，2019 年 2 月 21 日《新京报》的《毛利多年逾 50%，知网是否涉嫌滥用支配地位》一文，第三段引述了“放眼全球，如美国的 lexis、荷兰的爱思唯尔，也都具有一定的垄断地位。”这个事实的引用，让我们了解到，原来全球垄断学术论文电子市场的，不仅知网一家。这为进一步证明知网是否在滥用其市场支配地位做了铺垫。

在信息爆炸的时代，绝大多数受众已经通过各种传播介质接受了无数遍的道理宣讲。因此，新闻评论就不能只是简单讲一堆道理，而需要在充分引述新闻事实的帮助下，让新闻评论更可读。

2. 评论开头的写作方法

（1）开宗明义，点明题旨，提出作者的主张和看法。

（2）以新闻事件为缘由，在开头先将新闻事件的经过或特点概括叙述，为下文的分析论证做铺垫。

（3）说明原委，回溯来由，交代写作的动机。

（4）摆出驳论的对象，错误的认识，在文章一开始就掀起论战的高潮。

（5）用设问句直接点名论题，这些论题往往是国计民生中的重大问题或人民群众普遍关注的问题，用引语、经典、比喻、故事开头，使文章显得生动活泼。

3. 论据的选择和使用的重要性

论据是指论点赖以形成的根据和用来证实、说明论点的证据。选择和使用论据对于新闻评论而言具有重要意义。

（1）支撑论点，增强说服力

新闻评论中无论事实性论据还是理论性论据都是为说理服务。前者是对客观事实的概括或描述，后者来源于实践，都具有很强的说服力。

（2）提升文采，使评论更丰富

新闻评论要想提升文采，方法之一就是引用，既可引用案例，也可引用数据，还可引用古语，在增强说服力的同时，使文章内容更加丰满。

（3）传递观点，产生共鸣

新闻评论中所运用的论据必须符合文章的核心论点，即作者要传达的观点和情感。论据作为支撑论点的证据，必须从正面或反面反映作者的态度观点，并将其传递给受众，通过对论据的表达和分析使读者产生共鸣。

4. 好的评论论题应该具备什么条件

从新闻评论论题的来源来看，主要有三个方面：一是根据政治精神选题。这与新闻评论的政治性有关，政治性决定了新闻评论必须对党的方针、路线、政策进行宣传。二是从实际生活中选题。这一点体现了新闻评论的民主特征，从受众层面来说，强化了人民群众对新闻评论的参与意识，这是新时期新闻评论变革的重要内容。三是从新闻报道中选题。这是新闻评论选题的传统，也是新闻评论获得独立的标志。面对这三大来源，评论者需要做到以下几方面才可使评论论题更优、更具评论价值。

（1）好的评论论题应该兼具评论价值与新闻价值

新闻评论论题的评论价值与新闻价值的联系是：值得评论的必须是新闻事件，有新闻价值。它们的区别是：并不是凡有新闻评论价值的事件都有新闻价值，也不是凡具有重大新闻价值的题材都有评论价值。所谓新闻评论论题的评论价值，是指评论的对象中具有值得阐发的对读者有教育意义的重要的思想观念。评论要传播新闻信息，要体现时代特色，要贴近现实生活都需要通过论题的评论价值来实现。

（2）好的评论论题能切中好的评论时机

如果根据政治精神选题，应把握好三个时机：第一，在党的方针、政策以及某项重大举措需要及时宣传时进行选题；第二，在党的方针、政策以及文件中的某些要点需要及时阐发时进行选题；第三，在需要用党的方针、政策对实际工作进行具体指导时进行选题。

如果从实际生活中选题，应把握好六个时机：第一，在现实生活出现某些问题需要及时进行揭示时选题；第二，在现实生活出现某些思想疑虑需要及时进行解释时选题；第三，在社会生活出现某种倾向需要及时进行引导时选题；第四，在社会需要平衡心态的时候进行选题；第五，对现实生活中已出现的问题需要及时进行批驳反驳时进行选题；第六，对现实生活中好的现象需要及时肯定及时表扬时进行选题。

（3）好的评论论题要有好的评论视点

评论视点，是指新闻评论者面对新闻评论的对象时，能站在一个独特的方位，从期中一个重要的侧面切入，将其同现实生活的整体或现实生活的某一重要侧面接通，进行评说。

首先，新闻评论论题一旦出现就为大家所共同关注，所有新闻单位、新闻评论者都有权利进行评论。在大家共同评论一个论题时，要想有新意，就要运用新闻评论的评论视点，只有这样，才能同中求异，传播出与众不同的理性信息。

其次，老论题在生活发展流变中不断出现，不断重复，不断保持着与新生活的联系，具有评论的价值。而对于老论题，评论要有新意，必须要有新的视点。因为老论题在过去历史生活中出现时曾有它的辉煌，前人已对它多次反复评论过，所以现实的评论不能重抄旧取，要发出新声，要有新的观念，寻找新的“切入点”。

再者，应景式新闻评论必须要有新的角度新的视点。只有用新的时代的视点进行开掘，提出新的时代观点，应景式新闻评论才能符合实际，符合现实的需要，才能贴近读者、贴近生活，才具有生命力。

5. 论述新闻评论的说理原则

新闻评论重在说理。言之有理，以理服人是新闻评论写作最基本的要求。

（1）论据与论点结合。在一篇新闻评论中，论点是观点、是立场和态度、是见解和主张、是文章的灵魂；论据是材料、是证据、是基础。论点支配论据又依赖于论据，而论据则从属于论点又支撑论点。说理、论述或论证正是揭示论据与论点之间的逻辑关系，使论点得以确立并得到阐明的过程和方法。一篇成功之作，首先要做到论点准确、新颖、鲜明，论据真实、新鲜、典型。同时，还要善于运用恰当的说理论述或论证方法，使论据与论点水乳交融地统一起来。

（2）虚与实结合。虚与实的统一通常表现为两种形态：在论述具体的工作问题和业务问题时，不能就事论事，而要透过具体的业务问题，从党的方针政策和思想方法、工作作风的高度做出分析。而在论述理论政策性的问题时，则不能空泛议论，而要联系当前的工作实际和读者的思想实际，进行分析和说明。虚实结合的写作方法主要有两种，以虚带实和寓虚于实。以虚带实，是指坚持理论联系实际原则，能够联系实际问题或思想矛盾讲清道理，以推动实际矛盾的解决；也指善用事实材料印证和发挥理论观点。寓虚于实，不是直截了当地讲道理，而是寓理于事，寓思想、见解、道理于客观事实或典型论据的叙述之中。

（3）破与立结合。立，就是正面提出和论证自己的观点；破，就是反驳和纠正错误的观点。在一篇新闻评论中，这两者通常是结合使用的。破立统一的具体论述方式有两种：一是以正面立论的评论，需在立中寓破，即在阐述正面观点的同时指明与之对立的观点是什么，它错在哪里；二是以批驳和证伪为主的评论，需破中有立，也就是在对不正确的言行进行批评、论辩、揭露的同时，还需指明正确的应当是什么，应当提倡什么，应当怎样去做。一方面，要说理总得破除一种观点，树立一种观点，而为了树立正确的观点，在其分析论证过程中，就得澄清与之有关的模糊观点，纠正与之有关的片面认识，反对与之相对立的错误思想；另一方面，为了批驳和纠正错误观点，也需要阐述正确的见解和主张。

（4）严肃与生动结合。新闻评论作为一种论说性文体，它论述的对象多半涉及时事、政治、政策、路线，它的任务主要在于阐述政策、解惑示趋、引导舆论，它论述的道理思想性、理论性和政策性都比较强，它的思维方式和表述方式又常常偏重于逻辑思维，因此，它属于相对严肃的报章文体。作为严肃的文字很容易导致枯燥乏味，以至于提不起读者的兴趣。从这个意义上说，它在说理时特别要讲究生动形象，务求将严肃的论题与生动风趣的表述相结合，将逻辑思维与形象思维相结合，将抽象的论述与具体形象的文字表现相结合。

6. 新闻评论的语言有哪些要求

（1）叙议结合，议论风生

在评论写作中尽可能夹叙夹议，把抽象的东西和具体的东西相结合，可以增强评论的说服力和生动性。运用形象化的手段来阐明事理，说理时有虚有实，虚实相间，从理论与实践的结合上阐明道理。

（2）通情达理，情理交融

情理交融有五个途径：

①融情于辩，把鲜明强烈的感情融入义正辞严的论辩之中，鲜明地表达作者的爱憎好恶与立场观点，

引起受众的共鸣；

②融情于聊，把真情融进与受众拉家常般的思想交流中，使受众在富于人情味的聊天讨论中接受作者的观点；

③融情于事，通过对典型事件或典型现象的论述和剖析，渗透作者强烈的情感，使受众在明白事理的过程中得到感情上的陶冶；

④融情于景，通过对典型景象的描述和联想，抒发作者触景生情的喜怒哀乐，创造情景交融的意境，为深刻说理做铺垫；

⑤融情于物，通过对典型物体的描写和点评，注入作者鲜明的褒贬感情，引发出精辟的警世之言，给受众感性兼理性的启迪。

（3）起承转合，变化有致

文章结构要讲起承转合，层次与层次、段落与段落之间应体现某种逻辑关系；应善于运用设问、反问等修辞手段，充分调动受众阅读的积极性。同时，应根据内容和语气的需要，合理使用各种标点符号。

（4）言之有文，辞达理举

①语言要简明、准确、富有哲理，要做到概念明确，判断恰当，推理合乎逻辑；

②善用形象化笔法和语言，评论的语言要生动活泼吸引人，说理要形象化，把抽象概念与具体描述结合起来；

③讲究修辞，运用比喻、拟人等修辞方法把道理讲得深入浅出，也可运用通俗化的口语或成语民谚来说理；

④多用富有表现力的群众语言，许多精彩的群众口语略加整理就是有用的评论语言，用群众语言表达思想，能起到生动传神，简洁明快的效果，引起读者共鸣。

7. 后真相时代，新闻评论创作者如何防止写作的“情绪化”

后真相时代，新闻评论面对虚假信息泛滥、评论质量参差不齐，以及理性与感性碰撞下的信任缺失等诸多困境，写作情绪化现象明显。为了防止这一现象的产生和发展，新闻评论创作者可以从以下几点着手。

（1）新闻媒体工作者需要提升自身工作能力，更精准、更及时地捕捉信息、反映新闻信息。信息来源必须准确可靠，报道内容必须精准无误。这既需要新闻工作者具有面对突发性大型事件的及时应变能力，也需要新闻工作者具有对新闻事件性质的准确预判能力，还要坚持党性原则。

（2）新闻评论创作者要加强自身信息网络建设，提高自身社交能力，要有对自己社会身份认同的能力，要有群体互动的能力，更要有与信源主体共情的能力；应及时接收受众反馈的信息，与受众进行良好的交流。后真相时代中，互联网技术使信息交流由单向传播变成了双向沟通，评论创作者必须适应这一变化，及时通过大数据了解受众的观点态度与疑惑症结，从而更好地论证说理，防止传达失误造成的信息误解，同时合理调整评论的节奏、内容，以更好地满足受众需求。

（3）新闻评论创作者必须具有高度的职业道德，坚定地将社会利益置于个人经济利益之上，恪守新闻从业者的守则，站在广大人民群众的立场上分析论证事件背后的问题，要有高度的思想觉悟。

（4）新闻评论工作者要建构自身标签化的特色。只有不断提升自媒体新闻评论工作者的新闻敏感度、媒介素养与专业技能，才能更好地认知新闻价值，把握公众舆论引导，传播更有引导力的多元价值观念。

8. 结合新闻传播实践，谈一谈在网络时代如何提升新闻评论的文采

（1）深入浅出。把深刻的思想内容和平易通俗的论述结合起来。网络时代，受众多元，而新闻评论

主要是讲道理，使人们从中得到启发和教育，因此，要把道理讲得浅显易懂，简洁明了，使人容易理解和接受。

（2）形象说理。新闻评论主要靠逻辑的力量说服受众。如果在评论的论述中适当穿插一些具体的形象，比如表情包 / 图片 / 视频，或者使用形象化的笔法和语言，就可以把说理的逻辑性和形象性结合起来，把抽象的道理和具体的形象结合起来，使评论变得生动活泼，引人入胜。

（3）以情动人。在实际生活中，理和情常常是联系在一起的，应当是一种水乳交融的关系，要做到以理服人，以情动人，就要有感而发。作者只有做到对所评论的内容有深刻的理解和感受，才能有真知灼见，真实的感情和论点才能自然地流露在评论中，让自己的见地既有真实所感又有理论高度，富有文采。

（4）讲究修辞。富有文采的新闻评论要讲究修辞，常用的修辞手法是比喻、设问、反问、排比、回环、借古喻今等。排比修辞使论述显得理直气壮，气势磅礴；回环手法通过语句回环往复的巧妙配合，表达两种事物相互制约与依存的密切关系，形成一种智趣。同时还可适当引用古语，并注入一些新思想，借古喻今、训导后人的同时又可为说理论证提供事实论据。

（5）语言活泼。在新闻评论中适当引用网络用语，可以增加评论的趣味性，同时也使得新闻评论文风更加活泼，缓解新闻评论“说教”的语气，增加评论的可读性，寓教于乐。

第四部分　新闻编辑学

一、新闻编辑工作

1. 新闻编辑人才的知识结构与能力结构

（1）新闻编辑人才的知识结构

新闻编辑所担任的多重角色要求编辑具备相对合理的知识结构。归纳起来，基础知识、百科知识和专业知识就是新闻编辑的基本知识构成。

①基础知识

基础知识主要指文、史、哲知识。广博的文学知识以及驾驭文字的能力是做好编辑工作的前提；掌握丰富的历史知识，学会以历史的眼光分析问题和组织报道，这样新闻报道才能真正接近其本质，给读者以启迪；哲学是帮助人们认识世界的重要工具，新闻编辑更需要借助它来分析和处理新闻信息。

②百科知识

百科知识指包罗万象的知识，这种知识不限于一两个领域或专业，而是无所不及。从编辑人员的知识配置来说，他掌握知识的覆盖面应该比一般人广泛。编辑知识结构中对百科知识的要求还会因人、因岗位而异。此外，百科知识在编辑工作中的运用还要求充分发挥这些不同学科知识的相互协同关系，也就是强调知识结构整体功能的发挥程度。

③专业知识

专业知识由两部分组成，一部分是编辑作为新闻传播者所应具备的新闻传播学理论知识与业务知识；另一部分是编辑所从事的报道领域所要求具备的专业知识。

（2）新闻编辑人才的能力结构

新闻编辑除了要具备适宜于多种活动要求的一般能力，如观察力、记忆力、抽象概括能力等，还因其工作特点，要特别注意培养以下几方面的业务能力。

①信息能力

信息能力指新闻编辑主动地积极地接受信息和处理信息的能力。新闻编辑是新闻信息的传播者和把关人，而从事这项工作的前提是接受信息。编辑必须时时关注社会信息、行业信息、来自受众的信息和媒介内部的信息。新闻编辑获取信息能力的大小取决于编辑的社会活动能力和对客观变化的灵敏感受，这就要求新闻编辑养成良好的性格，善于与人相处，做社会活动家，广交朋友。同时，又要求编辑时时刻刻当有心人，不放过任何有价值的线索。

②鉴别能力

鉴别能力指新闻编辑迅速、准确地判断新闻事实的报道价值的能力，是编辑基本修养与工作经验的综合体现。新闻编辑每天接受的信息是大量的，作为把关者，必须把适合于媒介受众群体的新闻信息筛选出来加以传播，既要迅速，又要准确。

③整合能力

整合能力指新闻编辑对零散的新闻信息资源进行综合性开发利用，使其整体效应大于部分之和的一种操作能力。

④创造能力

创造能力指新闻编辑突破传统思维、创新编辑业务的能力。编辑工作的每一项业务，从新闻产品策划、新闻报道策划到编稿、组版，都是创造性的劳动。一家媒介新闻产品的质量如何，很大程度上取决于新闻编辑的创造性。

⑤组织与沟通能力

组织与沟通能力指新闻编辑组织报道、组织新闻论坛、组织新闻人才以及与记者、专家、社会公众等各方面人员进行沟通的能力。首先，新闻编辑是新闻报道的组织者，通过对记者采访的部署、组织和调度、协调以及对社外作者约稿来完成稿件的准备工作，通过对网络论坛的组织实现新闻传播的互动交流。而且，是否具有良好的组织才能和沟通能力，关系到编辑工作的成败。其次，对组织能力的更高层次的要求，还包括为新闻事业发展网罗人才、组建队伍，形成相对稳定的合作群体，这一点对于总编辑、编辑部主任、制片人等担负一定领导职务的人尤为重要，关系到媒介事业发展大计。

⑥写作能力

写作能力指新闻编辑撰写、修改稿件的文字运用能力。新闻编辑每天处理、修改大量的稿件，还有制作标题、配发言论、编写串联词等任务，这就要求编辑具有较高的写作水平。

⑦现代化技术与工具的运用能力

现代化技术与工具的运用能力指新闻编辑使用与新闻传播有关的现代通信手段、语言工具、技术设备和交通工具的能力。对于广播电视和网络媒介的新闻编辑来说，除了编辑所要具备的这些现代化操作能力，还必须针对自己媒介的特点，掌握相关编辑技术。

2. 新闻编辑的主要工作内容

新闻编辑是传播工作中非常重要的职位，新闻编辑的工作复杂，但究其宗旨，都是为媒体的宣传宗旨服务，为读者服务。因此，新闻编辑的工作大致可以整合如下。

（1）统合。如何将纷繁复杂的信息加以整合，将实时信息以传播价值定位，使新闻的社会功能得到有效的发挥，是新闻编辑应该履行的职责。

（2）把关。如果把信息统合作为新闻编辑对新闻信息的宏观控制的话，“把关”就是对新闻信息的具体控制。所谓“把关”，就是按照一定标准对新闻信息进行的取舍，而取舍标准的制定，是与新闻媒介的定位与受众直接相关的。

（3）发言。新闻编辑的职责不仅在组织报道新闻事实，而且还要作为承担社会责任的主体，对新闻素材进行“再认识”与“再创造”，编辑要根据新闻报道内容撰写与之相配的言论，对新闻事件进行评价，阐明观点。

3. 新媒体环境下整合编辑的作用和价值

（1）整合编辑的含义

整合编辑是指运用计算机技术、数字技术、网络技术和视频多媒体技术，采用集成、配置和深度加工等编辑手法，围绕着单条新闻、单个话题或问题、单个新闻事件的相关新闻或多篇新闻报道进行编排、组合，后形成符合网络特点的、具有原创色彩的、新闻价值获得整体增值的网络新闻报道。

（2）新媒体下整合编辑的意义和价值

新媒体环境下，整合编辑受到了高度重视，这主要在于整合编辑具有满足用户需求、改变报道生态、设置报道议程和增强编辑主观能动性四个方面的价值。

①整合编辑能够满足用户认知多元和平衡的需求

新媒体环境下，大量碎片化而又良莠不齐的微内容使用户的阅读时间变得珍贵而稀缺，用户希望他们看到的内容是简约、精要、有价值的。整合编辑可以帮助用户进行新闻的二次过滤，为用户提供各种不同介质的报道、不同性质媒体的报道以及不同媒体差异化的报道，可以通过扩大报道的广度和深度来满足用户对信息量的需求，也可以通过提供客观、全面、公正的报道来满足用户认知多元和平衡的需求。

②整合编辑能够改变报道生态

a. 整合编辑可以改变网络媒体“传声筒”的形象，将策划、创意和创新作为新媒体平台新闻编辑的理想和追求。

b. 整合编辑可以增强网络新闻的差异化，打造出具有鲜明网络特色的原创内容。

c. 整合编辑可以树立平台的品牌，凸显出网络新媒体平台的传播力、影响力以及品牌价值。

③整合编辑能够设置报道议程

整合编辑具有迅速聚合、梳理民意、强化议程设置、提升网络媒体舆论引导力的价值。整合编辑可以通过对已有新闻的二次编辑与传播，过滤噪声，筛选虚假、重复和无价值的信息，避免片面报道、不实报道，还可以通过提出议题、设置话题、编排议程来传递网站或编辑的思想意图，在展现多元舆论的同时驾驭多元舆论。

④整合编辑能够增强编辑主观能动性

整合编辑是编辑提高编辑水准、发挥主观能动性的一种手段，它能有效地调动编辑的积极性和创新力，将编辑从简单、枯燥的“搬运工”变为有创意有设计的“策划人”。

4. 阐述网络新闻编辑的特点与要求

网络新闻的传输渠道、发布特点、受众结构、新闻编辑的基本原则和编辑方式等，与传统三大媒体相比较，都发生了很大的变化，其即时更新、背景拓展、深入分析的特性更为显著。

（1）网络新闻编辑的特点

①全数字化

多媒体、计算机和因特网的最大特征之一是数字化。它们为新闻的采编制作和传播提供了强大的数字化平台，将传统的以纸张和模拟电子技术为依托的编辑方式发展成为以计算机数字多媒体网络技术为基础的全数字化的编辑方式。这种数字化的编辑方式是网络新闻编辑的基石。

②非线性化

数字化新闻编辑的一个突出表现是非线性化。网络新闻编辑是一种在因特网平台下的以数字式多媒体、计算机等编辑设备和数字技术为基础的非线性编辑方式。用这种编辑方式，可以使新闻编辑压力得到缓解，修改变得容易，可以在短时间内完成新闻内容的重组，完全摆脱线性编辑时代声频和视频编辑中稍纵即逝、节目呈线性固定排列的缺陷，有效提高了新闻采编和传播的速度。

③多媒体化

网络新闻编辑打破了三大媒体新闻编辑各自为政的局面。它的聚成性和超链接功能，使三种媒体相互沟通和融合成为可能。在功能强大的数字化网络空间中，文字、声音、图片和视频图像等不再像以前那样泾渭分明，而是相互取长补短，有机地结合在一起，构成一种有别于传统媒体、功能比传统媒体强大得多的媒体编辑形式。目前在新的数字式采编通信等技术的作用下，多媒体新闻编辑已经走向成熟，一些特有的多媒体编辑手段已经开始形成。

④超链接化

超链接和超媒体决定网络新闻编辑是一种跨越媒体障碍、海纳多种媒体形式的编辑方式。超文本和超链接结构使网络新闻成为多媒体新闻及其相关资料的结合体，这突破了传统新闻编辑的单一媒体和信息容量的限制，而将文字、声音、影像、图片等不同特点的素材相互链接或在同一新闻中进行层层链接。经过新闻与新闻、新闻与资料、新闻与网站等的相关链接，新闻的内容得到有效地丰富和拓展，新闻的信息量向本体之外延伸，传统新闻编辑的平面式结构变成了立体网状结构。

⑤全球化

因特网是一个国际性的交互式媒体平台，这决定了网络新闻的采、写、编、评等事务工作具有全球化和平等化的特点。尽管到目前为止网络编辑工作的基本流程（如选稿、改稿、制题、内容配置及栏目设置、版式设计等）并未发生根本性的改变，但在编辑环境、编辑的价值取向和编辑工具等方面却发生了巨变。

（2）网络新闻编辑的要求

网络是一个平台，它本身可以容纳报纸、广播、电视的所有传播功能。因此，在网络新闻编辑中，也显示出其专业和合理的编辑布局。不仅突出网络媒体大容量、及时性、多媒体等优点，也显示出实时性、互动性、全时性的特点。同时，在深度报道的编辑手法上也越来越趋近于纸质媒体，内容上向纵深发展，注重新闻背景的引用，深化了专题结构。在数字技术与网络技术的推动下，各类型媒体的融合正在成为新时期媒体发展的主要趋势。

一方面，不同形态的新闻媒体依然保持着各自的编辑特色；另一方面，它们基于网络而走向互动与融合，使新闻编辑工作的内容在传统媒体的基础上有了拓展，新闻编辑因此拓宽工作领域，甚至扮演新的角色。如果偏向文字（如网络报纸）则要重视“版面和谐”；偏向声音（如网络广播）则要重视“口语化、符合听觉规律”；偏向声像（如网上电视）则要重视“声画合一”。从这一角度讲，网络新闻编辑要遵循传统媒介编辑的所有规律。

二、新闻报道策划

1. 新闻策划与策划新闻

“新闻策划”和“策划新闻”，虽只有“新闻”与“策划”两个词组合的先后顺序不同，但意思却相去千里。“新闻策划”和“策划新闻”是两个不同的概念，不能混淆。二者的区别主要体现在以下几点。

（1）含义不同

①“新闻策划”是指对整个新闻传播过程的谋划设计。这是一种把看似孤立发生的客观事物、看似彼此没有内在联系的事物、看似零碎和片断的事物，通过系统、思辨的手段及严密的设想和规划，从内涵上把它们联系、串联起来的过程。新闻是目的，策划是手段。

②“策划新闻”是指依照设计谋划做新闻，或根据设计谋划需要做新闻。策划是目的，新闻是手段。“策划新闻”实际上是策划新闻事实，不属于新闻活动的范围。

（2）运作不同

①“新闻策划”是围绕新闻设计谋划，是新闻报道活动的策划，在运作中，应先有新闻事实，后有报道策划。“新闻策划”建立在新闻事实的基础上，如设置报道议题、制订报道计划、做好采访准备等。这里，新闻事实是客观存在的，事实作为新闻的本源保持了其本身的真实，“新闻策划”的运作遵循了新闻报道的规律。

②“策划新闻”是依照设计谋划或根据设计谋划的需要做新闻，对新闻事实的策划，在运作中，应是先有策划活动后有新闻事实。“策划新闻”建立在策划的事实基础上，如新闻导演、炒作、造假等。在这里，“新闻事实”是人为制造的，作为新闻本源的事实反而被歪曲或造假，丧失了其客观性、真实性，“策划新闻”的运作违背了新闻报道的规律。

（3）性质不同

①根据“新闻策划”的运作分析可知，先有新闻事实后有报道策划，“新闻策划"建立在新闻事实的基础上，事实是客观存在的，事实作为新闻的本源保持了其本身的真实，它遵循了新闻报道的规律。显然，“新闻策划”的新闻是真实的，是真新闻。

②根据“策划新闻”的运作分析可知，先有策划活动后有新闻事实，策划新闻建立在策划的“新闻事实”的基础上，事实是人为制造的，事实作为新闻本源被歪曲或造假，丧失了其客观性、真实性，它违背了新闻报道的规律。显然，“策划新闻”的新闻通常是虚假的，是假新闻。

（4）目的不同

①“新闻策划”是报道活动的策划，重点是解决做好新闻的问题。显然，“新闻策划”之意在新闻，目的是通过设置报道议题、制订报道计划、做好采访准备等报道活动的策划，使新闻报道能更好地发挥其社会功能（传递信息、教育、娱乐等）。

②“策划新闻”实际上是策划新闻事实，重点是解决做好策划效果的问题。显然，“策划新闻”醉翁之意在策划，目的是通过新闻导演、炒作、造假等“新闻事实”的策划，人为制造“卖点”，赚人眼球，片面追求收视率、点击率、阅读率。

③“新闻策划”立足于客观事实这一前提，是对新闻报道活动进行的前瞻性的、有巧妙创意和构思的、能够解答重要新闻热点问题的谋划与设计。其意义在于最有效地运用和配置现有的新闻资源，最大限度地发挥新闻报道的社会功能，取得最佳的社会效益。可见，“新闻策划”重在追求最大的社会效益，表现出公益性。

④“策划新闻”为了最大限度地赢得读者的“眼球”，它经常通过策划活动，人为地制造事实，然后当成新闻来报道。它偏重轰动效应和市场“卖点”，社会效果和社会责任感则考虑不多。可见，“策划新闻”是为了追求最大的经济利益，表现出功利性。

2. 简述新闻报道策划及其主要类型

（1）新闻报道策划的定义

新闻报道策划是新闻编辑通过对新闻资源的开发与配置，实现最佳传播效果的创造性活动。新闻报道策划的主要内容包括：选题决策、报道方案设计、在报道实施过程中接受反馈并修正设计方案。

（2）新闻报道策划的主要类型

①以报道客体发生状态作为分类标准，新闻报道策划可分为可预见性报道策划和非可预见性报道策划。

a. 可预见性的报道策划，是指对能够提前获知的事件性新闻和非事件性新闻的报道策划。如卫星发射、奥运会等新闻事件或活动，纪念改革开放 40 周年等非事件性新闻等，都属于可预见的新闻报道内容，对这类新闻的报道策划可以提前进行。

b. 非可预见性的报道策划，是指对无法预见的突发事件的报道策划，如地震、火灾、飞机失事、战争爆发等，都属于非可预见性的新闻报道内容，对这类新闻的报道策划一般无法提前进行，通常是在事件发生之后立即策划报道活动，一般以灾难性事件、负面新闻信息居多。

②以报道策划的运行时态作为分类标准，新闻报道策划可分为周期性报道策划和非周期性报道策划。

a. 周期性报道策划，是指报社新闻采编部门对日常新闻报道的一种常规性策划，策划的时间具有周期性特点，如按季度、月、周等进行的报道策划。

b. 非周期性报道策划，是指根据报道需要临时进行的报道策划，如对突发性新闻事件的报道，一般不可能提前纳入常规性的报道策划中，只有在事件发生之后立即策划报道，这种策划是周期性策划之外的一种应变策划。还有一些重要活动、会议的报道，虽然可以提前准备，纳入周期性报道策划中，但由于报道内容非常重要，需要以长时间、大规模的报道战役来完成，有时也在周期性策划之外专门进行报道策划。

③以报道策划的运行方式作为分类标准，新闻报道策划可分为独立型报道策划和非独立型报道策划。

a. 独立型报道策划，是指报道策划独立存在，与其他策划活动无关。报道策划者单纯策划对新闻事件的报道活动，报道者并不介入报道客体中。如报道国务院机构改革、人大政协会议召开、海湾战争爆发等，新闻媒介通常是站在旁观者的角度，进行客观报道，这种报道策划是独立运行的。

b. 非独立型报道策划，是指报道策划与其他策划有关联，并相互间发生作用。如策划救助贫穷学生的公益活动、策划宣传媒介的公关活动等，且使这些活动成为报道客体，报道者身兼“报道者”与“当事人”双重角色，新闻报道策划与活动的策划、组织相互配合进行。

3. 举例说明几种基本的新闻报道结构与报道方式的特点

（1）报道结构

报道结构是报道各组成部分相互之间的关系及其组合排列所呈现的外在形式。常见的报道结构主要有四类：线型结构模式、放射型结构模式、收束型结构模式和网状结构模式。

①线型结构模式

如 2013 年美国中情局职员斯诺登揭露美国政府监视自己公民的秘密计划，受到了全世界的关注。很多新闻媒介对这一事件的报道主要是追踪这一事件发展的进程，向受众及时通报事件的进展情况，这就是线型结构模式的报道。这种结构模式的特点是选择某一个角度切入客体，对客体的发展变化进行追踪反映，直至客体变动告一段落。报道依时间延续表现出单向性、直线型的发展轨迹。

②放射型结构模式

如 1989 年《经济日报》对“条子肥”问题的连续报道就是一种放射型结构模式。报道的第一阶段，开辟了专栏“由条子肥引出的报道”，一方面发表读者来信，一方面追踪报道事件调查处理的情况。在这一阶段，报道主要向纵深发展。第二阶段，推出专栏“大家都来关心条子现象”，把报道从“条子肥”问题引入了更广阔的空间，启发读者正确认识形形色色的“条子现象”，如“条子钢”“条子煤”“条子电”等，有力抨击了社会上以权谋私的不正之风，使报道主题得到升华。这种结构模式的特点是选择某一角度切入某一客体，对这一客体的发展变化进行跟踪反映，随着报道进展，拓展报道客体，转向对更多相关客体的反映。报道依时间延续呈现出由线到面的放射状特色。

③收束型结构模式

如《光明日报》的新闻名专栏“新闻聚焦”曾经做过专题连续报道“殡葬陋习回潮亟须各界重视”，就是一种收束型结构模式。报道组织了广东、福建、浙江三省记者站和北京总社、驻国外的记者分头采访报道，这种从不同客体切入主题的做法，有利于全面反映问题，引起社会关注。这种结构模式的特点是从多个客体切入，以多种事实的变动指向某一共同的主题，使这一主题得到深入挖掘和充分展示。报道随时间延续表现出由面到线或点的特色。

④网状结构模式

如2012年1月，严重的雾霾天气对北京造成很大影响，各类新闻媒介都对此进行集中报道。这一报道涉及的内容比较复杂，主要包括：雾霾对北京居民造成的伤害；对社会正常活动带来的干扰；政府、学校、企业等各方采取的应对措施；有关专家对市民进行自我保护提出的建议；雾霾产生的原因分析；放眼国际，其他国家以往处理同类问题的经验；等等。因此，这个报道必然要关注多个客体，采用多种角度，既要跟踪事件本身的发展，又要向广度和深度拓展，进行解释、分析和预见。这种结构模式的特点是从多个客体、多种角度切入，报道随时间延续或追踪、或拓展、或沿着客体各自的方向发展，表现出相互烘托、交错递进的特色。特别重大的报道战役，在结构上采用网状结构模式的较多。

融合新闻报道因为将传统媒介与新媒体融合进行报道联动，公众能够更好地参与新闻传播活动，使新闻报道的视角更加多样化，因此更容易形成网状报道结构。

（2）报道方式

报道方式是指将零散的新闻稿件整合为报道整体的操作模式，主要有集中式、系列式、连续式。

①集中式

如1997年我国对香港恢复行使主权；2000年，人类进入新世纪；2001年美国发生“9·11”恐怖事件；2008年中国举办奥运会；从2003年至2013年我国“神舟”系列航天飞机载人飞行连续获得成功等，几乎所有媒体都集中版面和时段组织了报道。集中式的主要特点在于版面的安排和利用，因此它往往不是一种单独采用的组织方式，需要和其他方式一同运用。即在版面编排确定了集中式以后，稿件以怎样的组合和顺序出现，还要参照其他报道组织方式。

②系列式

如1987年我国大兴安岭火灾，《中国青年报》连续发表《黑色的咏叹》《绿色的悲哀》《红色的警告》三篇长通讯，从多层次多角度报道了火灾的前因后果以及带给我们的教训。这组报道采用的就是系列式的报道组织方式。系列式的最大特点是每篇稿件的角度不同、视野不同，但在总体上它们相互关联、相互依存、相互补充，共同组成一个报道整体。

③连续式

如南方大水灾、海湾战争、飞机失事等，事件一旦发生，读者急于了解下一步情况，只有进行追踪采访，及时通报每一个新变化、新进展，才能使报道善始善终，满足读者的要求。连续式报道的最大特点是每篇稿件报道的对象一样，但反映的时间、过程不同，前一篇报道的内容往往构成下一篇报道的背景，再下一篇报道又从这篇报道起步，环环相扣、步步紧跟，充分体现出新闻的时效性。

4. 在新闻报道策划中，选题决策的依据是什么？如何做到选题的个性化？

新闻选题策划要求既要遵循报道选题决策的共性规律，也要追求选题的个性化。

（1）报道选题决策的共性规律

任何一种媒介的新闻传播活动都是由传播者、传播内容和受众这三方面要素构成的，因此，所有的报道选题决策必然在这三方面具有某些共同的运作规律。

①基于传播主体的可操作性规律

“可操作”是指传播主体具备完成某一新闻报道任务的各方面条件。在进行选题策划时，既要看主体是否具有展开报道的外部条件，比如法律、政策、社会道德观念及文化传统是否允许报道这样的新闻事实；又要看自身是否具备进行这一报道的内在条件，比如是否具备采集该新闻信息的资金、技术设备和人力资源，是否有相适宜的采编运行机制与管理水平等。凡是不符合可操作规律的选题，是不宜划入报道范围的。

②基于客观事实的价值规律

由于媒介载体是有限的，难以对所有的新闻事实都投入巨大的人力物力进行策划性报道，因此，客观事实的新闻价值成为选题的重要标准。在新闻选择中，编辑对新闻价值的判断主要以新闻事实发生时间的新近性、新闻事实有助于消除受众认识的不确定性、新闻事实具有的社会影响力、新闻事实发生地与受众的距离以及新闻事实对受众兴趣的激发力等为标准。这些标准适用于所有新闻媒介的报道选题决策。

③基于受众的适宜性规律

新闻传播活动是以传播者与接受者之间的信息传递为基础的，没有受众的新闻传播无法存在，不合乎受众获知需求的新闻报道是无效的报道。因此，所有的新闻报道选题都要以媒介受众的信息需求为依据，报道什么、如何报道，都要根据受众的需要进行选择和设计。报道选题决策要遵循对受众的适宜性规律。

（2）报道选题决策的个性化

新闻报道选题决策必须追求选题的个性化，因为新闻竞争在不断加剧，所有新闻媒体即使在报道同样的新闻事件时，也必须立足于自身的定位和资源优势，追求与众不同的传播效果。主要可以从以下两方面考虑。

①根据新闻传播主体的差异，找到最合适的报道选题及报道角度

传播主体及条件的差异，具体而言包括媒介定位的差异、媒介功能的差异、载体的差异、媒介所处环境的差异、媒介内部条件（资金、设备、人才管理、机制等）的差异等。这些因素有些还与报道客体、传播受众相互联系，这些都是在选题决策时需要考虑的。

传播主体差异还表现在不同的报道者对客观事实的价值判断不同，这也决定了新闻报道选题决策的个性特征。报道策划对于报道选题的确定，本质上是传播主体新闻价值观在实际操作中的体现。

②根据受众及其需求的差异性，寻找最合适的报道选题与报道角度

a. 不同的媒介拥有不同的受众群体，受众的差异性本身就导致了受众对传播的要求与期待是不同的。

b. 同一受众群体对不同的媒介也会有不同的需求，比如对电视和对报纸的要求是不同的。受众的需求差异对新闻选题策划的影响，直接表现在编辑对客观事实的价值判断中。

5. 新闻报道策划原则

（1）取信原则。无论编辑如何策划，新闻报道都要实事求是、取信于受众。新闻报道的选题策划要以客观存在为依据，方案设计要以新闻报道能全面、真实地反映客观存在为基准。

（2）创新原则。报道策划的价值在于通过精心谋划和周密组织使报道取得不同凡响的传播效果，因此从报道选题决策到报道方案设计都要追求创新。

（3）变通原则。策划者要善于审时度势，随时变通。策划报道时应尽可能对各种可能出现的情况进行分析，使方案具有灵活性、应变性。在报道实施过程中，要紧密关注各方面情况的变化，随时对报道作出修正和调整。

（4）实效原则。新闻报道策划的最终目标是使新闻报道获得良好的社会效益，同时也为新闻传媒争取更好的经济效益。社会效益是直接的，经济效益是间接的，并且都是由良好的传播效果转化而来的。

（5）可行原则。新闻报道策划的成果最终要在新闻报道实践中得到检验，因此报道设计方案必须具有可操作性，能够准确无误地指导新闻采编活动，而不流于纸上谈兵。在报道策划过程中，要注意对外

部环境和内部条件分析论证，使每一步设计都切合实际，能够扬长避短，具有可行性。

6. 论述融合新闻策划的基本理念和策划

融合新闻“出场”的总体语境是媒介融合。新兴媒体技术的诞生与应用，改变了传统的信息传播方式，重构了媒介生态和传播格局。我国媒介融合发展的主导逻辑是“合二为一，融为一体，止于‘至善’”。当媒介融合成为媒体的必然选择和宿命，“融合新闻”的理念便应运而生。融合新闻的多媒融合属性，决定了其不同于传统新闻策划的特别之处，具体体现为表现形式的策划和叙事语言的策划。因此，融合形态的策划，主要是沿着两个维度切入：一是表现形式上选择有效的新媒体形式；二是融合方式上创新融媒表达的叙事语言。

（1）表现形式创新

新兴媒介技术的发展，除了方兴未艾的“两微一端”，短视频、H5 新闻、VR 新闻、数据新闻、动画新闻、新闻游戏等也不断拓展了融合新闻的媒介形态。每一种新兴媒体形式都具有自身的传播特色，同时也拥有不同于其他媒体的文体形态和表达语言。因此，针对已定的新闻选题和内容，融合形态策划的首要问题是对新媒体形态的策划，即选择最优化的表现形式作为融合新闻叙事的承载方式。

（2）叙事语言创新

如果仅仅从新闻产品的元素构成来看，融合新闻其实就是我们常说的多媒体新闻，即文字、声音、图形、图像、动画等媒介元素整合而成的新闻形态。不同的元素按照不同的语言规律整合到一起，便形成了不同的融媒体产品。实际上，每一种多媒体整合方式都拥有一套相对独立的“语法”系统，只有深入研究每一种整合机制的内在规律和语法系统，才能更好地创新融合新闻的呈现方式。

7. 结合媒体融合进程中新闻报道策划与创新的实例，分析这种创新的策略与走向

媒体融合进程中新闻报道策划与创新主要体现在以下几个方面。

（1）网状报道结构的使用会更加受到重视

报道结构是报道各组成部分相互之间的关系及其组合排列所呈现的外在形式。报道结构的构成要素包括时间、空间、角度、广度、深度和传播符号。常见的报道结构主要有线型结构模式、放射型结构模式、收束型结构模式和网状结构模式。

融合新闻报道因为将传统媒介与新媒体融合进行报道联动，公众能够更好地参与新闻传播活动，使新闻报道的视角更加多样化，因此更容易形成网状报道结构。另外，由于融合新闻报道同时采用不同的媒介形态，在策划时要充分利用每种媒介的优势和特点，这也决定了在报道结构上更加复杂和富于变化，网状报道结构的使用会更加受到重视。

（2）对受众参与式报道方式的运用进入新的阶段

在融合新闻报道中，大众媒介与网络媒介相结合，受众参与新闻传播、提供新闻内容的模式进一步常态化，报道策划中对受众参与式报道方式的运用进入了新的阶段。如 2009 年英国《每日电讯报》在头版上揭露了骇人听闻的有关选举获胜的官员站不住脚的花费。作为对公众愤怒的回应，英国政府宣布在线公开超过 100 万份扫描的文件和收据，而这是足以淹没任何新闻机构的数据海啸。《卫报》为了赢得这场新闻竞争，开始请求读者帮助筛选这 100 万份文件，并找出仍未被披露的渎职行为。报社在网站上运行了一个开源软件，允许读者一个个检查记录并用四种方式对收据归类：“感兴趣的”“不感兴趣的”“感兴趣但是已经知道的”“调查这个”。超过两万名读者做出了贡献。17 万份记录在 80 个小时内就被检查完毕。《卫报》在头版设置了一个进度指示器，让研究者分享一个共同的目标。随后，开发出一个业绩最佳志愿者的名录，这进一步为志愿者增添了动力。当《卫报》为每一个收据都配发了一幅下议院议员的照

片时，读者的反应骤升。报社甚至从亚马逊租赁了便宜的服务器空间来处理相关数据，而为此次报道所付出的现款还不到150美元，可谓成本低而收效大，堪称一次与用户共同创造新闻内容的新颖尝试。

（3）融合新闻报道是对媒介联动式报道的进一步发展

当一家媒介集团同时拥有了不同类型的新闻媒介，并且以融合新闻的思路进行报道策划时，媒介之间会围绕同一报道选题进行资源共享、报道联动，实现优势互补。如在2010年上海世博会期间，中央人民广播电台派出了500多名采编、技术等人员组成世博报道组，全面调动13套无线广播频率、中国广播网、央广手机台等新媒体资源，全方位多角度报道上海世博会的盛况。中央电视台、《人民日报》、新华社等也都在世博会期间对各种发布渠道进行了整合。

8. 以新中国成立70年为例，分析重大主题报道策划的原则

重大主题报道是指媒体围绕党和政府重大决策、战略部署和社会热点等策划的正面宣传报道，这是主流媒体优势和权威性的集中体现。然而，不少重大主题报道却往往因为“命题作文”缺乏生机，无法在读者心中产生共鸣。重大主题报道不仅是主流媒体引导舆论的主阵地，也是主流媒体提升宣传质量和市场竞争力的主抓手。如何在移动互联网时代使重大主题报道出彩出新，需要精心策划、细致挖掘，努力把党和政府的决策部署与受众的需求结合起来，唱响主旋律，发出好声音。

重大主题报道策划的原则：

（1）要坚持正确的导向

尽管现在媒介形式多样，特别是新媒体的成长，冲击着传统媒体的地位，但由于主流媒体长期以来形成的影响，在读者中依然有着指挥棒、晴雨表的优势功能。正因为如此，在报道重大主题性新闻时，主流媒体要时刻将导向性放在重要位置。重大的主题性新闻是读者关注的焦点，是社会舆论的热点，主流媒体一旦有了导向性的偏差，不仅造成范围很广的消极影响，而且会误导社会的价值判断。在这里我们要特别强调突发性主题事件的报道。突发性事件爆发的初期，许多情况还不够明晰，但作为大众文化传播的媒介，主流媒体又必须同步对事件作出反应，这就对主流媒体的导向提出了更高的要求。

比如针对一次公共卫生事件的报道，并不能仅仅局限于知识层面的普及，而且要对应急处理的政策和措施作出解读，对事件的整个过程予以密切关注，并形成倾向性的意见，而其中必然含有不同的情感、态度、价值观，这时候就必须以政治家的敏锐和胆识，高屋建瓴，剥茧抽丝，把被表面纷繁复杂的言论遮蔽了的事件的本质挖掘出来，对事件的性质、内涵作出正确的分析和判断，定好调子，把好导向，坚守信念，坚定立场，在缓解民众紧张心理的同时，给读者以正确的价值引领。只有这样，主流媒体才可以说在重大主题性新闻报道中，尽到了作为媒体应当担负的责任和使命。

（2）关注时代性、丰富性以及互动性等方面

时代性是重大主题性新闻报道的一个重要特征。一般来说，重大主题也就意味着主流媒体所承担的重大的宣传任务。一个年度或一个时期内明显可见的主题，如2018年是改革开放40周年、2019年是中华人民共和国成立70周年、2020年全面建成小康社会、2021年是中国共产党成立100周年，这些重大时间节点和重要时代主题都是宣传工作要密切关注的政治任务。这些主题在新闻报道上都有一个共同的特点，即需要以足够篇幅的版面集中表现即时的主题。主流媒体要以重大的主题为中心，以有特色的选题为切入点，领略时代风貌，回应时代关切，体现出鲜明的当下意识和时代精神。对于这些重大主题，主流媒体要提前着手安排，进行整体规划，既要顺应思想工作的潮流，又要办出自己的特色。如2020年是我国实现全面建成小康社会奋斗目标的关键之年，这是党和国家、人民生活中最为重大的事件，主流媒体理当提前筹划，选好报道角度，特别是要组织撰写系列的深度报道的重点文章，浓墨重彩，精描细

绘，全面展现中国人民的小康奋斗史，以引起更大的影响。

（3）增强主流媒体与读者的互动性

拉近主流媒体与读者之间的距离，拓展与读者交流的途径。而实现这一目的，增强主流媒体与读者的互动性就是一个行之有效的办法。在新中国成立 70 周年的报道中，一些主流媒体开展以“我与共和国”为主题的征文活动，将个人命运与国家发展紧密地联系在一起，极大地增加了读者的关注度和参与度。随着数字技术的发展，媒体融合的不断深入，传统纸媒与新媒体一起开创了新闻报道的新格局。数字版、专属的公众号、抖音、短视频、直播……这些新媒体技术利用其形象化、直观化、快捷化的呈现方式，保证了主题新闻的时效性，便利了与读者的联系沟通，读者通过深度参与，加入到了新闻报道的进程当中。在新技术普遍使用的传播空间里，从某种意义上讲，读者不再仅仅是一个旁观者，同时他也成了创作者。读者角色的转换带来了主流媒体功能的变化。重大主题性新闻报道是采编者与读者一起完成的，这样的模式重新定位了主流媒体与读者的关系，赋予了主题性新闻报道以崭新的色彩。

三、版面与稿件的编辑

1. 如何运用版面语言强化重要稿件？

版面语言指的是版面特有的表现手段，它的基本形式包括：版面空间、编排手段和版面的布局结构。对重要稿件的强化，可以从版面空间和编排手段这两个方面入手。

（1）版面空间

版面空间是一个版面所提供的、用以表达编排思想和内容的空间。版面空间不仅仅是一个物理意义上的空间，它还包含多种重要的因素，编辑通过对这些因素的利用，传递给读者某些信号和暗示，才能实现传播效果目标。

编辑通过版面空间强化重要稿件，可以利用版面空间中的主要因素——区域、面积、距离、形状。比如，要想重点突出某一新闻稿件，可以将其放在最强势的区域。一般而言，头版的上半版的位置，版面强势最大；也可以加大稿件以及其新闻配图的面积，吸引读者的注意力等。

（2）编排手段

编排手段是安排版面所采用的物质手段，是版面语言的一种基本形式。版面编排的要素包括字符、图像、线条、色彩。一般可以采用以下三种方法来强化重要稿件。

①凸显法

一般情况下，一个版面中都有一两篇或一两组稿件需要引起读者注意，这时，编辑就要灵活运用凸显法进行编排。即对要特别突出的重要稿件除安排在强势的区域外，还可采用其他编辑手段，如放大标题字号、使用长栏、加框加线等，以增强其在版面上的强势。

②同题集中

同题集中，是指编辑把内容相关联的稿件置于一个标题之下集中发表的方法。同题集中是以稿件内容的联系或相互补充为前提的。常见的结构关系有以下几方面。

a. 联合编排。即相同的内容或相同的报道对象，采用同题集中，突出其中同一的方面。

b. 连续编排。即几篇稿件是报道同一事件连续发生发展过程的，可采用同题集中方式在一个栏目里刊发（可以有统一标题，也可以没有统一标题），这样编排可鲜明地揭示事件发展的来龙去脉。

c. 对比编排。即把内容相互矛盾的稿件采用同题集中的方式编排，通过标题的对比，揭示事物的矛盾性质，鲜明的衬托可使稿件更有说服力和感染力。

d. 参照编排。即把几篇反映同一事实但消息来源不同的稿件置于同一标题下，这样有利于读者参照阅读。

③相关编排

编辑稿件时常会碰到对等性稿件和对比性稿件，编辑必须及时发现，加以组合，形成强烈的版面语言。对等稿件组合，可形成版面局部强势，产生“乘数”效应。而对比性稿件的组合，可以给读者以思考和启发。

2. 分析与选择稿件的意义和目的是什么？

分析与选择新闻稿件是新闻编辑业务中很重要的一个环节，对于新闻产品生产与新闻传播活动具有非常重要的作用和意义。

（1）有助于落实新闻媒体的编辑方针

编辑方针具体落实到媒介新闻产品生产的过程中，不仅对新闻报道的策划和组织具有约束力，同时也对每一篇稿件的选择和采用具有规定性。在新闻传播活动中，新闻编辑只有通过对稿件的分析与选择，才能保证新闻报道以及新闻产品合乎编辑方针的要求。

（2）有助于满足受众的信息需求

每一家新闻媒体都要研究自己的受众，充分满足自己特定受众群体的需要。在新闻编辑业务中，对新闻稿件进行分析和选择，保证新闻产品能够与受众需要相吻合。

（3）有助于新闻稿件合乎新闻媒体的容量要求

新闻媒体往往有容量的限制，新闻编辑对新闻稿件的选择和分析成为新闻传播活动中必不可少的环节，而且不同的新闻媒体因为形态和容量不同，分析与选择新闻稿件的标准也会有所不同。

3. 编辑在选择稿件时如何进行媒介适宜性分析？

编辑在选择稿件时要进行新闻价值分析、社会效果分析和媒介适宜性分析。其中，媒介适宜性分析应考虑以下几点。

（1）根据媒介的受众定位与功能定位，分析新闻稿件的媒介适宜性

新闻媒介创办之初，就对自己的受众定位与功能定位作出了明确规定，新闻编辑在日常工作中，对于新闻稿件的分析与选择也是在这样的前提下进行的。因此，对稿件是否适用的判断，必须考虑新闻的报道内容和形式是否符合媒介的特定受众群体的需要，是否符合媒体自身功能的体现。其次，还要考虑功能定位，即这家报纸为什么而办，想要达到怎样的目标。功能定位决定了报纸的内容和传播水平，也就决定了对每一条稿件的取舍。

（2）根据同题报道“差异化”的原则，分析新闻稿件的媒介适宜性

媒介竞争的不断加剧，客观上要求所有媒体的新闻报道都应该追求特色，与竞争对手有所差异。而且，还要求每一次的新闻报道都要与以往的同一主题的报道有所差异，表现出“这一次”的特点。

（3）根据媒体的性质与容量，从把握重点与平衡的角度分析新闻稿件的媒介适宜性

稿件的整体结构、数量、质量要与报纸的性质和报道重点相吻合。稿件的整体结构、类型和数量，要能够做到报道面与报道对象的平衡。

4. 选稿的标准

编辑的工作之一就是在众多稿件中选择出最优秀的作品。选稿有助于落实新闻媒体的编辑方针；有助于满足受众的信息需求；有助于新闻稿件合乎新闻媒体的容量要求。新闻编辑在选稿中，要根据以下

标准选择最优稿件。

（1）真实准确

这是最基本的选稿标准。中外新闻观差异良多，但在对待新闻的真实性问题上却有着惊人的相似之处，即大多数中外新闻界人士都认为真实准确是对新闻作品最基本的要求。

（2）具有新闻价值

在真实的基础上，新闻价值分析是新闻编辑选择稿件的第一步，新闻之所以成为新闻，因为它所报道的事实具有某些特殊的性质，能够满足受众了解最新情况的需要。如果一条稿件不能把这些特殊性质展示出来，那么它就不具备新闻稿件必须具备的最基本的条件，不能被新闻媒体采用。所以，新闻编辑选择稿件时，首先是以新闻价值作为衡量稿件可否采用、如何采用的标准的。分析一条稿件是否具有新闻价值，主要考虑五个方面：时间、新意、重要、接近、显著。

（3）具有良好的社会效果

分析新闻稿件的社会效果，必须坚持以下几个基本原则：①新闻报道必须有利于国家和人民的利益，具有推动历史进步和人类和平的积极作用；②要将报道内容与发布新闻的时机及社会背景结合起来考虑，要认真分析受众心理，立足于全局看问题；③要注意用辩证的眼光看问题；④要注意新闻稿件的合理、合法，杜绝有明显危害性质的新闻。

（4）要适合所在媒体的性质以及媒体的受众定位和功能定位

新闻编辑分析和选择新闻稿件，除了要以新闻价值标准和社会效果标准对稿件作出评判以外，还要对稿件是否适合自己的媒体进行分析，从中挑选最能体现媒体特色的新闻稿件。

选稿工作不是简单的挑选，它对于编辑的要求很高，要求编辑选择出具有新闻价值、符合媒体导向且能够表现出媒体特色的新闻稿件，这些稿件所传递出来的信息必须是优质且有价值的。

5. 如何对新闻稿件中的立场观点进行修正？

对新闻稿件中出现的立场观点方面的问题进行修正，主要应从以下几个方面着手。

（1）对新闻稿件中涉及的敏感的政治和政策问题的文字表述要特别注意审查，严格把关。新闻稿件因文字表述不当导致出现政治差错的情况比较常见。一般而言，通过编辑选稿这一关，被选择刊登的稿件大多不会在政治导向和原则问题上有大的差错，但是，稿件中一些具体的概念、论点或提法仍可能有失准确、妥帖。最显而易见的是用字、用词的不当，导致出现政治问题。

（2）对新闻稿件中的新闻事实与观点的内在逻辑关系进行分析，修正因事实与观点不一致导致的差错。有些稿件，单纯从新闻事实方面看没有什么问题，但是，从事实与新闻观点相联系的角度看就会发现新闻中的观点难以成立，这是因为新闻事实不能支撑新闻报道的立场和观点，它们之间缺乏合理的内在逻辑关系。

（3）对新闻稿件的选材和角度进行分析，修正因选材与角度不当导致的新闻立场观点方面的偏差。新闻报道是新闻记者对客观存在的事实和认识的反映，新闻稿件对事实的表现总是受到记者本人的认识水平、采访的客观条件和稿件篇幅的限制，因此，新闻稿件表现出的立场与观点，也与这些限制有关。对新闻报道的角度与取材还会影响到一条新闻的兴趣和品位，编辑在改稿时就要分析记者或者作者对新闻事实的报道强调的是哪些要素，是以什么样的眼光去看待事实，这种角度和素材的选择表现出来的趣味是不是正确的、健康的。在激烈的新闻竞争中，要特别注意防止为了吸引读者眼球而放弃新闻专业原则的庸俗报道。

（4）对于新闻稿件中涉及案件和法律方面的内容，要特别慎重地把握分寸，注意防止“媒体审判”。

新闻媒介对案件的报道与评议能产生很大的社会影响，形成一种强大的舆论力量，这就会对一些尚未查清或有所争议的案件的判决形成干扰。所以新闻报道要注意避免“媒体审判”情况的出现。即使是可以公开报道的案件，在报道时也要注意把握好“度”。对残暴的、淫秽的行为不宜作过细的描写；对于案件中的受害者以及某些失足者的姓名应该加以隐匿。

（5）对于新闻稿件中可能造成的“泄密”内容要从严把关。在现代信息社会，新闻媒体已经成为各国情报机关获得情报的重要来源，新闻编辑也需要注意新闻稿件中可能出现的泄密问题，以防给国家和人民的利益造成损失。新闻稿泄密主要有这几种情况：信息过大、报道过细引起的泄密；报道时间把握不当引起的泄密；不注意内外有别造成的泄密。

6. 简述稿件改写的主要方法

稿件改写是对原稿重新写作，是改稿中难度最大、操作最复杂的一种修改方法。稿件改写的主要方法有以下几种。

（1）改变主题与角度

新闻报道能否吸引读者，把最有价值的信息提供给读者，与新闻主题的确定和角度的选择有很大关系。所以，修改一篇材料不错但主题不够新颖、角度不能吸引人的稿件，就要改变原稿的主题和报道角度。

（2）调整结构

新闻稿件的结构直接关系到一篇稿件的阅读效果。好的结构，首先是条理清楚、方便阅读；其次还应该波澜起伏，引人入胜。为了最准确生动地表述内容，在新闻稿中必须合理地、艺术地安排结构，灵活巧妙地运用各种表现手法，该略的从略，该详的不惜笔墨，顺序、倒序、插序可以穿插使用，使新闻写作不落俗套。

（3）改变体裁

改变体裁就是将稿件的原有体裁形式改变成另一种体裁形式。新闻的体裁是多种多样的，不同的体裁适宜于表现不同的内容，报道效果也往往不同。随着官方微博、微信公众号、APP 等新媒体产品的出现，新闻编辑还要将一些重要的新闻报道进行内容摘编，以这些基于社交网络平台的新媒体形态进行推介。

（4）分篇

分篇是将内容比较丰富、篇幅较长的稿件分成若干篇稿件。采用分篇这种改写方法，原稿必须具备这样一些条件：内容重要，如果采用压缩的办法就不能保全要点，会损害报道内容；报道内容比较丰富，一般是由若干个报道重点构成的，这些重点相互联系又相互独立，可以分开来表述，而不会影响读者对新闻内容的理解。

（5）综合

综合就是将若干篇稿件合并、改写成一篇新闻稿。有时，编辑会收到若干篇反映同一题材的稿件，各有各的长处，也各有各的缺陷，用其中哪一篇都觉得不尽如人意，但如果同时都用，篇幅过长而且内容不够精练，效果也不理想。在这种情况下，采用综合的改写办法，就能有效地解决问题，使稿件取各家所长，相互补充，信息量大，而占用的版面却很经济。

7. 修改新闻稿应该注意的是什么？

修改新闻稿件与修改一般稿件有许多共同之处，如都要求内容正确、主题突出、叙述清楚、条理分明、语句通顺、用词妥当、行文生动、标点准确、无错别字等。但除此之外，修改新闻稿件还有一些特殊要求，具体如下。

（1）将稿件放在新闻媒体的“参照系”中，确定最佳修改方案

新闻媒体的种类与性质是多种多样的，对稿件的要求也不同，因此要使一篇新闻稿件适合于某一特定的媒体刊用，就必须由这个特定的媒体出发，建立一个修改新闻稿时的“参照系”。这个“参照系”能够决定编辑改稿的总的思路，编辑在修改一篇稿件时，只要把所要修改的对象放入这个“参照系”中，就可以明确这篇新闻稿是在哪一个“坐标点”上。运用这个“参照系”的方法有三种：

①根据媒体的特性优势确定稿件的修改方案；

②要根据读者的接受水平和心理状态决定如何修改稿件；

③要参照过去有关的同类报道修改稿件。

（2）根据实际情况与需要确定由谁来改

对于差错不多、改动不太大的稿件，编辑可以自己动手修改。但对于那些问题较大，需要重新选择主题、补充新闻事实的稿件，就要考虑请记者或作者自己来改，因为编辑没有自己去采访，对有些实际情况不了解。最好的办法是将自己的意见和建议告诉记者或作者，请他们补充采访并重新写稿。也有一些稿件，可以由记者、作者和编辑共同协商来进行修改。

（3）使用正确的校对符号

校对符号是在长期的编辑实践中形成并被大家共同认可的符号，它也是信息的代码和载体，与文字和标点不同的是，它传递的是内容改动的信息。编辑在使用这套符号时要注意符合规范，不能自己随意生造；要勾画清楚，对稿件中的错误要用引线从行间画出，拉到页边空白处改正，不要在文中改；符号不能粘及上下左右不需改动的文字和标点，以免发生误会。在改稿时，还应该选用与原稿不同颜色的笔，引线与引线之间不要重叠交叉。

（4）充分尊重作者的意见，使稿件保留原有的特色

①新闻编辑在与作者协商修改稿件或约请作者自己改稿时，要充分听取作者的意见和建议，即使有意见分歧，也要心平气和地倾听作者的提法，耐心细致地说服和解释，不能发号施令，独断专行，没有商量地要作者服从自己。要在平等待人的前提下达成修改稿件的一致看法，使作者心情愉快地完成任务。

②编辑改稿的目的是消灭稿件中的差错，保证新闻报道的质量，而不是把所有的稿件都变成一种模式。另外，作者的稿件一般都是或多或少有自己的风格特色的，编辑在修改稿件时应该看到这些个性和特色，并注意尽可能保留这种特色，不能因为稿件通过编辑之手，就变得篇篇如同是编辑一个人所写。

（5）认真细致，防止出现新的差错

编辑在修改稿件时，无论是校正一个错误，还是增补一段材料，都必须有可靠的根据，不能想当然，自以为是。对于自己一时拿不准的问题，或自己不太明白的知识，要向行家请教。要特别防止在改稿过程中因为不细致而出现新的差错。

（6）注意语言文字的规范性，使用有意义的新生语言

①新闻媒体应该担负起推广普通话的责任，编辑在改稿时要注意语言文字的规范和标准，要注意把一些文言、外国文字翻译成现代汉语和普通话。

②要考虑到新闻是对最新的社会变动的反映，对于一些已经被广泛接受的健康的流行语，可以在新闻稿中适当采用。这些有时代特点的流行语用在新闻稿件中能够表现社会的发展变化，是应该提倡的，但同时也要注意避免使用那些生造的、不合规范的、大多数人不明白的新词。

8. 编辑应如何处理规范语言与新生语言的关系？

大众传播媒介是不同地区、不同民族、不同阶层的人交流情况和思想感情的重要工具，同时也担负

着推广社会规范语言、消除交流障碍的职责。新生语言的出现在一定程度上对规范性语言的推广产生了重要冲击，编辑在处理规范语言和新生语言的关系时应注意以下几点。

（1）编辑要以现代汉语为行文标准，少用古汉语、洋话，非用不可时，对生僻的字最好注释明白，方便读者阅读。

（2）编辑要推广普通话。编辑在修饰文字时有必要把一些生僻难懂的文言和地方语改为现代汉语和普通话。即使是地方性媒体，也应用普通话写作。

（3）新闻报道并不完全排斥地方语，吸收生动活泼的地方语有利于丰富新闻语言。在某些特定的情节描写中适当采用地方语，会增强现场感和感染力。

（4）编辑应随时注意使用有意义的新生语言。有意义的新生语言，即当前社会新发现的健康流行的用语。作为反映、记录和交流当代社会新变化的大众传播媒介，应该选用流行的时代语言来传播新闻信息，领风气之先。

（5）编辑要重点把关，避免那些任意生造的、不合规范又不为多数人所理解的新生语言出现在大众传播媒介上，防止造成社会用语的混乱。

9. 结合实例，对新闻稿件综合性配置要领进行阐述

（1）点面结合

这里的“点”，指的是重点；这里的“面”，指的是一般情况。新闻报道要有重点，即要有反映当前主要矛盾和矛盾的主要方面的新闻，要有反映当前群众普遍关注的热点问题的新闻。没有这样的重点，新闻报道就会缺少分量。但是在此基础上，也要有反映次要矛盾和矛盾的次要方面的新闻，也要有反映非热点问题的新闻。这样才有利于受众全面地了解和认识现实，才能满足受众的多样化需求。

以《新京报》为例，它的每期报纸都会有多个版面，主打版面会用来报道大家最关心的国家大事以及房市等热点问题，而其他版面则会更多地用来报道民生新闻以及与生活息息相关的天气预报、生活小贴士等。

（2）庄谐结合

现实生活中不乏庄重、严肃的新闻，这些新闻有些是受众欲知的，有些是受众应知的，不能不予报道。但如果一个新闻单元中都是这样的新闻，受众的情绪得不到必要的调节，兴趣和注意力便会减弱。因此，在可能的情况下，也要适当安排一些轻松活泼的新闻。

目前，市面上流通的报纸，不仅对大家普遍关注的国内外热点事件进行报道，还会穿插一些明星娱乐的花边新闻，甚至一些小幽默、小笑话。

（3）褒贬结合

新闻媒体应当褒扬先进。先进代表事物发展的方向，不褒扬先进，就不能很好地引导群众前进。然而先进与落后是相比较而存在的，只褒扬先进，不批评落后，就不能有效地促使落后向先进转化，就不能很好地发挥新闻媒体的舆论监督作用。所以，报道的配置不能忽略批评性稿件。

《南方周末》在进行稿件配置时，不仅安排部分褒扬性质的稿件，对正面现象进行提倡，同时还安排大量的批评性的稿件，揭露社会黑暗面，提出一些供大家反思的现象。正由于它敢于批评，黑白分明，因而受到受众的喜爱与支持。

（4）图文结合

这主要是就报纸而言，报纸应当既有文字，又有图片。图片的功能远不止美化版面。它可以不受读者的语言文字和文化水平的限制，可以起到其他形式不可替代的作用。图片所具有的直观、显眼等优势，

使它成为报纸与电视竞争的有效手段。图文并茂，两翼齐飞，这是当代报纸编辑人员应有的新观念。通常情况下，一个版面至少应安排一张图片。如果没有合适的新闻照片，也可配置速写、漫画等。

（5）长短结合

就稿件的篇幅而言，应尽量做到长短相间。有些新闻内容重要，虽然长一些，受众也愿意接受。但如果一个新闻单元都是长稿件，既不利于扩大报道面，也不利于调节受众的视觉或听觉，妨碍信息传播的效果。

以《人民日报》为例，在报道国家重要方针政策时，通常会用很多笔墨撰写长篇稿件进行报道和解读，但是它一般不会用整整一个版面来写一篇稿子，而是会在这一版穿插一些短讯，并将政策性问题未完部分转到另一版。

（6）多种文体结合

消息是传递新闻最便捷的体裁。在一个新闻单元中，以消息为主是正常的，也是必要的。但除此之外，还应尽可能安排一些通讯、评论、来信等，以避免体裁的单调，提高版面和节目的活跃度。

现在的报纸基本已步入多元文体时代，除了传统的新闻报道，还引入了读者反馈、评论专版、理论版以及文艺副刊等，像《南方周末》的评论版、《人民日报》和《光明日报》的理论版目前已经形成品牌。

参考文献

[1] 马少华 . 新闻评论教程 [M]. 北京：高等教育出版社，2007.

[2] 刘海贵 . 新闻采访教程 [M].2 版 . 上海：复旦大学出版社，2011.

[3] 赵淑萍 . 广播电视新闻采访与写作 [M]. 北京：北京师范大学出版社，2006.

[4] 里奇 . 新闻写作与报道训练教程 [M].3 版 . 北京：中国人民大学出版社，2004.

[5] 董广安 . 新闻写作教程 [M]. 郑州：郑州大学出版社，2008.

[6] 黄匡宇 . 广播电视学概论 [M].4 版 . 广州：暨南大学出版社，2014.

[7] 金立其，刘觅 . 广告学：原理、实务、案例、实训 [M]. 北京：高等教育出版社，2010.

[8] 苗杰 . 现代广告学 [M].6 版 . 北京：中国人民大学出版社，2015.

[9] 谢梅，王理 . 文化创意与策划 [M]. 北京：清华大学出版社，2015.

[10] 赵振宇 . 新闻策划 [M]. 武汉：武汉出版社，2000.

[11] 礼桂华 . 广播新闻策划 [M]. 沈阳：东北大学出版社，2006.

[12] 石长顺，柴巧霞 . 广播电视学：作为学科的内涵与知识体系 [J]. 现代传播，2013，35（7）：136-139.

[13] 马少华 . 评论同一个事实的不同层次和色彩 [J]. 新闻与写作，2019（3）：101-104.

[14] 马少华 . 新闻评论的非事件性选题 [J]. 新闻与写作，2017（11）：103-104.

[15] 马少华 . 什么样的新闻评论倾向于演绎推理 [J]. 新闻与写作，2018（4）：107-110.

[16] 赵振宇，彭舒鑫 . 新闻评论：新时代的新气象和新思考 [J]. 新闻战线，2019，（5）：32-37.

[17] 赵振宇，徐宁 . “评论记者”工作机制的探索与思考 [J]. 青年记者，2017（24）：29-31.

[18] 赵振宇 . 新闻报道策划系列谈（一）新闻报道策划：差异化竞争的取胜法宝 [J]. 新闻与写作，2010（7）：83-86.

[19] 赵振宇 . 正确认识和实施新闻报道策划 [J]. 当代传播，2016（6）：26-29.

[20] 蔡雯 . 新闻报道策划在媒介融合时代的困局与对策 [J]. 中国记者，2007（12）：29-30.

[21] 许向东 . 新闻报道策划的选题决策 [J]. 新闻与写作，2007（4）：46-47.